複数資料×最新論点で学ぶ

大学入学共通テスト現代文対策問題集

笹岡信裕
羽場善明 編著

筑摩書房

はじめに

本書は、大学入学共通テスト（以下、共通テストと呼ぶ）の現代文で問われる新傾向の問題を、集中的に演習するためのものである。

共通テストでは、**複数資料**の読み取りや実用的文章等、従来の大学入試ではそれほど出題されてこなかった形式や分野が出題される。まずはこうした**出題形式に慣れておきたい**。

また、類書には無い特長として、**最新論点**という切り口を設けた。論理的文章の読解には、文章のテーマに関する背景知識を身につけておくことが望ましい。裏を返せば、そういった**知識を蓄え、テーマを深く理解することが万全の対策になる**とも言える。「ジェンダー」「グローバリゼーション」「人工知能（ＡＩ）」といった、近年の入試で頻出の論点を精選し、それらについて理解を深める解説ページを設けたので、ぜひ参照してほしい。

また、記述対策として**要約問題**を設け、私大や国公立大の二次試験にも役立つことを心掛けた。

表面的な出題形式が大きく変化しても、根本にある現代文学習の本質は変わらず一つである。それは、**課題文や資料などを正確に読み取り、問われていることに的確に答える**ということだ。それには、

① **良質な文章を精読する**　② **設問に慣れる**

ことが肝要だ。本書では、現代社会への視野がひろがる良質な文章を厳選し、それらに共通テストの形式に準拠した設問と詳しい解説を付し、この二点について学習できるよう工夫した。本書を学習し終えたとき、現代文という科目への皆さんの価値観が大きく変わっていることだろう。本書が皆さんの学習の一助になることを願っている。

笹岡信裕　羽場善明

目次

本書の使い方

本書は、本冊に問題と論点解説、別冊に解答・解説が載っている。

問題に取り組む前に、まず、本冊の**「論理的文章読解の基本原則」**（6〜9ページ）、**「実用的文章とは？」**（142ページ）に目を通してほしい。論理的文章を読むときの着眼点や、実用的文章、資料等への取り組み方について示している。

次に、**例題**（10〜22ページ）を通して、複数資料の基本的な読み方を身につけよう。問題文の下部に、読解のポイントを詳しく示してある。次に、**類題**（23〜141ページ）を解いてみよう。これは論点別になっており、難易度順に配列してあるので、最初から順に解いていってもよいし、興味のある論点から取り組んでもよい。別冊の**「解答・解説」**は、要約の仕方や選択肢の絞り込み方など、非常に詳しく解説してあるので、答え合わせの際に活用してほしい。そして、本冊の各問題のあとに、**「論点解説」**を設けたので、様々な論点を学習し、現代への視野をひろげていこう。

なお、最後に**文学的文章の問題**（143〜155ページ）を載せている。**「文学的文章読解の基本原則」**（156〜159ページ）では、文学的文章を読解するうえでの着眼点についても詳しく説明しているので、参考にしてほしい。

本書の特長

特長1　共通テストの形式に準拠し、共通テストを機に出題されやすくなったタイプの設問を付した

設問の形式は、原則として共通テストの形式を踏襲し、共通テストの設問形式に慣れることができるようにした。**複数資料問題については、☆を付した。また、ゼロマークの設問（＝該当する選択肢がない場合に⓪を選ぶ設問）のように、共通テストを機に出題されやすくなった設問も付した。**様々な形式の設問にふれることで万全の対策をすることができる。

特長2　解答の手順を丁寧に示した

「解答・解説」に、**設問のねらい** **着眼点** **各選択肢の吟味**を示した。解いてみて、明らかに正解が分かった設問は、**設問のねらい** **着眼点**に目を通し、自分の考え方と照らし合わせてほしい（その際にも、**各選択肢の吟味**の太字部分には目を通してほしい）。また、不正解だったり、正解へのプロセスが曖昧だったりした設問については、**各選択肢の吟味**にまで目を通し、解き直してほしい。

特長3　現代の理解につながる、論点が明快な文章を厳選し、詳細な論点解説を付した

本書に収録した文章は、皆さんが現代という時代を理解するきっかけとなりうる名文である。一題一題をこなしていくたびに、現代への理解が深まるだろう。共通テストから難関大学までの入試問題を読み解くうえでも役立つものだ。

大学入試の論理的文章をしっかりと読むには、論理的な読み方を学び、かつ、語彙力を身につけるのはもちろん、論点の学習も不可欠である。入試で出題される文章の多くは、一定の教養がある人を対象に書かれたものである。そういった文章を読むためには、皆さんも読者としてふさわしい教養を身につけておく必要がある。その教養が論点の知識である。

論点を解説している参考書は多いが、本書では、多くの参考書で取りあげられてはいないが、実際はよく出題されている論点や、今後、出題されるであろうと予測される論点も詳しく説明した。

特長4　要約問題を付した

読解力の底上げや記述力の強化のために、各類題に要約問題を付した。是非、チャレンジしてほしい。

論理的文章読解の基本原則

まず、論理的文章読解の基本原則の説明をしよう。細かいやり方については、例題や類題の解説部分で説明しているので後回しにして、例題に取り組む前に次の点だけは確認しておいてほしい。

読解の基本5原則

【原則1】

「繰り返し（同義関係）」「対比関係」「類似関係」「因果関係」を意識して読む。

筆者は自らの主張に説得力をもたせるために、大切な内容を表現を変えて繰り返したり（＝**繰り返し・同義関係**）、二つのものを比べて違いを明らかにしたり（＝**対比関係**）、似たものを挙げたり（＝**類似関係**）、原因や結果を述べたり（＝**因果関係**）する。文章を読むときには、この四つを意識することが大切であり、これらに関わる箇所が設問になることが多い。なお、「繰り返し（同義関係）」に関して、大切な内容が必ず繰り返されるとは限らないが、繰り返されている内容は大切である、ことを付記しておく。

【原則2】

「具体」と「抽象」を意識して読む。

論理的文章の論の流れには、次の二つのパターンがあることを意識すると読みやすくなる。

❶ **具体➡抽象**　具体的なことを述べてから、それをまとめる。

❷ **抽象➡具体**　抽象的なことがらを、続く部分で具体的に説明する。

分かりやすくいうと、「詳しい説明や事実を述べた後でそれらをまとめるという流れ」と、「まとめの内容（主張など）を述べた後でその根拠などを詳しく説明するという流れ」があるわけだ。

【原則3】

意味段落を意識して読む。

長い文章を読むときには、意味のまとまり（＝**意味段落**）を意識して読むことはかなり有効である。**共通テストにかぎらず、大学入試の現代文の設問は、意味段落の主旨を問うてくることが多い**。よって、意味段落を意識して読み進めよう。文章を意味段落に分ける際には、

❶ **段落頭の転換の表現**　【例】ところで・さて

❷ **新しいキーワード**

の二点を目安にするとよい。

【原則4】

「指示語」「接続語」「主述関係」をおさえる。

文章を読むときには、文と文のつながりをおさえねばならない。そのキーとなるのが指示語と接続語である。本文中の指示語と接続語には敏感に反応し、

❶ **指示語が出てきたら、指示内容をおさえて、それを指示語に代入して読む。**

❷ **接続語が出てきたら、何と何をつないでいるのか、話がどう展開しているのかを意識する。**

この二点を行うようにしよう。指示語と接続語については、

❶ **段落の冒頭文中の指示語は、とくに前の段落全体を指す場合がある。**

❷ **段落頭の接続語は、段落同士をつなぐ場合がある。**

ことも頭に入れておこう。

また、**長い文が出てきて読みにくいときは、その文の主述関係を意識すると読みやすくなる。**

【原則5】

傍線部が何の説明部分であるのか、を意識する。

設問を解くときには、まず、傍線部が何の説明部分であるのかを意識するようにしよう。例えば、傍線部が「東京大学は○○だ」とあれば、傍線部は東京大学の説明部分であるし、「合格するには○○が必要だ」とあれば、傍線部は合格するための手段の説明部分である、と意識するわけだ。これをするだけで解答根拠をだんぜん探しやすくなる。

複数文章への取り組み方

共通テストでは、例題のように、一つの大問で複数の文章が出題されることもある。このタイプの問題では、**二つの文章の関係を意識するようにしよう。**ある話題について、二つの文章が、❶対比関係、❷類似関係、❸因果関係、❹違う角度からの説明、など、様々なパターンが考えられる。それらを意識するようにしよう。例題では、**【文章Ⅰ】**と**【文章Ⅱ】**が、それぞれ改憲派と護憲派で対比関係になっている。

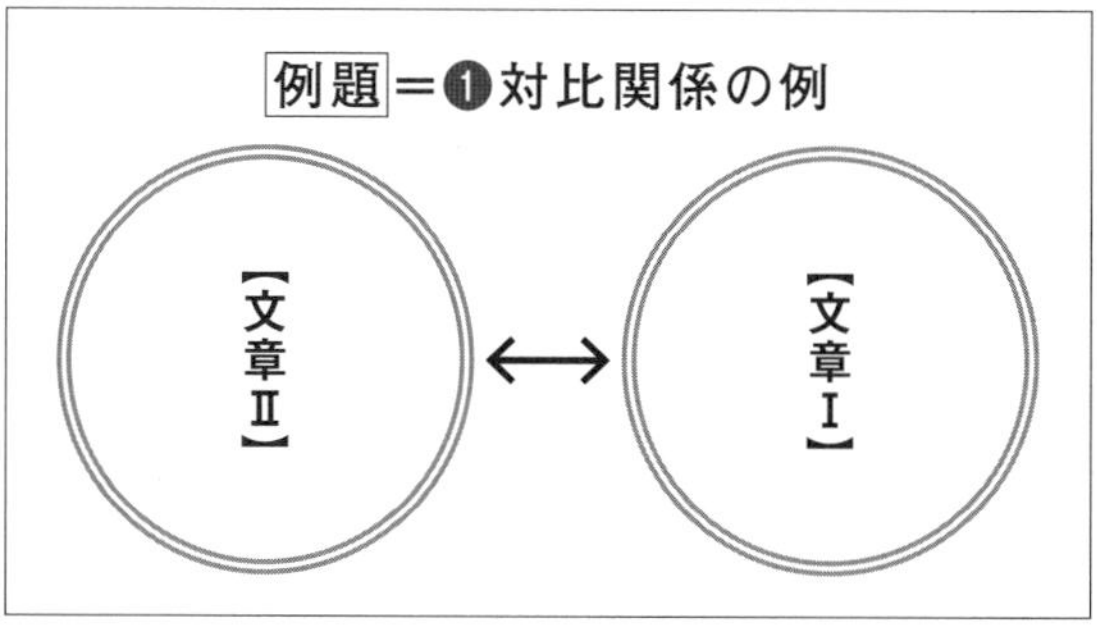

資料・図表・実用的文章への取り組み方

共通テストでは、資料・図表や実用的文章も出題されることがある。(⇩142ページ)

それらで試されているのは、主に、

❶多くの情報から必要な情報を取捨選択できる力

❷資料・図表をふまえて思考する力

である。与えられた多くの情報から設問に答えるうえで必要なものをピックアップしたり、そこから類推したりする力が試されているわけだ。**一見、膨大な量に見えても、そのすべてを用いるとは限らないことに注意しよう。**解答するのに必要な情報をすばやくつかんで、思考する力が求められているのだ。また、例題の**【資料Ⅰ】**のように、本文を読解するための補助として付される場合もある。本書で様々なパターンに慣れていこう。

対立する意見 —— 憲法改正

次の【文章Ⅰ】と【文章Ⅱ】は憲法記念日によせて、同じ新聞に掲載された記事（二〇一七年五月四、五日付）である。これを読んで、後の問い（問1～6）に答えよ。なお、問いのなかには、【資料】が付されているものがあるので、適宜参照すること。憲法9条と憲法前文については、【資料Ⅰ】に示している。また、【文章】の本文の段落に番号を付した。

【文章Ⅰ】

1 この五月三日で憲法施行から70年が経過した。(注1)安倍《あべ》首相は3年後の憲法改正をめざすとし、9条に自衛隊の合憲化を付加したいと述べた。私にはそれで充分だとは思えない。

2 実際には、今日ほどこの憲法の存在が問われているときはないだろう。最大の理由はいうまでもなく、朝鮮半島有事の可能性が現実味を帯びてきたからである。北朝鮮と米国の間に戦闘が勃発すれば、日本も戦闘状態にはいる。また、韓国にいる日本人の安全も確保しなければならない。果たしてこうしたことを憲法の枠組みのなかで対応できるのか、という厳しい現実を突きつけられているからである。

3 2年ほど前に、安倍首相は(注2)集団的自衛権の行使容認をめざして、日本の安全保障にかかわる法整備を行った。野党や多くの「識者」や憲法学者は、これを違憲として、憲法擁護をうったえたが、果たして、彼らはA今日の事態についてどのようにいうのであろ

【文章Ⅰ】の読解ポイント

筆者の立場と現在の状況（1～3）

1の主旨【筆者の立場】
憲法改正によって9条に自衛隊の合憲化を付加することでは充分ではない。

2の主旨【1の理由】
朝鮮半島有事の可能性が現実味を帯びてきたから。

※2が1の理由だと意識しよう（因果関係）。

3は、1と2で述べた内容に対する補足説明であることをつかむ。以前集団的自衛権行使の法整備に野党らは反対した。朝鮮半島有事の可能性が高まっているのに、野党らはそのことに無関心のふりをしていると批判している。

うか。野党も政治家のスキャンダルや失言にはやたら力こぶが入るようだが、朝鮮半島情勢にはまったく無関心のふりをしている。

4 私がここで述べたいのは、現行の法的枠組みのなかでいかなる対応が可能なのか、という技術的な問題ではない。そうではなく、国の防衛と憲法の関係というかなりやっかいな問題なのである。

5 B 戦争というような非常事態が生じても、あくまで現行憲法の平和主義を貫くべきだ、という意見がある。特に護憲派の人たちはそのようにいう。しかし、今日のような「緊急事態前夜」になってみれば、そもそもの戦後憲法の基本的な立場に無理があったというほかないであろう。憲法の前文には次のようなことが書かれている。「日本国民は……平和を愛する諸国民の公正と信義に信頼して、われらの安全と生存を保持しようと決意した」。これを受けて9条の非武装平和主義がある。

6 ところが、今日、もはや「平和を愛する諸国民の公正と信義に信頼して」いるわけにはいかなくなった。ということは、9条平和主義にもさしたる根拠がなくなるということであろう。考えてみれば、日本は、北朝鮮とはいまだに平和条約を締結しておらず、ロシアとも同じである。中国との国交回復に際しては、(注3)尖閣《せんかく》問題は棚上げされ、領土問題は確定していない。つまり、これらの諸国とは、厳密には、そして形式上は、いまだに完全には戦争が終結していないことになる。サンフランシスコ講和条約は、あくまで米英蘭など、西洋諸国との間のものなのである。

7 しかも、この憲法発布後しばらくして、冷戦がはじまり、朝鮮戦争が生じる。戦後憲法の平和主義によって日本を永遠に武装解除した米国は、常に軍事大国として世界の戦

国の防衛と憲法の関係

4の主旨【話題の提示】（4〜9）

国の防衛と憲法の関係というかなりやっかいな問題について述べたい。

※4で、「私がここで述べたいのは、現行の法的枠組みのなかでいかなる対応が可能なのか、という技術的な問題ではない。そうではなく、国の防衛と憲法の関係というかなりやっかいな問題なのである。」とあることから、「現行の法的枠組みのなかでいかなる対応が可能なのか、という技術的な問題」と「国の防衛と憲法の関係というかなりやっかいな問題」が対比関係であることをつかもう。

5〜9の主旨【4の具体的説明】

・戦後憲法の基本的な立場に無理がある。（5）

なぜなら

・戦後世界は、9条の根拠である憲法の前文が成り立たない世界だからだ。（5〜9）

※5の3文目の「そもそもの戦後憲法の基本的な立場に無理があったというほかないであろう」の理由が9にかけて述べられている。憲法9条は、憲法前文を根拠としているが、戦後世界が、その前文の「平和を愛する諸

争に関わってきた。しかも、その米国が日本の安全保障までつかさどっているのである。

[8] C こうした矛盾、あるいは異形を、われわれはずっと放置してきた。そして、もしかりに米国と北朝鮮が戦争状態にでも突入すれば、われわれはいったい何をすべきなのか、それさえも国会でほとんど論議されていないありさまである。米国がすべて問題を処理してくれるとでも思っているのであろうか。

[9] 憲法9条は、まず前半で侵略戦争の放棄という意味での平和主義を掲げる。それはよいとしても、後段にある戦力の放棄と交戦権の否定は、そのまま読めば、いっさいの自衛権の放棄をめざすというほかない。少なくとも自衛権の行使さえできるだけ制限しようとする。なにせ戦力をもたないのだから、自衛のしようがないからだ。これが成り立つのは、文字通り、「平和を愛する諸国民の公正と信義に信頼」できる場合に限られるだろう。そして、そのようなことは、戦後世界のなかでは一度も生じなかった。

[10] 国連憲章を引き合いに出すまでもなく、自衛権は主権国家の固有の権利である。憲法は、国民の生命、財産などの基本的権利の保障をうたっているが、他国からの脅威に対して、それらの安全を確保するにも自衛権が実効性をもたなければならない。つまり、国防は憲法の前提になる、ということであり、憲法によって制限されるべきものではない。

[11] そのことと、憲法の基調にある平和への希求は決して矛盾するものではない。平和主義とは無条件の戦争放棄ではなく、あくまで自らの野心に突き動かされた侵略戦争の否定であり、これは国際法上も違法である。もしもわれわれが他国によって侵略や攻撃の危機にさらされれば、これに対して断固として自衛の戦いをすることは、平和国家であることと矛盾するものではなかろう。いや、平和を守るためにも、戦わなければならない

国民の公正と信義に信頼」することが成り立っていない世界だから「無理」があるというのだ。**因果関係**をしっかりつかもう。

※また、[5]から[9]は、[4]の「国の防衛と憲法の関係」について詳しく説明している箇所でもあることにも注意しよう。[4]が**具体化**されていると意識すること。

▽憲法9条を詳しく知らない人は、【資料Ⅰ】を参照。

筆者の主張（[10]〜[12]）

[10]の主旨【筆者の主張】
国防は憲法の前提であるので、憲法によって制限されてはならない。

[11]の主旨【筆者の主張】
平和主義とは、侵略戦争の否定のことだ。
よって、
・侵略に対する自衛の戦いは平和国家であることと矛盾しない。
・平和を守るためにも戦わねばならない。

※[11]は、2文目が原因・理由、3文目以降が結果・結論である。**因果関係**を意識しよう。

であろう。

12 「平和とは何か」という問題はひとまずおき、仮に、護憲派の人たちのいうように、「平和こそは崇高な理念」だとするなら、この崇高な価値を守るためには、その侵害者に対して身命を賭して戦うことは、それこそ「普遍的な政治道徳の法則」ではないだろうか。それどころか、世界中で生じる平和への脅威に対してわれわれは積極的に働きかけるべきではなかろうか。私は護憲派でもなければ、憲法前文をよしとするものではないが、D そう解さなければ、「全世界の国民」の平和を実現するために、「いずれの国家も、自国のことのみに専念して他国を無視してはならない」という憲法前文さえも死文になってしまうであろう。

（佐伯啓思《さえきけいし》の新聞論説による）

（注）1 安倍首相――第九七代内閣総理大臣、安倍晋三《しんぞう》（一九五四―）。

2 集団的自衛権――自国以外の国が武力攻撃を受けた場合、第三国が共同で防衛を行う国際法上の権利。

3 尖閣問題――尖閣諸島は、石垣島の北、約170キロメートルに位置する。一九七〇年代より台湾と中国が領有権を主張している。日本政府は、そもそも日本固有の領土で、領有権問題は存在しないとしている。

【文章Ⅱ】

1 戦後70年余、平和国家として歩んできた日本が、大きな(ア)キロに立たされている。

2 台頭する隣国・中国と、内向きになる同盟国・米国。北朝鮮の核・ミサイルによる軍

※11の2文目「無条件の戦争放棄ではなく、……自らの野心に突き動かされた侵略戦争の否定であり」から、「無条件の戦争放棄」と「自らの野心に突き動かされた侵略戦争の否定」が対比関係であることもつかもう。

12の主旨【筆者の主張】
・平和を守るために戦うことは、普遍的な政治道徳の法則ではないだろうか。
・世界中で生じる平和への脅威に対してわれわれは積極的に働きかけるべきではなかろうか。

【文章Ⅱ】の読解ポイント
現在の状況と筆者の主張（1～5）
1と2で現在の状況が述べられ、3から5で筆者の主張が述べられている。

事的挑発はやまない。

3 日本は自らをどう守り、アジア太平洋地域の平和と安定のために役割を果たしていくか。

4 答えに迷うことはない。

5 憲法9条を(イ)ケンジし、先の大戦の反省を踏まえた戦後の平和国家の歩みを不変の土台として、国際協調(注1)の担い手として生きていくべきだ。

6 安倍首相はきのう、憲法改正を求める集会にビデオメッセージを寄せ、「二〇二〇年を新しい憲法が施行される年にしたい」と語った。

7 首相は改正項目として9条を挙げ、「1項、2項を残しつつ、自衛隊を明文で書き込むという考え方は国民的な議論に値する」と語った。

8 自衛隊は国民の間で定着し、幅広い支持を得ている。政府解釈で一貫して認められてきた存在を条文に書き込むだけなら、改憲に政治的エネルギーを費やすことにどれほどの意味があるのか。

9 安倍政権は安全保障関連法のために、憲法解釈を一方的に変え、歴代内閣が違憲としてきた集団的自衛権の行使容認に踏み込んだ。自衛隊を明記することで条文上も行使容認を追認する意図があるのではないか。

10 9条を改める必要はない。

11 戦後日本の平和主義を支えてきた9条を、変えることなく次の世代に伝える意義の方がはるかに大きい。

12 日本防衛のため一定の(ウ)ヨクシ力は必要だが、それだけで平和と安定が築けるわけではない。

【筆者の主張】

憲法9条をケンジし、先の大戦の反省を踏まえた戦後の平和国家の歩みを不変の土台として、国際協調の担い手として生きていくべきだ。

※3で、「日本は自らをどう守り、……役割を果たしていくか。」と問いかけていて、その答えが5であることに着目しよう。**筆者が読者に問いかける文が出てきたら、その答えをおさえるようにしよう。**

平和主義を次世代へ（6～11）

6と7で事実が述べられ、8から11で筆者の主張が述べられている。

【筆者の主張】

自衛隊は国民の間に定着している。ここで集団的自衛権の行使に踏み込まなくてもよい。戦後日本の平和主義を支えてきた9条を、変えることなく次世代に伝えるべきだ。

※〈平和主義の土台の憲法9条を変えてはならない〉という筆者の主張が**繰り返されている**ことを意識しよう。**大切な内容だから表現を変えて繰り返されている**わけだ。

専守防衛（9条）のケンジを（12～23）

12から23にかけては、筆者の主張が繰り返し述べられている。18から23の自

13 米国が北朝鮮に軍事攻撃を仕掛ければ、反撃を受けるのは日本や韓国であり、ともに壊滅的な被害を受ける可能性がある。日米韓に中国、ロシアを巻き込んだ多国間の対話と、粘り強い外交交渉によって軟着陸をはかるしかない。

14 そこで地域の協調に力を尽くすことが日本の役割だ。そのためにも専守防衛を揺るがしてはならない。

15 自衛隊はあくまで防衛に徹する「盾」となり、強力な打撃力を持つ米軍が「矛」の役割を果たす。この役割分担こそ、9条を生かす政治の知恵だ。

16 時に単独行動に走ろうとする米国と適切な距離を保ち、協調を促すため、日本が9条を持つ意義は大きい。

17 中国や韓国との関係を考えるときにも、他国を攻撃することはないという日本の意思が基礎になる。侵略と植民地支配の過去をもつ日本は、その歴史から逃れられない。

18 一方で、今年は（注2）国連平和維持活動（ＰＫＯ）協力法制定から25年の(エ)フシメでもある。

19 ＰＫＯを含め海外に派遣された自衛隊は、一発の銃弾も撃っていない。一人も殺さず、一人も殺されていない。

20 9条が自衛隊の海外での武力行使に歯止めをかけてきたことの効用だ。その結果、中東などで培われた日本の平和ブランドを大事にしたい。

21 紛争の起きた国の再建を手伝う「平和構築」は憲法前文の精神に沿う。日本も「地球貢献国家」として、自衛隊が参加できるＰＫＯ任務の幅を広げたい。朝日新聞は憲法施行60年の社説で、そう主張した。

22 同時に、忘れてならない原則がある。自衛隊の活動は、あくまで9条の枠内で行われ

衛隊の話は、〈9条によって平和が維持されてきた〉という筆者の主張の肉付けとして書かれている。9条があるからこそ、自衛隊は一人も殺さず、一人も殺されなかったのである。

【筆者の主張】
・専守防衛の憲法9条をケンジし、地域の協調に尽力することが日本の役割だ（個別的自衛権）。
・憲法9条にもとづく自衛隊の活動によって培われた日本の平和ブランドを大事にしたい。
・紛争が起きた国の再建を手伝う自衛隊のPKO任務は、「平和構築」という憲法前文の精神に沿うので任務の幅を広げたいが、PKO参加5原則をユルめてはならない。
・PKOは武力を使う方向に変質しているので、自衛隊を送れば、紛争に関わる恐れがある。

▽憲法前文を詳しく知らない人は、【資料Ⅰ】を参照。

ることだ。それを担保するPKO参加5原則を(注3)(オ)ユルめてまで、自衛隊派遣を優先してはならない。

23 PKOは近年、住民保護のために積極的に武力を使う方向に「変質」している。そこに自衛隊を送れば実質的に紛争に関与する恐れが強まる。

24 PKO以外にも視野を広げれば、災害支援や難民対策、感染症対策など日本にふさわしい非軍事の貢献策は多い。こうした人間の安全保障の観点から、日本ができる支援を着実に実行することが、長い目でみれば日本への信頼を育てる。

25 安全保障の文脈にとどまらない。戦前の軍国主義の体制ときっぱり決別し、個人の自由と人権が尊重される社会を支えてきたのも、9条だった。

26 これを改めれば、歴史的にも社会的にも、戦後日本はその「骨格」を失う。戦前の歴史への反省を否定する負のメッセージと国際社会から受け取られかねない。その損失はあまりにも大きい。

27 軍事に偏らず、米国一辺倒に陥らず、主体的にアジア外交を展開する。国際協調の担い手として、常に冷静な判断を世界に示す。そんなバランスのとれた日本の未来図を描きたい。

28 9条は日本の資産である。

29 そこに込められた理想を、現実のなかで十分に使いこなす道こそ、日本の平和と社会の安定を確かなものにする。

（新聞社説による）

（注） 1 きのう――二〇一七年五月三日。

日本の「骨格」を保つ（24～29）

24から29にかけても、筆者の主張が繰り返し述べられている。

【筆者の主張】

- PKO以外の日本にふさわしい、非軍事の国際貢献策はある。こうした策を人間の安全保障の観点から実行し、日本への信頼を育てる。
- 憲法9条によって平和が維持されてきたので、日本の「骨格」である9条をケンジしなければならない。
- 日本は国際協調の担い手として、常に冷静な判断を世界に示すべきだ。

※【文章Ⅱ】は、筆者の主張が視点を変えて繰り返されていくタイプの文章である。

このように、文章を読むときは、論理展開をしっかりと確認しながら読み進めよう。

2　国連平和維持活動（ＰＫＯ）協力法――一九九二年に成立した国際連合の平和維持活動に協力するための法律。自衛隊の海外派遣が進むきっかけとなった。

3　ＰＫＯ参加５原則――①停戦合意が成立していること。②紛争当事者がＰＫＯおよび日本の参加に同意していること。③中立的であること。④以上の原則が満たされていないと判断した場合には独自に撤退できること。⑤派遣要員の自衛目的に限定して武器を使用できること。

【資料Ⅰ】

■憲法九条

日本国民は、正義と秩序を基調とする国際平和を誠実に希求し、国権の発動たる戦争と、武力による威嚇又は武力の行使は、国際紛争を解決する手段としては、永久にこれを放棄する。

第二項

前項の目的を達するため、陸海空軍その他の戦力は、これを保持しない。国の交戦権は、これを認めない。

■日本国憲法前文

日本国民は、正当に選挙された国会における代表者を通じて行動し、われらとわれらの子孫のために、諸国民との協和による成果と、わが国全土にわたつて自由のもたらす恵沢を確保し、政府の行為によつて再び戦争の惨禍が起ることのないやうにすることを決意し、ここに主権が国民に存することを宣言し、この憲法を確定する。そもそも国政は、国民の厳粛な信託によるものであつて、その権威は国民に由来し、その権力は国民の代表者がこれを行使し、その福利は国民がこれを享受する。これは人類普遍の原理であり、この憲法は、かかる原理に基づくものである。われらは、これに反する一切の憲法、法令及び詔勅を排除する。

日本国民は、恒久の平和を念願し、人間相互の関係を支配する崇高な理想を深く自覚するのであつて、平和を愛する諸国民の公正と信義に信頼して、われらの安全と生存を保持しようと決意した。われらは、平和を維持し、専制と隷従、圧迫と偏狭を地上から永遠に除去しようと努めてゐる国際社会において、名誉ある地位を占めたいと思ふ。われらは、全世界の国民が、ひとしく恐怖と欠乏から免かれ、平和のうちに生存する権利を有することを確認する。

われらは、いづれの国家も、自国のことのみに専念して他国を無視してはならないのであつて、政治道徳の法則は、普遍的なものであり、この法則に従ふことは、自国の主権を維持し、他国と対等関係に立たうとする各国の責務であると信ずる。

日本国民は、国家の名誉にかけ、全力をあげてこの崇高な理想と目的を達成することを誓ふ。

問1　傍線部(ア)〜(オ)に相当する漢字を含むものを、次の各群の①〜⑤のうちから、それぞれ一つずつ選べ。解答番号は 1 〜 5 。

(ア)　キロ　1
①あそこがブンキ点だった　②事業展開をキトする　③名誉キソン　④マッキ症状　⑤ジョウキを逸する

(イ)　ケンジ　2
①ケンビキョウでみる　②ケンコウシンダンをうける　③ケンジツな方法をとる　④ケンアクな顔つき　⑤ジッケンシツにこもる

(ウ)　ヨクシ力　3
①カイスイヨクに行く　②ヨクゲツまでに仕上げる　③ヨクボウにかられる　④ウヨク的な考え方をする　⑤ヨクヨウをつけて話す

(エ)　フシメ　4
①セツアクな文章　②セツナ的な快楽　③セツドを守って行動する　④オウセツに暇がない　⑤クッセツした表現

(オ)　ユルめて　5
①カンワ休題　②カンショウ地帯を設ける　③彼女はカンヨウな人だ　④諦めがカンヨウだ　⑤呼吸器シッカン

問2　傍線部A「今日の事態」に関する筆者の説明として適当なものを、次の①〜⑤のうちから二つ選べ。ただし、解答の順序は問わない。解答番号は 6 ・ 7 。

① 二〇一七年五月三日で憲法施行から70年が経過したこと。
② 安倍首相が憲法を改正し9条に自衛隊の合憲化を付加したいと述べたこと。
③ 北朝鮮と米国の間に戦闘が勃発すれば日本も戦闘状態にはいること。
④ 朝鮮半島有事の際に現行憲法の枠組みで対応できるのかということ。
⑤ 当時の政権下で政治家のスキャンダルや失言が起こっていること。

問3 次の①～⑤は、傍線部B「戦争というような非常事態が生じても、あくまで現行憲法の平和主義を貫くべきだ、という意見」に関する説明である。適当なものがあればその番号を一つ選び、**該当する選択肢がない場合は⓪を選べ。** 解答番号は 8 。

⓪（該当する選択肢はない。）
① **【文章Ⅰ】**の筆者はこの意見を否定しているが、**【文章Ⅱ】**の筆者はこの意見を肯定するだろう。
② **【文章Ⅰ】**の筆者はこの意見を肯定しているが、**【文章Ⅱ】**の筆者はこの意見を否定するだろう。
③ **【文章Ⅰ】**の筆者はこの意見を否定しているが、**【文章Ⅱ】**の筆者はこの意見には全く関心がないだろう。
④ **【文章Ⅰ】**の筆者はこの意見を肯定しているが、**【文章Ⅱ】**の筆者はこの意見はやむを得ないと考えるだろう。
⑤ **【文章Ⅰ】**の筆者はこの意見を否定しているが、**【文章Ⅱ】**の筆者はこの意見はやむを得ないと考えるだろう。

問4 傍線部C「こうした矛盾、あるいは異形」とあるが、それはどういうことか。その説明として最も適当なものを、次の①～⑤のうちから一つ選べ。解答番号は 9 。

① 憲法9条は憲法前文を根拠としているが、戦後世界と日本の状況は憲法前文に示されている内容とは大きく異なる様相であること。
② 憲法9条は憲法前文を支えているが、戦後世界は憲法前文の想定とは大きく異なる様相であること。
③ 憲法9条は非武装平和主義を掲げるが、憲法発布後まもなく冷戦と朝鮮戦争という平和主義と矛盾する事態が生じたこと。
④ 平和主義の憲法を作成させて日本を永遠に武装解除した米国が、軍事大国として戦後世界の戦争に関わっているということ。
⑤ 米国と北朝鮮が戦争に突入したときの対処の仕方について、日本の国会でほとんど論議されていないということ。

問5 傍線部D「そう解さなければ、『全世界の国民』の平和を実現するために、『いずれの国家も、自国のことのみに専念して他国を無視してはならない』という憲法前文さえも死文になってしまうであろう」とあるが、それはどういうことか。その説明として最も適当なものを、次の①～⑤のうちから一つ選べ。解答番号は 10 。

① 自己矛盾を起こしている米国が作成した憲法前文の内容を否定的にとらえなければ、世界の実情をとらえていない自国中心主義に陥ってしまい、本来目指すべき憲法前文が皮相なものに思えてしまうということ。
② 憲法によって国防が成り立つので、憲法前文に示されている、全世界の国民の平和のために戦うことは憲法と矛盾しないだけでなく、それを行わないと自国中心主義に陥ってしまい、憲法前文が形骸化してしまうということ。
③ 憲法によって成り立つ平和のための国防は普遍的な政治道徳の法則であり、その戦いに積極的に臨むことをしなければ、利己的な自国中心主義に陥ってしまい、憲法前文も死に体になってしまうということ。
④ 全世界の国民の平和のための戦いに積極的に臨むことは、国連憲章でも保障されていることであり、それをしないと、

自国中心主義を否定する憲法前文もきれいごとにすぎなくなってしまうということ。

⑤ 平和を守るための戦いを普遍的な政治道徳の法則ととらえ、平和への脅威に対して積極的に戦わなければ、全世界の平和を無視した自国中心主義に陥ってしまい、憲法前文も見せかけにすぎなくなってしまうということ。

問6 【文章Ⅰ】と【文章Ⅱ】を読んで、憲法改正に興味をもったかおりさんは、ネットで憲法改正について調べ、友人のまいさんと話し合った。【資料Ⅱ】と【資料Ⅲ】はかおりさんがネットで見つけたものである。次の①〜⑧の発言のなかで【文章】と【資料】をふまえると**明らかな誤りのある発言を二つ**選べ。ただし、解答の順序は問わない。解答番号は 11 ・ 12 。

【資料Ⅱ】

9条改正をめぐる各社世論調査の比較

調査	質問	結果
産経・FNN (13、14日)	首相が憲法9条に自衛隊の存在を明記する意向を表明したことに賛成か	賛成55.4 / 反対36.0
朝日 (13、14日)	首相が憲法9条について戦争放棄や戦力を持たないことを定めた項目はそのままにし、自衛隊の存在を明記する項目の追加を提案。このような9条の改正をする必要があるか、必要はないか	必要がある41 / 必要がない44
読売 (12〜14日)	首相は憲法9条について戦争放棄や戦力を持たないことなどを定めた条文を変えずに自衛隊の存在を明記する条文を追加したい考え。この考えに賛成か反対か	賛成53 / 反対35
毎日 (20、21日)	首相は憲法9条の1項と2項はそのままにし、自衛隊の存在を明記する改正案に言及した。この案に賛成か反対か	賛成28 / 反対31 / 分からない32
日経・テレビ東京 (25〜28日)	首相は憲法9条について戦争放棄や戦力の不保持を定めたいまの条文を変えずに、自衛隊の存在を明記する条文を追加したい意向を示した。この条文の追加に賛成か反対か	賛成51 / 反対36 / どちらとも言えない4
共同 (20、21日)	憲法を改正して9条に自衛隊を明記する必要があるか	必要がある56.0 / 必要がない34.1 / 分からない9.9
NHK (12〜14日)	首相が憲法9条の1項と2項を維持した上で自衛隊の存在を明記するとしたことに賛成か反対か、どちらとも言えないか	賛成32 / 反対20 / どちらとも言えない41

※数字は%。その他、無回答は省略。カッコ内は5月の調査日

9条改正をめぐる各社世論調査の比較

安倍晋三首相（自民党総裁）が憲法改正の意向を表明したのを受けた報道各社の世論調査が出そろった。憲法9条に自衛隊を明記して改正憲法の2020（平成32）年施行を目指す首相提案への賛否は各社でばらつき、「民意の違い」が生じた。

（産経ニュース　2017.6.3）

【資料Ⅲ】

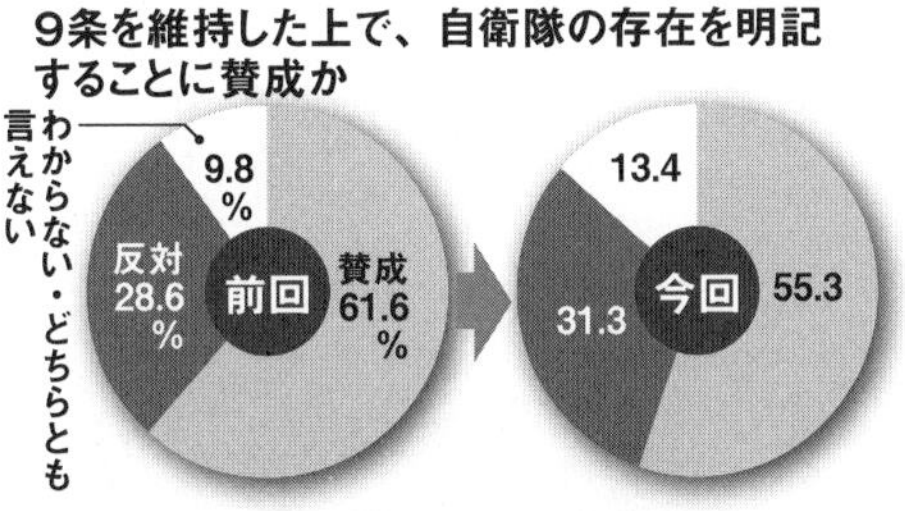

産経・FNN合同世論調査

内閣支持率急落が安倍晋三首相（自民党総裁）の悲願でもある憲法改正に暗い影を落としている。22、23両日に実施した産経新聞社・FNN（フジニュースネットワーク）の合同世論調査で憲法改正に賛成が46.5％と反対（43.8％）を上回ったが、内閣支持率は第2次安倍内閣以降で最低となり、首相が描く改憲日程に影響しかねないからだ。「安倍1強」が揺らぐ中、自民党内から異論が強まる可能性がある。

（産経ニュース　2017.7.25）

①**かおり**――ねぇ、まい、【**資料Ⅱ**】を見て。メディアによって、世論調査の結果が大きく違うね。賛成・必要と反対・不必要を比べると、賛成・必要が多いメディアと、反対・不必要が上回っているメディアがあるね。

②**まい**――【**文章Ⅱ**】の筆者は、前者の結果を好ましく思いそうだね。でも、どうして、こんなに差が出るのかなぁ。

③**かおり**――うーん、なんでかなあ。あっ、調査の質問の仕方が違うよね。「この条文の追加に賛成か反対か」と「9条の改正をする必要があるか、必要はないか」では、回答者が受ける印象が違うと思う。

④**まい**――なるほど。わたしは全く気付かなかったよ。メディアから情報を得るときは、できるだけ複数のメディアから情報を得て、比較検討しないと判断が偏ってしまうんだね。これからは気を付けるよ。

⑤**かおり**――【**文章Ⅰ**】の筆者が、憲法の前文をとりあげているのも、9条だけでなく、憲法全体を見渡す必要があると考えているからじゃないかな。9条だけ見ていると偏ってしまう。

⑥**まい**――ところで、【**資料Ⅲ**】の右の円グラフで賛成が55・3％なのに、下の説明で賛成が46・5％なのは、「9条を維持した上で、自衛隊の存在を明記することに賛成か」と「憲法改正に賛成か」の違いだよね……。かおりは【**資料Ⅲ**】をどう思ったの。

⑦**かおり**――うーん、【**資料Ⅲ**】で気になったのは、内閣支持率の低下によって、憲法改正の賛成派が減少するとしている点。内閣支持率は、経済政策とか政治家のスキャンダルとか他の様々な要因でも上下するものだけど……。とにかく「この内閣は信頼できないから、憲法改正には反対！」「信頼できるから、憲法改正には賛成！」というのは少し違うと思う。

⑧**まい**――【**文章Ⅰ**】や【**文章Ⅱ**】のように、憲法改正で何を変えようとしているのか、護憲で何を守ろうとしているのか、その内容についてしっかり考えて議論していかないといけないね。

類題 第1問

論点：ジェンダー ―― 社会的・文化的に構築された性

次の【文章Ⅰ】と【文章Ⅱ】を読んで、後の問い（問1〜6）に答えよ。なお、問いのなかには、【資料】が付されているものがあるので、適宜参照すること。また、【文章】の本文の段落に番号を付した。

【文章Ⅰ】

1 私たちがコミュニケーションを行《おこ》なう時には、同じ内容を伝えていても、言葉づかいを使い分ける。それは、話している内容以外のさまざまな情報を「ことば」を使い分けることによって伝えているからである。その中には、自分をどのような人物として造形するのか、相手をどのような人物として扱っているのか、あるいは、会話の中に登場してくる人をどのような人物としてゲン(ア)キュウしているのか、という情報も含まれている。会話にかかわるさまざまな人物を「ことば」を使い分けることによって造形しているのである。言語行為はアイデンティティをつくると言われる所以《ゆえん》である。

2 日本語では、このような働きは、おもに人称詞や文末詞が担うことが多い。自分のことを「ぼく」と呼ぶか「わたし」と呼ぶかで、話し手が表現している自分のイメージはずいぶん違ってくる。相手のことを「〜さん」と呼ぶか「〜先生」と呼ぶかで、自分と相手の関係も異なる。また、会話に登場した人を「あの人」と呼ぶか、「あいつ」と呼ぶかでも、その人物の造形が変わってくる。

3 これまで、ことばとアイデンティティの関係は、あらかじめ話し手が自分はどのような人物なのかというイメージを持っていて、そのイメージにもとづいて、特定の話し方を選択するものだと理解されていた。謙虚な人はていねいな言葉づかいを選択し、傲慢な人はおうへいな言葉づかいを選択する。ある人がていねいな言葉づかいをするのは、その人が謙虚な人だからだと考えられた。

4 「女ことば」の場合も同様に、女性が「女ことば」を使うのはその人が「女だから」と考えられた。このように、アイデンティティをその人にあらかじめ備わっている属性のようにとらえて、人はそれぞれの属性にもとづいて言語行為を行なうという考え方を「本質主義」と呼ぶ。たとえば、アイデンティティのうちでジェンダーにかかわる側面を本質主義にもとづいて表現すると、人は〈女／男〉というジェンダーを「持っている」、あるいは、〈女／男〉というジェンダーに「属している」と理解される。

5 しかし、Aこのような考え方では説明のつかないことがたくさん出てきてしまった。もっとも大きな問題は、女性も男性もそれぞれの状況に応じてさまざまに異なる言葉づかいをしているという当たり前のことがはっきりしてきた点である。実際の場面で女性たちが用いている言葉づかいは、さまざまな要因によって多様に変化している。また、同じ男性でも、家庭での言葉づかいと職場での言葉づかいは異なる。同じ職場でも、話す相手や、場所、目的によって異なる。さらに言えば、同じ男性でも子どもの時と大人になってからでは言葉づかいが変わる。同じ〈男〉という属性を持っていたとしても、その言葉づかいはそれぞれに異なる。それだけではない。男性も「女ことば」を使う場合があるし、女性も「男ことば」を使う場合のあることが明らかになった。多様に変化する女性の言語行為から、自然に「女ことば」という一つの言葉づかいが形成されたとは考えられない。

6 そこで提案されたのが、アイデンティティを言語行為の原因ではなく結果ととらえる考え方である。私たちは、あらかじめ備わっている〈日本人・男・中年〉という属性にもとづいて言語行為を行なうのではなく、言語行為によって自分のアイデンティティをつくりあげている。「私は日本人だ」「男として恥ずかしい」「もう中年だなあ」などと言う行為が、その人をその時〈日本人〉〈男〉〈中年〉として表現すると考えるのである。ジェンダーでいえば、〈女／男〉というジェンダーを、その人が持っている属性とみなすのではなく、言語行為によってつくりあげるアイデンティティ、つまり、「ジェンダーする」行為の結果だとみなすのである。そして、私たちは、繰り返し習慣的に特定のアイデンティティを表現しつづけることで、そのアイデンティティが自分の「核」であるかのような幻想を持つ。哲学者(注)ジュディス・バトラーは、「ジェンダーとは、身体をくりかえし様式化していくことであり、きわめて(イ)ゲンミツな規制的枠組みのなかでくりかえされる一連の行為であって、その行為は、長い年月の間に凝固して、実態とか自然な存在という見せかけを生み出していく」と指摘している（『ジェンダートラブル』竹村和子訳）。このように、アイデンティティを、言語行為を通して私たちがつくりつづけるものだとみなす考え方を「B構築主義」と呼ぶ。

7 それでは、私たちは、どのようにしてアイデンティティを表現するのか。何もないところから表現することはできない。材料が必要である。じつは「女ことば」や「男ことば」は、この材料の一つなのだ。私たちが言語行為の中で、自分や聞き手のアイデンティティをつくりあげる時に利用する言語資源なのである。

8 私たちは、子どものころから「女ことば」や「男ことば」を話す人物が登場する小説、テレビドラマ、映画、広告、マンガ、アニメに接することで、何が「女／男ことば」であるのかという知識を(ウ)カクトクしている。「女／男ことば」だけではない。これらのメディアには、さまざまに異なる年齢、職業、出身地域、階級によって区別された集団のカテゴリーと結びついた言葉づかいの情報があふれている。これら特定の言葉づかいと特定の集団の結びつきは、指標性と呼ばれる。私たちは、言語行為において、これらの指標性に関する知識を使って、アイデンティティをつくりあげるのである。

9 もちろん、私たちがアイデンティティを表現する時に利用する資源は言語に限らない。服装や髪型、しぐさや行動なども重要な資源である。しかし、これらの資源が利用できるのも、言語と同じように、すでに意味と結びついているからである。C「セーラー服」を、その人が〈女子高生〉であることを示すために利用できるのは、すでに「セーラー服」と〈女子高生〉のアイデンティティが結びついているからである。この意味では、服装や髪型も広い意味での「ことば」と類似した働きをしていると考えられる。

（中村桃子《なかむらももこ》『〈性〉と日本語』による）

（注）ジュディス・バトラー――アメリカの哲学者（一九五六―）。現代フェミニズム思想を代表する学者の一人。

【文章Ⅱ】

1 「近代家父長制家族」とは、日本において典型的には、「高度成長期」の主体的な推進力であった「モーレツ社員」「企業戦士」を影で支えてきたような、「夫は仕事に力を注ぎ、妻は任された家庭を守る」という、性別役割分担型の家族である。

2 「理想の家庭像」をめぐる青年の意識は、40年間に**表1**のように変化している。七三年の青年層にとって「性別役割分担」的な家族が40％の支持を集めて、最も「理想的な」家庭像であったのに対し、二〇一三年にはこの理想は7％にまで激減し、夫も妻も家庭中心に気を注ぐ「家庭内協力」家族が60％近い支持を集める、家庭の理想像となっている。（七三年の「性別役割分担型」は男性41％、女性39％、二〇〇三年の「家庭内協力型」

表1　理想の家庭像（%）

	73年	13年
1 父親は一家の主人としての威厳をもち、母親は父親をもりたてて、心から尽くしている〈夫唱婦随〉	18	5
2 父親も母親も、自分の仕事や趣味をもっていて、それぞれ熱心に打ち込んでいる〈夫婦自立〉	17	29
3 父親は仕事に力を注ぎ、母親は任された家庭をしっかりと守っている〈性別役割分担〉	40	7
4 父親はなにかと家庭のことにも気をつかい、母親も暖かい家庭づくりに専念している〈家庭内協力〉	23	58

は男性56％、女性62％で、共に男女差は意外に少ないということも注目される。「世代」の規定力が圧倒的である。）

3 「夫は仕事に、妻は家庭に」というこの性別役割分担型の家族システムにおいては、基本的には家事・育児は妻の分担領域であるとされ、少なくとも子供の出生後は家庭に専念することが好ましいとされ、したがって生涯的な仕事の能力の(エ)シュウトクとしての高等専門教育は男子にのみ必須とされ、家族の名称（姓）は、対社会的に家族を「代表」する夫の姓とすることが「当然」である、とするような、一連の感覚系とモラルを形成し、またこのような感覚系とモラルによって再生産される。

4 40年間に変化の大きかった項目のリストはこのような「近代家父長制家族」のシステムと連動するメンタリティーの、解体をいっせいに指し示している（**表2、表3、表4、表5**）。

表2　夫の家事・育児参加（％）

	73年	13年
1 甲に賛成〈すべきでない〉	33	4
2 乙に賛成〈するのは当然〉	57	95

表3　女性にとっての「職業と家庭」（％）

	73年	13年
1 結婚したら、家庭を守ることに専念したほうがよい〈家庭専念〉	32	9
2 結婚しても子どもができるまでは、職業をもっていたほうがよい〈育児優先〉	44	39
3 結婚して子どもが生まれても、できるだけ職業をもち続けたほうがよい〈両立〉	21	51

表4　「子どもを大学まで行かせたい」（％）

	73年	13年
1 男の子の場合	72	65
2 女の子の場合	26	58

（「大学まで」＋「大学院まで」の合計）

表5　結婚後の姓（％）

	73年	13年
1 当然、夫の姓	39	23
2 現状では、夫の姓	28	23
3 どちらが改めてもよい	29	41
4 別姓でよい	3	13

5 このような「近代家父長制家族」システムとメンタリティーは、日本に固有のものではなく、（もちろん文化や社会による違いはあるが、）二〇世紀初頭フロイト（注）の精神分析理論においても、「仕事をする強い父親」を中心とする家庭像が一般理論の前提となっており、アメリカにおける国民的漫画『ブロンディ』さえ専業主婦である。夫ダグウッドはあまり強そうにも見えないが、それでも一家の生計を支え、美女の(オ)テイセツを確保し、強そうな隣人ともよく戦った。

6 このように「近代家父長制家族」システムは「近代家族」一般の歴史的な標準形であった。

（見田宗介《みたむねすけ》『現代社会はどこに向かうか』による）

（注）フロイト――オーストリアの精神医学者、ジークムント・フロイト（一八五六―一九三九）。精神分析学の創始者。

問1 傍線部**(ア)**～**(オ)**に相当する漢字を含むものを、次の各群の①～⑤のうちから、それぞれ一つずつ選べ。解答番号は 1 ～ 5 。

(ア) ゲンキュウ 1
① キュウダイテンをとる　② カキュウの用事　③ 職を失いヒンキュウする　④ 電車がウンキュウする
⑤ コウキュウの平和を望む

(イ) ゲンミツ 2
① ゲンミョウな味わい　② 船のウゲン　③ 悪のゲンキョウ　④ イゲンを保つ　⑤ レイゲンあらたかな神

（ウ）　カクトク　3
①技術カクシン　②カクガイな値をつける　③イカク射撃　④能力にケンカクがある　⑤ランカクを禁止する

（エ）　シュウトク　4
①シュウジン服　②シュウカ敵せず　③切手のシュウシュウ　④カイシュウ工事　⑤敵をイッシュウする

（オ）　テイセツ　5
①人生をテイカンする　②人々のテイリュウにある政治不信　③フテイを働く　④シテイは三世
⑤タンテイに依頼する

問2　傍線部A「このような考え方では説明のつかないことがたくさん出てきてしまった」に関する説明として最も適当なものを、次の①～⑤のうちから一つ選べ。解答番号は 6 。

①人間のアイデンティティと言語行為を先天的なものだとみなす考え方では、人間が状況に応じた多様な言葉づかいをするという事実を説明できないため、言語行為がアイデンティティをつくるという考え方が提案された。

②人間はあらかじめ備わっているアイデンティティにもとづいて言語行為を行うとみなす考え方では、家庭と職場での言葉づかいの違いを説明できないため、アイデンティティを言語行為の結果であるとみなす考え方が提案された。

③人間のアイデンティティを原因、言語行為を結果ととらえる考え方では、男と女の差による言葉づかいの違

いを説明できないため、言語行為を原因、アイデンティティを結果ととらえる考え方が提案された。

④人間には先天的にアイデンティティが備わっておりそれにもとづいて言語行為を行うという考え方では、状況に応じた多様な言葉づかいが説明できず、言語行為によってアイデンティティがつくられるという考え方が提案された。

⑤人間は先天的に備わっているアイデンティティに基づいて言語行為を行うという考え方では、状況に応じて多様に変化する言葉づかいが説明できず、言語行為をアイデンティティとみなす考え方が提案された。

問3 傍線部B「構築主義」とあるが、次の**【資料Ⅰ】**を読んで、その例を含む文として最も適当なものを、後の①〜⑤のうちから一つ選べ。解答番号は 7 。

【資料Ⅰ】

女（男）ならこうしなければいけないとか、母親（父親）とはこうあるべきだ、といった性差による社会規範から、私たちはなかなか自由になれずに生きている。固定的な男女の役割分担を無意識のうちに刷り込まれている場合が多い。

ロシア語の教科書を作ったとき、外国語の教科書というのは、気をつけないとステレオタイプな男女観を助長してしまうことに気がついた。というのも、教科書に載せる外国語の例文は繰り返し口にして覚えるためのものなので、学習者は知らないうちに例文の意味するところを外国語と一緒に身につける可能性が高いからだ。例を挙げよう。「イワンは将来立派な弁護士になるでしょう」という文と「マリヤは料理が得意です」という文は、それぞれもちろんあり得る内容だが、同じページにこの二つの文が同時に載っていると、「男は社会的で女は家庭的だ」という暗黙の信号を発し、ジェンダーによる社会規範をなぞってしまうことになりかねない。こういう場合は逆にしてみるといい。「マリヤは将来立派な弁護士になるでしょう」「イワンは料理が得意です」――これだって現実に大いにある話だ。

つい「アンナは美しい女性です」「ニコライは賢い少年です」などという例文を作ってしまうことがある。これも文章自体がいけないということではないが、女性に関しては何かというといつも容姿を、男性に関しては中身を話題にするとなると問題だ。「アンナは独創的な女性です」などとするのはどうだろうか。

（沼野《ぬまの》恭子《きょうこ》「プロムナード　自分らしさ、人間らしさ」日本経済新聞　二〇一六年一二月八日付による）

①女（男）ならこうしなければいけないとか、母親（父親）とはこうあるべきだ、といった性差による社会規範から、私たちはなかなか自由になれずに生きている。

②というのも、教科書に載せる外国語の例文は繰り返し口にして覚えるためのものなので、学習者は知らないうちに例文の意味するところを外国語と一緒に身につける可能性が高いからだ。

③つい「アンナは美しい女性です」「ニコライは賢い少年です」などという例文を作ってしまうことがある。

④これも文章自体がいけないということではないが、女性に関しては何かというといつも容姿を、男性に関しては中身を話題にするとなると問題だ。

⑤「アンナは独創的な女性です」などとするのはどうだろうか。

問4 傍線部C「『セーラー服』を、その人が〈女子高生〉であることを示すために利用できるのは、すでに『セーラー服』と〈女子高生〉のアイデンティティが結びついているからである」とあるが、それはどういうことか。その説明として最も適当なものを、次の①〜⑤のうちから一つ選べ。解答番号は 8 。

① 私たちがセーラー服のような使用者の性差がはっきりあらわれる事物を身につけるのは、自身の身体的性別を他者に向かって表現するためだということ。

② 私たちは言語だけでなく、セーラー服のような意味と結びついた事物も用いて、自身のアイデンティティを表現しつくりあげていくということ。

③ 私たちが自身のアイデンティティを表現するためにセーラー服のような事物を身につけるのは、それらも言語と同じく意味と結びついているからだということ。

④ 私たちは言語によってアイデンティティを表現していると思いがちだが、セーラー服のような事物によってもアイデンティティを表現できるということ。

⑤ 私たちは言語とセーラー服のような事物を異なるものと考えがちだが、事物も意味と結びついている点で、両者は類似したものであるということ。

問５　【文章Ⅰ】と【文章Ⅱ】の表現に関する説明として**適当でないもの**を、次の①～⑤のうちから一つ選べ。
解答番号は 9 。

① 【文章Ⅰ】では、第５・６・７段落の冒頭に接続表現が用いられ、筆者の論の展開が読者に明確に伝わるよう工夫されている。
② 【文章Ⅰ】でジュディス・バトラーの考えが、【文章Ⅱ】ではフロイトの考えが、それぞれ援用され、筆者の意見に深みが出ている。
③ 【文章Ⅰ】の第７段落では、反語表現や「じつは」といった読者の注意を引きつける表現が用いられ、筆者の意見を印象付けている。
④ 【文章Ⅰ】の第９段落では、譲歩の働きをする文が用いられており、読者の視野をひろげる働きをしている。
⑤ 【文章Ⅱ】では、筆者の意見の根拠として五つの表が示され、筆者の意見の説得力を増す働きをしている。

問６　次に示すのは、四人の生徒が【文章Ⅰ】【文章Ⅱ】【資料Ⅰ】を読んだあとに、【資料Ⅱ】と【資料Ⅲ】について話し合っている場面である。①～⑧の発言のなかで【文章】と【資料】をふまえた発言として**明らかな誤りのあるものを二つ**選べ。ただし、解答の順序は問わない。解答番号は 10 ・ 11 。

【資料Ⅱ】　階級別役職者に占める女性の割合の推移

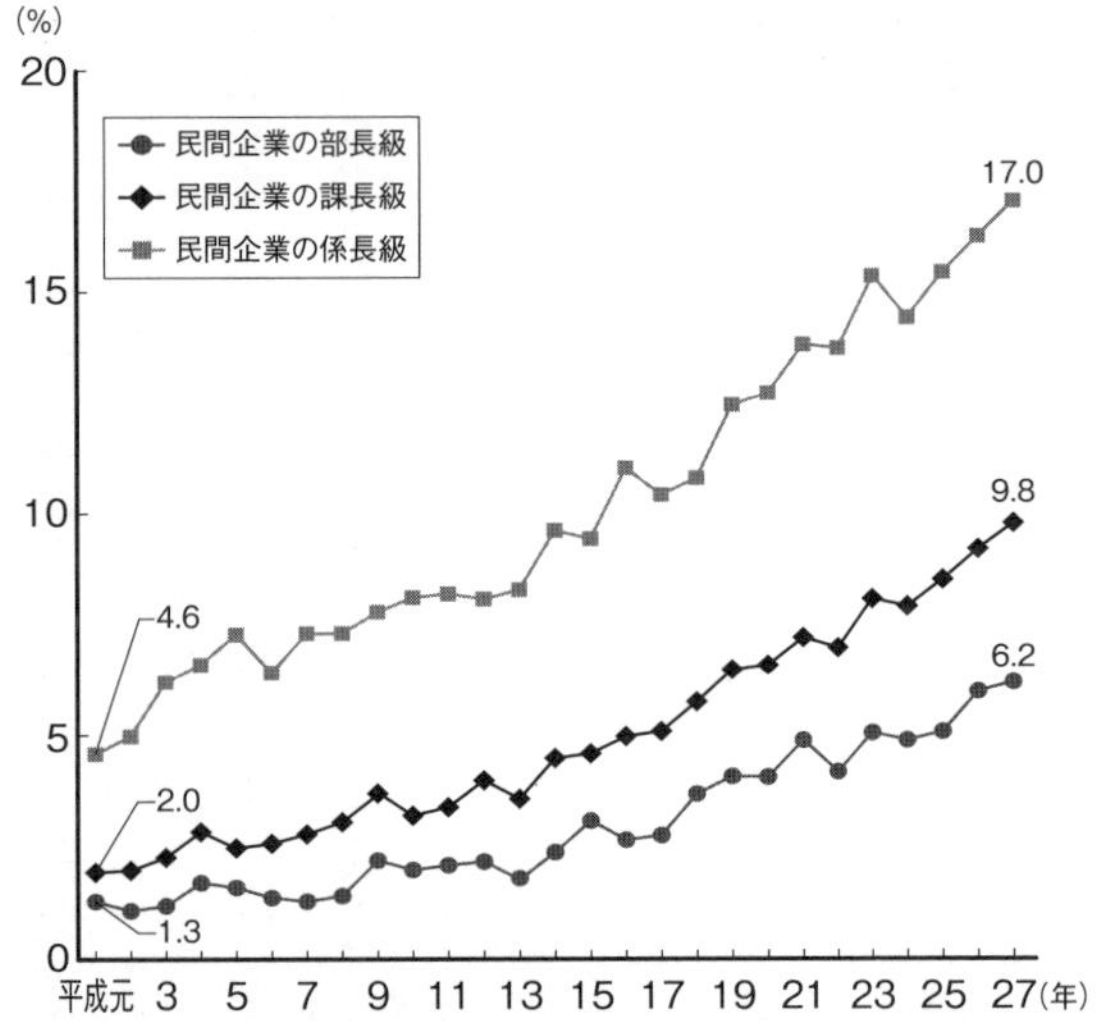

（備考）1. 厚生労働省「賃金構造基本統計調査」より作成。
2.100 人以上の常用労働者を雇用する企業に属する労働者のうち、雇用期間の定めがない者について集計。
（「内閣府男女共同参画局ホームページ」による）

【資料Ⅲ】　就業者及び管理的職業従事者に占める女性の割合(国際比較)

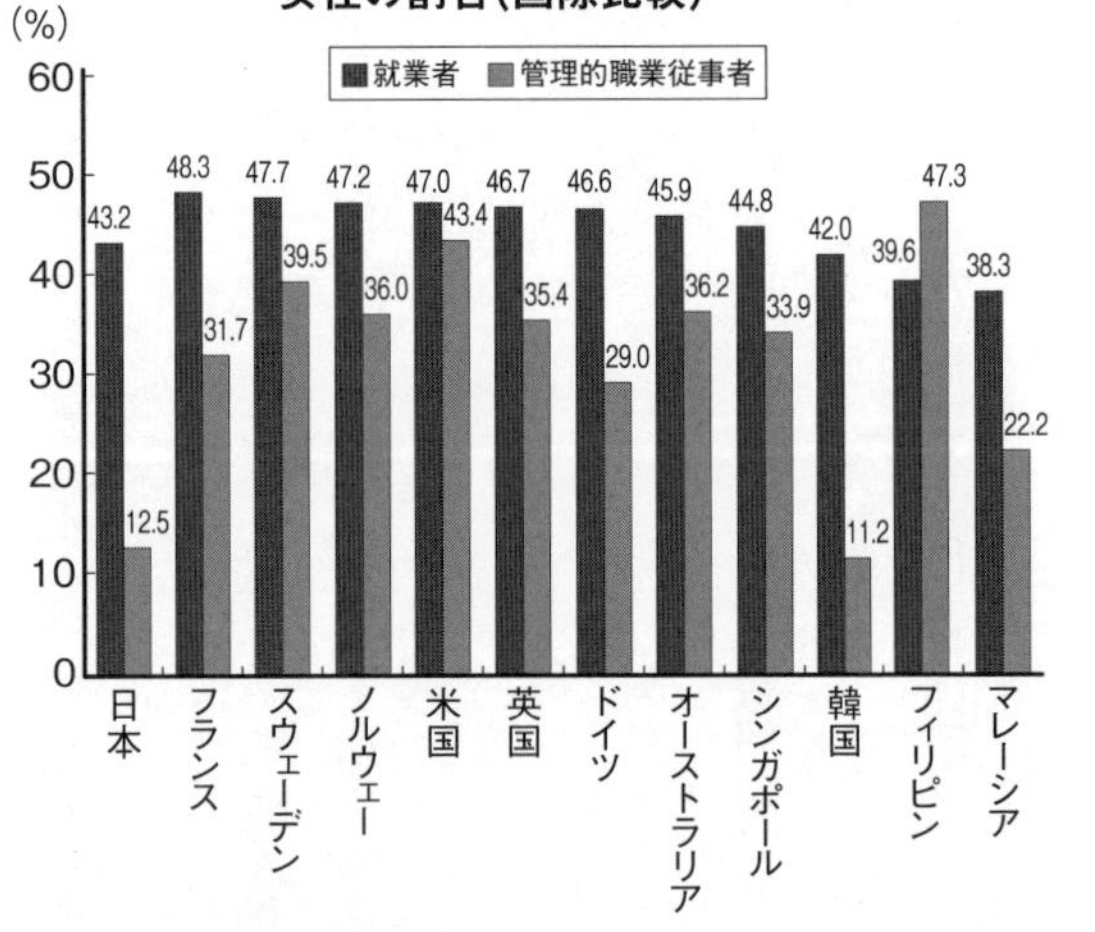

（備考）1. 総務省「労働力調査（基本集計）」（平成27年）、その他の国はILO“ILOSTAT”より作成。
2. 日本、フランス、スウェーデン、ノルウェー及び英国は2015（平成27）年、米国は2013（平成25）年、その他の国は2014（平成26）年の値。
3. 総務省「労働力調査」では、「管理的職業従事者」とは、就業者のうち、会社役員、企業の課長相当職以上、管理的公務員等。また、「管理的職業従事者」の定義は国によって異なる。
（「内閣府男女共同参画局ホームページ」による）

①**生徒A**――**【文章Ⅰ】**をふまえて**【文章Ⅱ】**を読むと、「ジェンダーは私たちの言語行為によって構築されるが、七三年からの四〇年間で『近代家父長制家族』のシステムとそれを支えるジェンダー関係の意識が解体していっている」とまとめることができるね。

②**生徒B**――今は、両親がともに家庭のことを考えて協力し合う家族を理想とする人が半数をこえているよね。それに、夫が家事や育児に参加することを望ましいと考える人は圧倒的に多いし、結婚後は別姓でよいと考える人の割合も多いよね。

③生徒C――女性が仕事と育児を両立させて生きていくことが望ましいと考える人も四〇年間で大きく増えたし、たしかに人々の価値観が変わってきているといえるよね。夫婦が家庭内で協力し合う家族のあり方を望ましいと考える男女の差もそれほど大きくはないし。

④生徒D――でも、民間企業の管理職の割合をみると、女性が圧倒的に少ないんだけど。ぼくの母も働いているけど、非正規雇用のパートなんだよな。

⑤生徒B――管理職のなかでも、高い役職になればなるほど、女性の割合が少ないよね。時代とともに、どの役職の割合も上昇傾向にはあるんだけど。

⑥生徒A――人々の価値観が変わっても、職場における男女差はまだ根強くあるといえるよね。管理職が男性ばかりの職場だと、女性は就職しても働きづらいかもしれないね。

⑦生徒C――諸外国と比べてみても、日本は女性の就業者の割合が、韓国とならんでとても低いよね。娘を大学まで行かせたいと考える親の割合は大きく増えているのに残念だね。

⑧生徒D――人々の価値観の変化だけでなく、職場などで女性のおかれている現実について、もう少し踏み込んで考える必要があるのかもしれないなあ。学校の教科書も見直してみる必要があるかもね。

要約問題　**【文章Ⅰ】**を二五〇字以内で要約せよ。

論点解説

ジェンダー —— 社会的・文化的に構築された性

いきなりだが、ここにラグビーボールとクマのぬいぐるみがあるとしよう。君が、女子の友人にどちらかをプレゼントするとなると、どちらをあげるだろうか？　多くの人はクマのぬいぐるみを選ぶだろう。でも、なぜ、クマのぬいぐるみを選んだのか、その理由をあらためて客観的に説明できるだろうか……。クマのぬいぐるみの方が女っぽいから？　では、なぜ、クマのぬいぐるみの方が女っぽいの？　そもそも女っぽいって何なのだろう……。

実は、「ラグビーボールは男っぽい、ぬいぐるみは女っぽい」、こういった概念は、あらかじめ不変的に存在したものではなく、**社会的につくられたもの**である。

このように、私たちが当たり前だと思っている概念の多くは社会的に構築されたものなのだ。**現代文を学習していくうえで大切なことの一つは、私たちが自明視していること（＝当たり前だと思っていること）について考え直してみることだ。**今回は「性」という概念について考え直してみよう。

要点1　ジェンダーとは何か

私たちの「性」にかかわる言葉として、まず、**セックス**、**ジェンダー**、**セクシュアリティ**を覚えよう。セックスとは、**生物学的・解剖学的性差・性別**のこと、すなわち、**身体の性別**のことである。これに対して、ジェンダーとは、**社会的・文化的性差・性別**のこと、すなわち、**社会的・文化的につくられる性別**のことである。「男はたくましくあるべきだ」とか「女はおしとやかであるべきだ」などのような**社会的・文化的につくられた男らしさや女らしさ**がこれにあたる。また、セクシュアリティとは、**性的欲望・性的行動の総体**のことである。異性愛、同性愛、両性愛などがこれにあたる。

ジェンダーという概念が成立したのは、アメリカの文化人類学者のマーガレット・ミード（一九〇一―一九七八）の『男性と女性――移りゆく世界における両性の研究』（一九四九年）からである。ミードは、男女の差異は社会・文化から生まれるもので普遍的なものではない、と説いた。その後、アメリカでジェンダーが用語として確立した。このように、社会的・文化的につくられた性という概念が誕生し、それが用語として確立したのは、戦後になってからである。フランスの作家・哲学者のシモーヌ・ド・ボーヴォワール（一九〇八―一九八六）は『第二の性』（一九四九年）で「人は女に生まれない、女になるのだ」と説いた。男女の差は社会の意識や教育が植え付けたものだと説いたのである。

私たちはふだん何気なく「あの人は男らしいなぁ」とか「あの人は女らしいなぁ」とか思ったりするが、その**男らしさ・女らしさが社会的・文化的に構築されたものである**ことをまずはしっかりと理解しよう。

▼ジェンダーとは何か

□セックス……生物学的・解剖学的性差・性別。身体の性別。
□ジェンダー……社会的・文化的性差・性別。社会的・文化的につくられる性別。
□セクシュアリティ……性的欲望・性的行動の総体。

※男らしさ・女らしさは、社会的・文化的に構築された概念である。

要点2　本質主義と構築主義

次に、入試頻出の、**本質主義**と**構築主義**という考え方について理解しよう。本質主義とは、**ものごとが不変的な性質（＝本質）を有しているとする立場**のことである。ものごとには先天的で絶対的な本質がありその本質によって性質が決定されていると考える立場のことだ。一方で、構築主義とは、**ものごとが社会的につくられたとする立場**のことである。ものごとは社会的に構築された変更可能なものだと考える立場のことである。例えば、男女の差異や人種が先天的に決定された不変的な概念だと考えるのが本質主義、男女の差異や人種が社会的につくられた概念だと考えるのが構築主義である。

【文章Ⅰ】では、アイデンティティを先天的な属性（＝本質）と考えてその属性にもとづいて言語行為を行うという本質主義と、言語行為によってアイデンティティを構築していくという構築主義が対比されて論じられている。

▼**本質主義と構築主義**

□**本質主義**……ものごとが不変的な性質（＝本質）を有しているとする立場。あらかじめ有している本質によって性質が決定されていると考える立場。

↕

□**構築主義**……ものごとが社会的につくられたとする立場。ものごとが社会的に構築された変更可能なものと考える立場。

要点3　フェミニズム

フェミニズムとは、**女性に対する差別や抑圧を廃絶することを目的とした社会運動**のことである。女権拡張主義、女性尊重論、女性解放論、などと言われる。女性の、政治的・経済的・社会的平等の実現を目指す運動のことだ。

フェミニズムの歴史を見てみよう。まず、**第一波フェミニズム**がある。これは、主に法律上の平等を求めて闘った運動のことだ。女性の参政権獲得運動がこれにあたる。そして、その後に起こった、**第二波フェミニズム**は、家庭責任・育児責任の両性による平等な分かち合い、賃金格差の是正、雇用差別の撤廃、などを求めて闘う運動である。

ここで注意してほしいことは、**法律上の平等（＝制度的な平等）が実質的な男女平等を意味するわけではない**ということだ。法律上の平等は達成できても、根強い社会通念（性別役割分業・母性神話〔＝女性にはもともと母性が備わっているという言説〕など）は残る。この社会通念をどのように打破して、実質的な男女平等を実現するかが課題である。

また、第二波フェミニズムとは異なる立場をとりつつも、不平等の是正を目指す第三波フェミニズムもある。こちらは一九九〇年代のアメリカの女性を中心にして生じた。

▼フェミニズム
□フェミニズム……女性に対する差別や抑圧を廃絶することを目的とした社会運動。

要点4　日本の男女格差

世界経済フォーラムという国際機関が、毎年、**ジェンダー・ギャップ指数**を公表している。ジェンダー・ギャップ指数とは、男女格差をあらわす指数で、0が完全不平等、1が完全平等をあらわす。二〇二〇年の日本の総合スコアは、0.652で、順位は一五三か国中一二一位であった（「ジェンダー・ギャップ指数」で検索して、最新のデータを確認しよう）。この順位からも、**日本は男女格差の大きい国だ**と言える。

類題の**問6**では、民間企業の女性管理職について取り上げたが、ほかにも、日本は、諸外国に比べて政治分野における女性の進出がとくに遅れており、内閣府の「女性の政治参画マップ2019」によれば、衆議院議員に占める女性比率は、二〇一九年四月一日時点で一九三か国中一六四位であった。長年続くこの現状を打開し、女性政治家を増やすためにつくられたのが、二〇一八年に公布・施行された「政治分野における男女共同参画の推進に関する法律」（候補者男女均等法）である。

【ジェンダー・ギャップ指数（2020年）】

順位	国名	スコア
1	アイスランド	0.877
2	ノルウェー	0.842
3	フィンランド	0.832
4	スウェーデン	0.820
5	ニカラグア	0.804
6	ニュージーランド	0.799
7	アイルランド	0.798
8	スペイン	0.795
9	ルワンダ	0.791
10	ドイツ	0.787
15	フランス	0.781
19	カナダ	0.772
21	英国	0.767
53	米国	0.724
76	イタリア	0.707
81	ロシア	0.706
106	中国	0.676
108	韓国	0.672
121	日本	0.652

要点5　ヒドゥン・カリキュラム（隠れたカリキュラム）

ヒドゥン・カリキュラム（隠れたカリキュラム）という語を聞いたことがあるだろうか？ 文字通り、**学校の公式なカリキュラムの中にはない、知識・行動の様式・意識が、意図しないままに教師や仲間の生徒たちから教えられていくこと**である。例えば、教師の「模試で偏差値六〇とったら〇〇高校に行けるよ」という何気ない発言が、「競争に勝つことが善である」という価値観を生徒たちに教えこむことになったりすることだ。

【男女別25～34歳層に占める高等教育修了者の割合(2014年)】

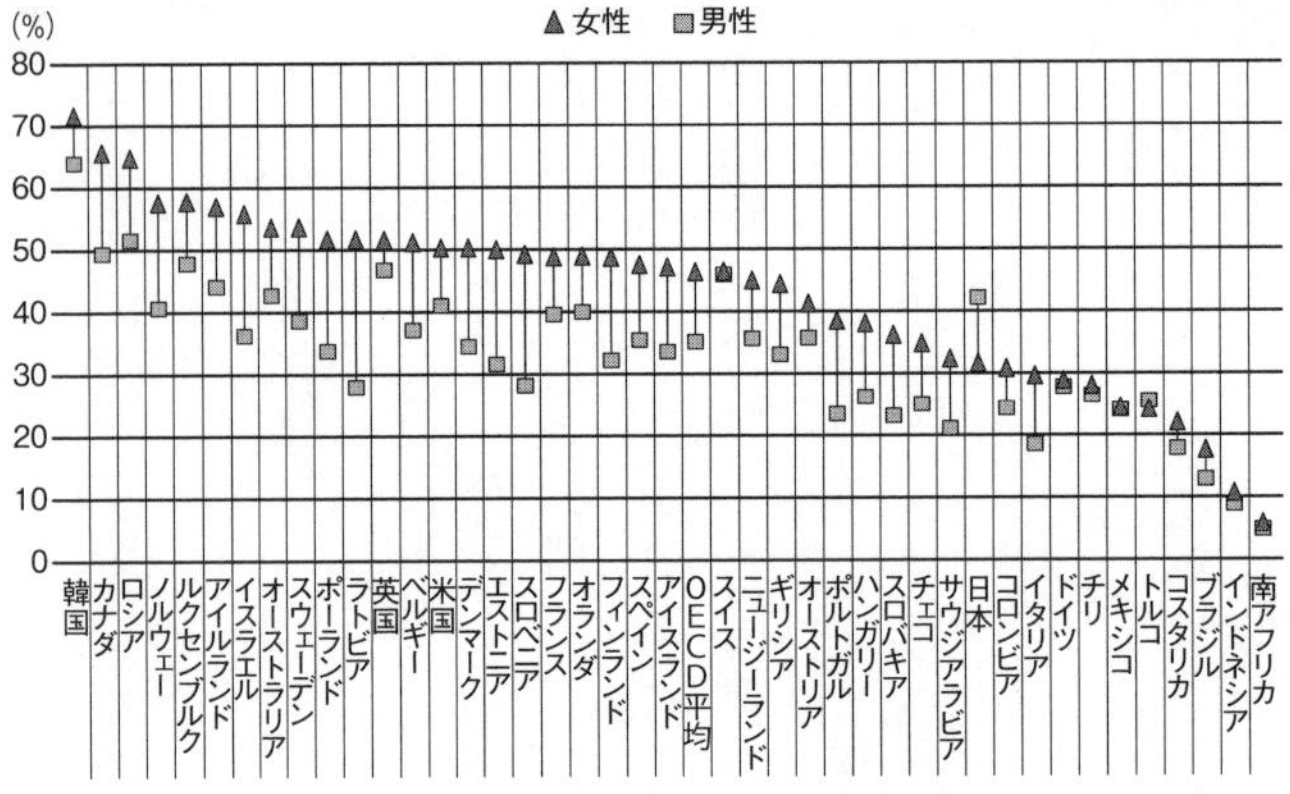

（OECD カントリーノート「図表でみる教育2015年版」による）

私たちは、学校教育において、固定的な男女観を描写した挿し絵が載っている教科書、男女別に分かれた名簿、男女別の整列、などを通して、性役割についての紋切り型の価値観を意図しないままに教えこまれてきたのではないだろうか。その結果、地位達成への欲求が、男子は高くなり、女子は低くなっているのではないか。そして、大学受験においても、「難関大学に合格するために、男子は浪人しても仕方がないが、女子は浪人するのはよくない」といった価値観が暗黙の了解として受け入れられているのではないか。**【資料Ⅰ】**の教科書の例文の話もヒドゥン・カリキュラムと関わっている。

ところで、上の表を見てほしい。これは、経済協力開発機構（ＯＥＣＤ）という国際機関が行った調査で、高等学歴の達成率を男女別に示したものである。ほとんどの国で女子の高学歴者率が男子を上回っている（▲が■の上にある）のに、日本は男子の方が女子よりも明らかに高いことが分かるだろう。このようなデータからも、私たちの置かれている状況が、世界的に見るといかに特殊であるかが分かるはずだ。

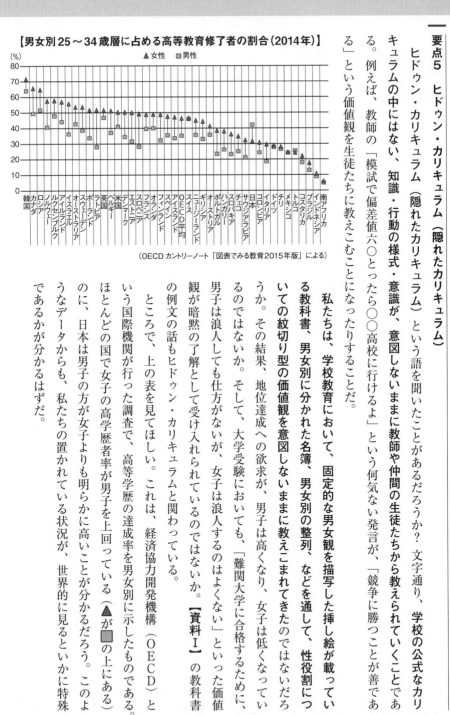

▼ヒドゥン・カリキュラム（隠れたカリキュラム）

□ヒドゥン・カリキュラム（隠れたカリキュラム）……学校の公式なカリキュラムの中にはない、知識・行動の様式・意識が、意図しないままに教師や仲間の生徒たちから教えられていくこと。

【発展】「子ども」も社会的に構築された概念？

類題1では、ジェンダーが社会的・文化的に構築された概念であることを学習した。入試では、ほかに「子ども」も社会的に構築されたものだという考え方もよく出題される。

『〈子供〉の誕生』という本を著したことで知られる**フィリップ・アリエス**（一九一四―一九八四）というフランスの歴史家がいる。彼によれば、**ヨーロッパにおいて、前近代、子どもは「小さな大人」とみなされていた。**すなわち、子どもは大人と同じく労働力であり、また、家名や財産を相続する制度的存在とみなされていたのである。つまり、**前近代には大人と子どもの間に明確な境界線は引かれていなかった**のだ。一方、**近代になると、子どもは、純真無垢で、保護・管理の対象だとみなされるようになっていく。**つまり、**近代に、大人と子どもの間に明確な境界線が引かれた**ということだ。この近代の子ども観は、今日の私たちの子ども観と重なる。皆さんも、大人と子どもを区別してとらえて、子どもは大人によって保護・管理されるべき対象だと思っているだろう。**今日の「子ども」という概念は、近代につくられたものだった**のだ。

【受験生へのオススメ本】

佐藤文香《さとうふみか》監修『ジェンダーについて大学生が真剣に考えてみた――あなたがあなたらしくいられるための29問』（明石書店）

※一橋大学の佐藤文香教授のゼミ生たちがジェンダーについて論じた本。親しみやすい文体で読みやすく、内容も面白い。

次の【文章Ⅰ】と【文章Ⅱ】を読んで、後の問い（問1〜6）に答えよ。なお、問いのなかには、【資料】や【図表】、【会話文】が付されているものがあるので、適宜参照すること。また、【文章】の本文の段落に番号を付した。

【文章Ⅰ】

1 自然の剝き出しの身体が権力の対象となること、ここに近代への転換がある。ミシェル・フーコー（注1）が『知への意志』の終わりの方で論じていることを、われわれはこのように解釈し、継承することができる。

2 A古典的には、政治は、むしろ、自然の身体を締め出すことにおいてこそ機能していた。たとえば、人間を「政治的動物」と定義した古代ギリシアの哲学者、アリストテレスが、「完全な共同体」の目的に関して述べていることは、この事実をよく示している。アリストテレスによると、共同体は、「生きるために生まれたが、本質的には善く生きるために存在する」。現代のわれわれには、この言い回しは、たいへん謎めいたものに見える。しかし、ジョルジョ・アガンベン（注2）に倣って、ギリシア語には、「生《せい》」を意味する語が、二つあったということを念頭に置けば、謎は(ア)ヒョウカイする。

3 古代ギリシアでは、単に生きているという事実、自然的な生を指す語は、「zoē（ゾーエー）」であり、個人や集団に固有な生の形式は、「bios（ビオス）」と呼ばれた。前者が、英語の'zoo'（動物園）という語に、後者が、'biology'等の'bio'に引き継がれていることは、容易に見てとることができるだろう。「ゾーエー」は、動物の生を含む、生きるという事実の一般を意味している。それに対して、「美的生活」とか「知的生活」といったような、何らかの形式をもっていたり、規範に従っていたりする生活を指すのが、「ビオス」である。両者を包括する「life」に相当する語は、ギリシア語にはなかったのだ。

4 アリストテレスが述べていることは、政治あるいは国家（ポリス）が固有に関わるのは、bios（善き生）の方だということである。人間は、ゾーエーを受けることで生まれたのだが、しかし、人生（ビオス）の真の目的は、共同体における善さの探求にこそある、というわけである。言い換えれば、zoē としての生は、政治からは排除されていることになる。

5 それは、どこへと排除されているのか。オイコス（≒家族）である。食事などの生存に関わる問題は、オイコスの私的な関心事であって、政治の主題ではない。ポリスの主題は、そうしたことを超えた「善き生」をいかにして実現するかにある。

6 こうした構成は、古代ギリシアにおいてのみ見られるわけではない。古代・中世の全期間を通じて、政治は、ゾーエーに対応する剝き出しの生と身体を排除することで画される、ビオスの領域を対象としていた。フーコー（やアガンベン）は、もちろん、西洋史を念頭に置いてこのように主張しているが、視野を、西洋の外に拡《ひろ》げても同じことが言えるだろう。たとえば、中国の儒教にとって、政治とは、すぐれて、「善き生（ビオス）」の問題である。

7 近代への転換は、かつてその排除の上に政治が成り立っていた自然の生、自然の身体を政治の対象へと包含したときに画される。自然の生が権力の計算の対象となったのだ。フーコーは、こうした権力を「生権力《せいけんりょく》 biopouvoir」、生権力に基づく政治を「生政治《せいせいじ》 biopolitique」と呼んだ。

8 権力についての最も一般的にイメージされている状況は、他者の脅しによって、私が欲してはいないことをやらされる、という関係のあり方であろう。最も強い脅しが、死への脅しである。他者は、私を殺すことができる。

私は、死を回避するために、他者の命令に従わざるをえない。これが、権力についての最も広く抱かれているイメージである。しかし、このように理解できる権力は、フーコーによると、近代以前の権力である。それは、殺す権力、死への権力だ。近代以前の権力は、死という否定的な事態への脅迫に基づく権力であった。権力が発動されるのは、支配者が（従属者を）殺すとき、あるいは殺す可能性を(イ)シサしているときである。

9 フーコーによると、近代の権力は、これとは逆の点に関心を向ける。それは、B生への権力、生かしめる権力だというのだ。こうした権力が西洋に登場するのは、一七世紀頃である。「ポリツァイ(注3)」と呼ばれる統治の技術が誕生して以降、臣民の生命や健康をこそ第一義的な配慮の対象とする権力が登場した、というのだ。今日の「福祉国家」の理念につながりうる、人口の管理調整に関わる権力が、この時期に登場したのだ。

10 この権力が直接に問題にしているのは、ギリシア語で表現すれば、「ビオス」の方ではなく、「ゾーエー」としての生、つまり自然的な身体であろう。古代や中世においては、政治の領域から締め出されていた、自然的な身体が、権力と政治の主要な関心事になったのである。生きている身体の数、つまり「人口」こそは、生政治の最も重要な主題の一つである。

11 「人口」の調整と並ぶ、生権力のもう一つの側面を、フーコーは、「規律訓練 discipline」に見ている。つまり、生政治あるいは生権力には、二つの(ウ)ショウテンがあるのだ。

12 規律訓練型の権力とは、個人の身体への持続的な監視を媒介にして、個人の内省（告白）を促し、結果として、個人を主体化する権力である。規律訓練する権力によって、大量の、規格化された従順な身体が生産される。

（大澤《おおさわ》真幸《まさち》『生権力の思想』による）

（注）1 ミシェル・フーコー――フランスの哲学者（一九二六―一九八四）。

2　ジョルジョ・アガンベン――イタリアの哲学者（一九四二―）。
3　ポリツァイ――社会政策。福祉行政。

【文章Ⅱ】

1　この生 - 権力の社会は、人間の生の尊重を謳《うた》う社会であるが、この社会の権力は自己矛盾を抱えているようにみえる。広島の原爆が象徴的に示したことは、人間の生を重視することを原理とするはずの社会が、一挙に数十万の無辜《むこ》の民を殺す社会でもあるということだった。

2　原爆を製造する社会、それは殺害する権力の社会であり、生を破壊する社会である。この社会はまた、遺伝子操作や病気の治療という名目で、過剰に生を破壊する物質を作り出す社会である。フーコーはこの物質を「普遍的に破壊する制御不能のヴィールス」と呼んだ。これはエイズを指した言葉ではないが、生のために利用されるはずの科学的な手段が、逆に多数の死を生み出すという現代社会の(エ)シュクズがここにみえる。

3　それでは C この生 - 権力は、どのようにして死の権力に変貌するのだろうか。生を謳う権力はどのようにして、敵だけではなく、自国の市民たちに死を命じ、殺し、相手を殺戮《さつりく》させることができるのだろうか。

4　フーコーは、それを可能にするのが〈人種〉という原理だと考える。生 - 権力は、国民を生かすことを原理とする権力であり、その原理に従う限り、自国の国民を戦場に追いやって殺戮することも、無抵抗な他国の住民を殺戮することもできないはずである。そこに一つの差異を持ち込むのが〈人種〉の原理なのである。

5　フーコーがここで考えている〈人種〉という原理は、ナチスが考えた「民族の共同体」を構成する生物学的な人種の概念を含むものであるが、それよりもさらに広く、国民の中の生かしておく部分と、殺してしまう部分を分離するために利用される概念と理解すべきであろう。

6 これは人間の種に、「よい種」と「悪い種」という区別を導入することによって、人間という種全体を、死ぬべく定められた人間と、生きるべく定められた人間に分割することである。『ショアー』や『シンドラーのリスト』をはじめとして、ホロコーストを描いた映画は多いが、どの映画をみても、ただユダヤ人に属するということだけで、それまでの普通の暮らしを捨てて、死への道を歩み始めることを強制される理不尽さに衝《う》たれる。

7 隣人は普通に生き続けるのに、自分は故のない身体的かつ生物学的な理由で殺戮される。人種差別とは、種の空間を細分化し、その一部だけを「特別待遇」することである。

8 フーコーは、近代のバイオ・パワー(注)においてこの人種差別が必要とされたのは、住民を細分化することによって、殺す原理を導入するためであったと考えている。他者を多く殺すほど、自分の生が確保できるという戦争の原理そのものは、新しいものではない。人種差別の原理の新しさは、人々を生かすことを支配の原理とする生-権力の社会に、殺す原理を持ちこんだことにある。人種差別が近代の社会にいたるまで存在しなかったというのではなく、近代の生-権力の社会にいたって、国家の政治的な機構において、人種差別が枢要な役割を果たしはじめたのである。

9 第二次世界大戦におけるナチズムのユダヤ人差別、明治以来の日本での朝鮮人差別、米国における日系移民の差別に示されるように、人種差別とは身体的で生物学的な根拠に基づいて、他者を殺戮し、貶《おとし》め、屈辱を味わわせる原理である。人種差別によって、他者に死をもたらし、「悪しき種」を滅ぼし、「劣った種」や「異常な種」を絶滅すれば、われわれの生そのものがさらに健全で、正常で、〈純粋〉になると考えるのである。

10 この観念は啓蒙《けいもう》や普遍的な人間性という近代の論拠では対抗できない。ここで蠢《うごめ》いているのは、生物学的な純粋性の観念、他者の死のもとに自己の生を確保しようとする盲目的な欲望である――そこに人種差別という「野蛮」の秘密がある。

戦争とは二つのことを意味するようになった。それはたんに政治的に敵対する国を破壊することではなく、…好ましくない人種、生物学的に危険な人種を、われわれという人種のために破壊することである。

[11] 一九世紀以降の戦争には、人種戦争という側面がつねにつきまとっていた。好ましくない人種を破壊することは、われわれという好ましい人種を再生させるための一つの方法である。われわれの人種の中から排除され、摘出される「汚れた部分」の数が多いほど、われわれはさらに純粋になる。戦争とは、ある意味では人種(オ)ジョウカ運動なのである。

（中山元《なかやまげん》『フーコー入門』による）

（注）バイオ・パワー――生‐権力。

問1 傍線部(ア)～(オ)に相当する漢字を含むものを、次の各群の①～⑤のうちから、それぞれ一つずつ選べ。解答番号は [1] ～ [5]。

(ア) ヒョウカイ [1]

① ヒョウカを食する ② 一堂に会してヒョウギする ③ 交通安全のヒョウゴ ④ トウヒョウ率が下がる
⑤ ドヒョウに立つ

(イ)　シサ　2

①空中からサッする　②学歴をサショウする　③正気のサタとは思えない　④負のレンサ

⑤犯罪をキョウサする

(ウ)　ショウテン　3

①権力をショウアクする　②ショウヤクされた本　③ショウリョに駆られる　④努力のケッショウ

⑤船がザショウする

(エ)　シュクズ　4

①綱紀をシュクセイする　②シュクガカイに招かれる　③シュクアクの報い　④私のシシュクする作家

⑤ノウシュクジュース

(オ)　ジョウカ　5

①ジョウチョウな文章　②ジョウザイを飲む　③フジョウの金　④ブームにビンジョウする

⑤所有権をイジョウする

問2　傍線部A「古典的には、政治は、むしろ、自然の身体を締め出すことにおいてこそ機能していた」とあるが、それはどういうことか。その説明として最も適当なものを、次の①～⑤のうちから一つ選べ。解答番号は 6 。

①前近代には、アリストテレスが単なる生物としての生と善き生とを対置し後者を共同体の目的だと考えたように、政治の主題は我々の生を善へと導くことであり、自然的な生と何らかの形式をもつ生を併せた概念は政

治の主題とはならなかったということ。

② 前近代には、アリストテレスが単なる生物としての生と善き生とを対置し後者を共同体の目的だと考えたように、政治は我々の生を善きものへと導くことを主題とし、個人や集団に固有の生の形式を主題とはしなかったということ。

③ 前近代には、アリストテレスが単なる生物としての生と善き生とを対置し後者を共同体の目的だと考えたように、政治は我々の生を善きものへと導くものであり、食事などの私的な側面は悪しきものとされ政治の対象とはならなかったということ。

④ 前近代には、アリストテレスが単なる生物としての生と善き生とを対置し後者を共同体の目的だと考えたように、政治は我々の生を善きものへと軌道修正する力だとされ、すべての生物に共通する側面は家が扱うものとされたということ。

⑤ 前近代には、アリストテレスが単なる生物としての生と善き生とを対置し後者を共同体の目的だと考えたように、政治は我々の生を善きものへと導く力だとされ、剝き出しの生や身体に関する側面は政治的には禁忌とされたということ。

問３　傍線部Ｂ「生への権力、生かしめる権力」に関する説明として最も適当なものを、次の①～⑤のうちから一つ選べ。解答番号は 7 。

① 権力者が死刑の恐怖を与えることによって民衆を支配することを典型とする前近代の権力とは異なり、近代

の権力は、民衆を生かす方向に行使され人口を調整するとともに、規律訓練によって規格化された従順な身体を生産する権力である。

② 権力者が自身の死という否定的な事態を回避しようとすることを典型とする前近代の権力とは異なり、近代の権力は、民衆をも生かし、国家の人口を調整するとともに、規律訓練によって個人を主体化していく権力である。

③ 死という否定的な事態への脅迫に基づく前近代の権力とは異なり、近代の権力は、民衆の生命や健康を第一に考えるものであり、今日の福祉国家の理念にも結びつく国家の人口調整に関わる権力である。

④ 権力者が民衆を殺したり、殺す可能性を示したりしたときに発動する前近代の権力とは異なり、近代の権力は、民衆が自身を規律訓練によって主体化しようとしたときに発動する権力である。

⑤ 死という否定的な事態への脅迫に基づく前近代の権力とは異なり、近代の権力は、ゾーエーを直接の対象とするもので、民衆の身体を訓練し、健康的な心身をそなえた自己を確立させる権力である。

問4 傍線部C「この生‐権力は、どのようにして死の権力に変貌するのだろうか」とあるが、**【文章Ⅰ】**と**【文章Ⅱ】**の内容をふまえて、人々を生かす権力が戦争や殺戮に結びついたことの説明として最も適当なものを、次の①～⑤のうちから一つ選べ。解答番号は 8 。

① 生権力はわれわれの社会の人口調整に関わる権力であり、人口が過剰になり社会の維持が困難になると、〈人種〉という原理によって差別を行い、「悪い種」を滅ぼすという調整を行うため、戦争や殺戮と結びついてしまう。

② 生権力はわれわれの身体を訓練することで心身ともに健全な個人をつくりだそうとする権力であり、心身が

不健全な人々を「悪い種」とみなし滅ぼそうとするため、戦争や殺戮と結びついてしまう。

③ 生権力はわれわれの生命や健康を重んじる権力だが、人種差別によってわれわれにとって好ましくないとみなした種を絶滅させ、われわれにとって理想的な生が営める共同体を築こうとするとき、戦争や殺戮と結びついてしまう。

④ 生権力は「善き生」を目指すことを共同体の目的とする権力であるため、われわれにとって好ましくないとみなした種を絶滅させ、優れたわれわれが生きやすい純粋性のある社会にしようとして、戦争や殺戮と結びついてしまう。

⑤ 生権力はゾーエーを直接の対象とする権力であるため、〈人種〉という原理との親和性が高く、生物学的な純粋性の観念や他者の死のもとに自己の生を確保しようとする盲目的な欲望を生じさせ、戦争や殺戮と結びついてしまう。

問5 【文章Ⅰ】と【文章Ⅱ】の表現と構成について、次の(i)・(ii)の問いに答えよ。

(i) 【文章Ⅰ】と【文章Ⅱ】の表現に関する説明として**適当でないもの**を、次の①〜④のうちから一つ選べ。解答番号は 9 。

① 【文章Ⅰ】の第1段落の「自然の剝き出しの身体が権力の対象となること、ここに近代への転換がある。」は、「ここ」という指示語で直前の内容を受けることで、「自然の剝き出しの身体が権力の対象となること」を読者

に印象付けている。

②【文章Ⅰ】の第3段落で、「zoē（ゾーエー）」「bios（ビオス）」と異なり、「life」にだけ丸カッコで読みが示されていないのは、「life」がゾーエーとビオスを包括する概念であることを強調するためである。

③【文章Ⅱ】の第3段落では、「〜のだろうか。」と筆者が読者に問いかける文が続けて用いられているが、これらは後に続く筆者の見解に読者をひきつける効果がある。

④【文章Ⅱ】の第9段落では、「悪しき種」「劣った種」「異常な種」、「健全で」「正常で」「〈純粋〉に」と、類似した語を連続して用いることで、人種差別に基づく考えを強調している。

(ii)【文章Ⅰ】と【文章Ⅱ】の構成に関する説明として最も適当なものを、次の①〜④のうちから一つ選べ。解答番号は10。

①【文章Ⅰ】は、ゾーエーとビオスの違いを中心に述べている前半（第1〜6段落）と、前近代型の権力と近代型の権力の違いを中心に述べている後半（第7〜12段落）が、大きく対比関係となっている。

②【文章Ⅰ】は、前半（第1〜6段落）でゾーエーとビオスという二つの生のあり方を紹介し、後半（第7〜12段落）で前近代と近代の権力の話を引き合いにして、それらについて具体的に説明している。

③【文章Ⅱ】は、はじめの部分（第1・2段落）で、生権力が自己矛盾を抱えているように見えることを例を交えて提示し、続く部分（第3〜11段落）でその原因について具体的に論じている。

④【文章Ⅱ】は、はじめの部分（第1・2段落）で広島の原爆といった具体的事例で問題提起を行い、続く部分

（第3～8段落）で抽象化によって主題を展開し、最後（第9～11段落）でユダヤ人差別等の例を挙げて統括を行っている。

問6 「生権力」について学習したひとみさんは、お母さんと「生権力」について話した。次の**【会話文】**は、その時のひとみさんとお母さんとの会話であり、**【資料】**及び**【図表】**はお母さんがひとみさんに示したものである。ひとみさんは、**【文章Ⅰ】**と**【文章Ⅱ】**、及び、これらの**【会話文】**、**【資料】**、**【図表】**から、「生権力」がどのように変容してきていると理解したと考えられるか。最も適当なものを、次の①～⑤のうちから一つ選べ。解答番号は 11 。

【会話文】

ひとみ **【文章Ⅰ】**と**【文章Ⅱ】**によると、近代の権力って、人々の健康に介入したり、規律訓練で主体を形成したりするんだね。それに、戦争や殺戮につながったり……。今までわたしが抱いていた権力のイメージとは違っていて驚いたよ。

母 それって、フーコーの話ね。そういえば、最近、読んだ本の中にこのような記述（**【資料】**）があったわよ。フーコーが権力について考察した時代と、現在とは権力のあり方が変わってきているみたいね。

ひとみ 「生権力が規律訓練から分離している段階」って、どういうことなの。

母 その本の中には「規律訓練から環境管理への流れ」と説明されていたわ。環境の方を人を動かすように作りかえて管理しようとするんですって。

ひとみ　例えば、どういうこと。
母　例えば、飲食店で、客に長時間居座られたくなければ、あらかじめ硬い椅子を設置しておくのよ。硬い椅子だと長時間座るのはしんどいでしょ。だから、店員が何も言わなくても、客の方から自発的に早く帰ってくれるってわけ。
ひとみ　なるほど。環境を作りかえることで人々の生を管理していくのね。
母　そう。この【図表】を見てごらん。防犯カメラを設置したことで犯罪件数が変化しているわね。
ひとみ　ほんとだ。

【資料】

生権力が、規律訓練と融合していた段階から、規律訓練から分離している段階へと、その性質を変容させているのではないかと思うのです。
（東《あずま》浩紀《ひろき》・大澤真幸『自由を考える』による）

【図表】
街頭防犯カメラ設置数と刑法犯罪認知件数の推移

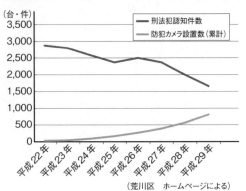

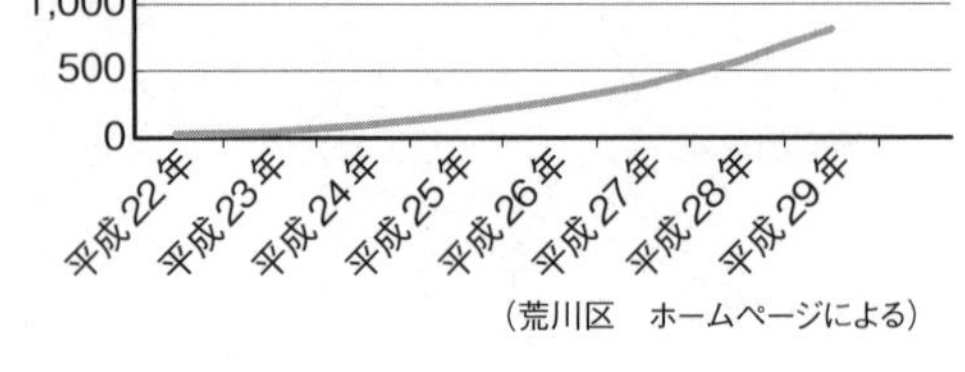

（荒川区　ホームページによる）

① かつての生権力は、人々の自然の剝き出しの身体を対象にして、健康に介入したり、規律訓練で主体を形成したりする権力であった。現在は、例えば、防犯カメラを設置することで犯罪を事前に抑止するなど、環境を作りかえることで人々の生をコントロールしていく権力に変容してきている。

② かつての生権力は、人々の生命や健康に配慮するとともに、規律訓練によって主体を形成するものであった。現在は、例えば、防犯カメラによって、事前に犯罪者を発見して逮捕するなど、環境を操作することで人々の生を管理していく権力へと変容してきている。

③ かつての生権力は、〈人種〉という原理によって「悪い種」を滅ぼすために戦争や殺戮につながる側面があった。現在は、例えば、防犯カメラを設置することによって犯罪を抑止するなど、環境を作りかえ管理することで人々の安全な暮らしを構築する権力に変容してきている。

④ かつての生権力は、人口の管理調整と規律訓練という側面で人々を操作するものであった。現在は、例えば、防犯カメラを設置することで犯罪抑止を図るなど、環境を作りかえることで人々の生をコントロールしていこうとするが、その効果は薄く結果につながっていない。

⑤ かつての生権力は、人々の健康に介入したり、規律訓練で主体を形成したりする権力で、人々の身体に直接作用していた。現在は、例えば、防犯カメラを設置することで犯罪抑止を図るなど、環境を作りかえることで人々の生を間接的に管理していこうとするが、その効果はまだ明確には判明していない。

要約問題　【文章Ⅰ】と【文章Ⅱ】をそれぞれ二五〇字以内で要約せよ。

論点解説

生権力——権力の変容

皆さんは、「権力」ときくと、王様が家来に命令をしたり上司が部下に命令をしたりする姿を思い浮かべるだろう。他人を支配し、服従させる力が権力である、と。もちろん、それも権力である。だが、**ミシェル・フーコー**（一九二六―一九八四）というフランスの哲学者は、これとは別の権力を発見した。それが、**生権力**《せいけんりょく》である。そして、その生権力にもとづく政治が**生政治**《せいせいじ》である。生権力をはじめとする様々な権力についての論点を整理しよう。

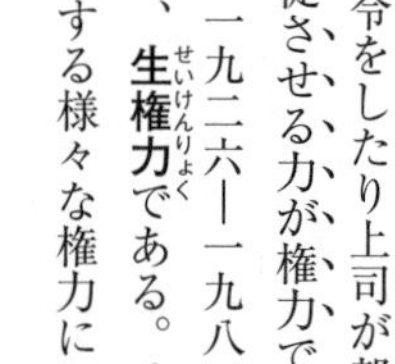

ミシェル・フーコー

要点1　死の権力と生の権力

フーコーによれば、前近代における権力は、**死の権力**（**殺す権力**）である。権力者が、死を与えることの恐怖によって、人々を従わせて支配していたわけだ。君主が「余に逆らうものは、生かしてはおかぬ！」と言って人々を従わせている様子をイメージしよう。

これに対して、近代における権力は、**生の権力**（**生権力**）である。生権力とは、**人々を生かす権力**、すなわち、**人々の生に積極的に介入し、管理しようとする近代的権力**のことである。人々を生かすわけだから、人が健康的に生きていくことに介入するため、福祉国家の理念にもつながりうる権力である。また、この権力には、人々の生に介入して、人々を権力にとって都合よく生かすという側面もある。

ところで、私たちの生は、**ゾーエー**と**ビオス**に分けることができる。**ゾーエー**とは**動物的な生・自然的な生**のことで、**ビオス**とは**人間としての生**、例えば、知的生活や美的生活のことである。**生権力は、人々の生体のありようを日常的に管理しようとする権力なので、ゾーエーを直接的な対象とする。**

では、権力が私たちの生に介入して、人々を権力にとって都合よく生かすとは、具体的にはどういうことなのか。以下、それをみてみよう。

▼死の権力と生の権力

□**生権力**……人々を生かす権力。人々の生に積極的に介入し、管理しようとする近代的権力。
□**生政治**……生権力にもとづく政治。
□**ゾーエー**……動物的な生。自然的な生。
□**ビオス**……人間的な生。【例】知的生活・美的生活

前近代　**死の権力**（**殺す権力**）
権力者が、死を与えることの恐怖によって、人々を従わせて支配する。

⟷

近　代　**生の権力**（**生権力**）
人々の生に積極的に介入し、管理しようとする。⬇ゾーエーを直接的な対象とする。
・福祉国家の理念につながりうる。
⬅
・人々を権力にとって都合よく生かす。

要点2　パノプティコン効果

フーコーは、近代の権力のあり方を**パノプティコン**という監獄にたとえた。パノプティコンとは、中央に監視塔があり、

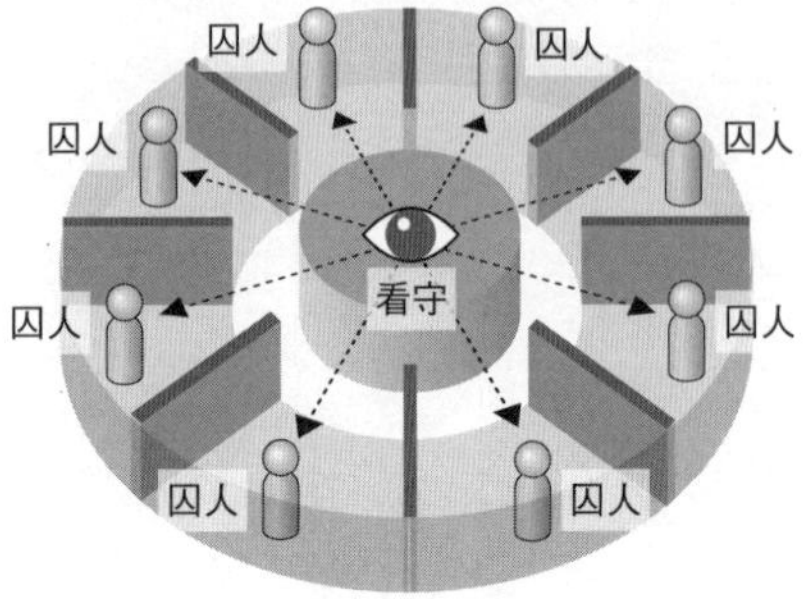

パノプティコン

その周囲に多くの独房を円形に配置した監獄である（上のイラスト参照）。監視塔には小さな窓が付いており、監視者（看守）からは囚人の様子を一望できるが、独房にいる囚人からは、監視塔のなかを見ることはできない。そこで、囚人は、監視塔に監視者がいるかどうかに関わりなく、「私は監視されているかもしれない」ということを常に恐れ、やがて、監視者がいなくても自ら規律を守って行動するようになる。すなわち、**囚人は、監視者の視線を内面化し、自発的に規範に従うようになっていく**わけだ。このように、**常に監視されているという意識から、自分から進んで規律に従うようになること**を**パノプティコン効果**という。現在でも、深夜、周りに人がおらず、車が全く走っていなくても、赤信号だと横断歩道を渡らない人は多くいる。実際には誰にも見られていないのに、誰かに見られているという意識が働いて、法・規範に従っているわけだ。そして、私たちの多くにとって、このような法・規範は、学校でしつけられて身につけたものだろう。

▼**パノプティコン効果**
□**パノプティコン効果**……常に監視されているという意識から、自分から進んで規律に従うようになること。

要点3　規律訓練型権力から環境管理型権力へ

哲学者の東浩紀（一九七一―）は、現代の権力を**規律訓練型権力**と**環境管理型権力**に分けて説明し、前者が後者に移行していくと論じている。

規律訓練型権力とは、**人々を統合・訓練することで、秩序をコントロールしようとする権力**である。**要点2**で説明したパノプティコン効果もこの権力によるものである。**規律訓練によって権力が内面化され、人々を都合よく動かしていく**。そして、**人々は規律訓練を通して、自己反省をし、主体を構成していく**わけである。学校・工場・軍隊などでの規律訓練によって、法や規範に従順になっていくのだ。例えば、体育座り（三角座り）は、前近代の日本にはなかった座り方だが、近代以降の学校教育で広く普及した。この座り方は、両手で両足をロックしているので、児童が手遊びをしにくく、管理者にとって都合のよい座り方である。そして、私たちは、成人しても、幼いころに身につけたこの座り方を自然としてしまうことがある。**【文章Ⅰ】**の最終文の「大量の、規格化された従順な身体が生産される」というのは、このようなことをふまえた言い回しである。

もちろん、規律訓練そのものは、前近代からあったが、**監視者の視線を内面化することで、強制されなくても法や規範を守るようになる**点に近代以降の権力の大きな特徴がある。また、**私たちの主体が、それ自体、権力によって生成されていた**ことにも留意しておきたい。

環境管理型権力とは、**学校などの場を必要とせず、個人の行動を物理的に制限する権力**である。すなわち、**アーキテクチャによる規制を行う権力**のことである。アーキテクチャとは、人間の行動の範囲を物理的に制約するように設計されている環境的な構造のことだ。例えば、公園のベンチで横になって寝ている人が、地元住民の間で問題になっている場合、行政は、ベンチをひじ掛けでいくつかに仕切られているものに取りかえればよい（人を直接強制的に退去させなくても、ひじ掛けでいくつかに仕切られたベンチを設置すれば寝そべることができなくなる）。また、飲食店などで客の回転率を上げたければ、硬い椅子にしたり、BGMの音量を上げたりするとよい。硬い椅子だと長時間座ると尻が痛くなるし、BGMがうるさいと落ち着かないので、他所に行こうと自然に思うだろう。このように、環境管理型権力は、**環境を作りかえることで人々の生を管理していく権力**である。

環境管理型権力は、規律訓練型権力とは異なり、**監視者や監視者の視線の内面化を必要としない**

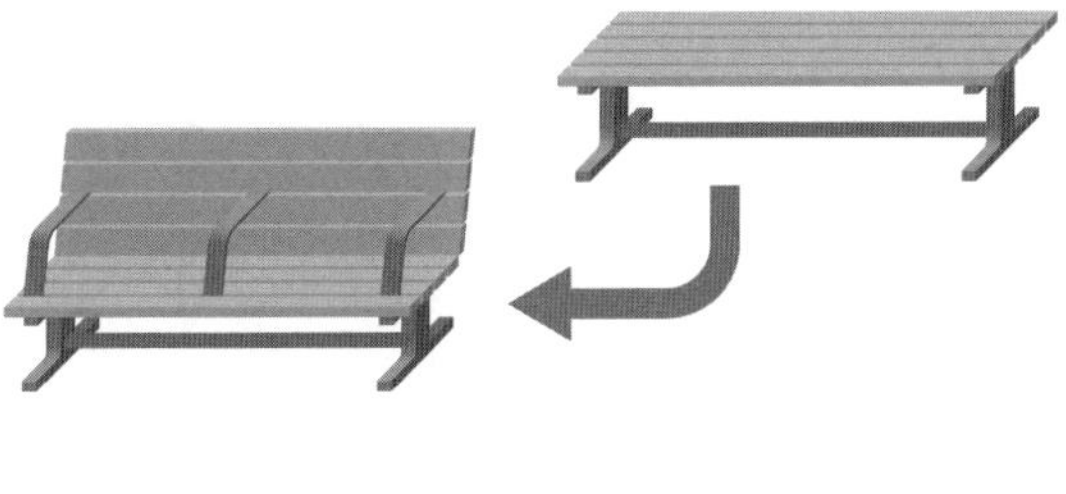

し、**人々は何の抵抗もなく従う可能性が高い**。最初からベンチがひじ掛けで仕切られていれば、そもそもベンチに寝そべろうとすら思わないだろう。そして、この環境管理型権力の大きな特徴は、**人間を動物のようなものとして管理していること**だ。硬い椅子で尻を痛くしたり、BGMをやかましく感じさせたり、というのは、尻や耳といった人間の動物的な部分に訴えかけた管理である。意識を経ずに身体に直接的に働きかけているわけだ。

現代社会では、規律訓練型権力は衰退してきており、環境管理型権力が台頭してきている。環境管理型権力は、私たちの身の回りに遍在している。フーコーの時代は、生権力が規律訓練と融合している段階だったが、現在は、生権力が規律訓練から分離している段階へと、その性質を変容させているようにみえる。

▼**規律訓練型権力から環境管理型権力へ**

□**規律訓練型権力**……人々を統合・訓練することで、秩序をコントロールしようとする権力。

【**特徴**】規律訓練によって権力が内面化され、人々を都合よく動かせる。

人々は規律訓練を通して、自己反省をし、主体を構成していく。

私たちの主体は、権力によって生成されている。

⬇

□**環境管理型権力**……学校などの場を必要とせず、個人の行動を物理的に制限する権力。

アーキテクチャによる規制を行う権力。

環境を作りかえることで人々の生を管理していく権力。

【**特徴**】監視者や監視者の視線の内面化を必要とせず、人々が何の抵抗もなく従う可能性が高い。

人間を動物のようなものとして管理している。

要点4　生権力と優生学

優生学《ゆうせいがく》という学問がある。遺伝学の知識を応用して、ヒトの形質の悪化を防ぎ、優良な遺伝形質の保存・増加について研究する学問である。すなわち、**悪質な遺伝子を断ち、優れた遺伝子を保存・増加させていこうとする学問**だ。この優生学が影響力をもった代表例が、ナチス時代のドイツである。ナチスは、アーリア人種の優越を説き、優れたアーリア人種を「生かす」ために、その妨げとなると彼らが決めつけたユダヤ人を迫害していった。ここで、生権力とホロコースト（大虐殺）が結びつくわけだ。人々を「生かす」ことと、戦争に行くこと・虐殺すること、は、一見、矛盾するが、優生学を理論的土台として結びつくのである。

思想家の中山元（一九四九―）によれば、**生権力は、生かすことを名目としながら、〈人種〉の原理によって、自国の国民を戦場に追いやったという**。そして、この生権力には、優生学を原理とする側面があった。自分たちの生を確保するために、好ましくないとみなした人種、生物学的に危険とみなした人種を、破壊するのである。

▼生権力と優生学

□優生学……悪質な遺伝子を断ち、優れた遺伝子を保存・増加させていこうとする学問。

※**優生学を土台として、生権力は、生かすことを名目としながら、〈人種〉の原理によって、自国の国民を戦場に追いやった。**

【発展】優生学が生み出した悲劇――日本の場合は……？

フランシス・ゴールトン（一八二二―一九一一）というイギリスの遺伝学者・統計学者がいる。彼は、進化論を確立したチャールズ・ダーウィン（一八〇九―一八八二）の従弟であり、**優生学と近代統計学の父**と呼ばれる人物だ。彼は、人類という種を肉体的・精神的に改良するために、優秀な遺伝子を残し、劣悪な遺伝子を淘汰すべきだと主張した。

優生学は、不良な遺伝子をもつと見なされた人間に不妊手術を施す法律（＝断種法）を生み出した。断種法は、アメリカの多くの州で成立し、ナチスドイツにも広まった。これにより、障害者に対する差別もさらにひどいものとなったのである。

日本では、戦前に国民優生法（一九四〇年）、戦後に**優生保護法**（一九四八年）という法律があった。優生保護法には「第1条　この法律は、優生上の見地から不良な子孫の出生を防止する（中略）ことを目的とする」と明記されていた。この優生保護法は、一九九六年に大きく改正され、障害者に対する差別規定もすべて削除され、「母体保護法」と呼ばれるようになった。一九九六年は平成八年。最近とはいわないが、そう古い話でもない……。このことを皆さんはどう考えるだろうか。

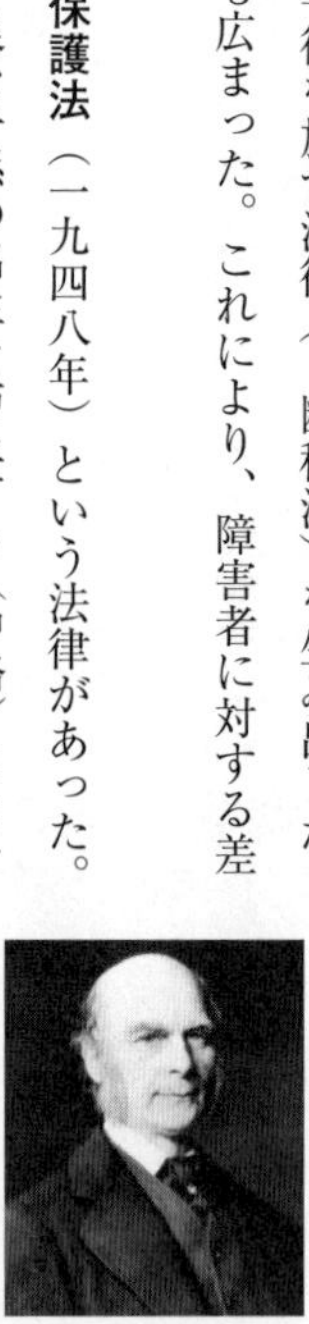
フランシス・ゴールトン

【受験生へのオススメ本】

東浩紀・大澤真幸『自由を考える――9・11以降の現代思想』（NHKブックス）

※東氏と大澤氏の対談形式で書かれている。現代文が苦手な受験生には、やや難しいかもしれないが、現代社会における権力のあり方などが理解できる。じっくり読んでみるとよいだろう。

類題 第3問　論点：グローバリゼーション――つながる世界と分断される社会

次の【文章】と【対談】を読んで、後の問い（問1～6）に答えよ。なお、問いのなかには、【資料】が付されているものがあるので、適宜参照すること。また、【文章】の本文の段落に番号を付し、【対談】の本文に行数を付した。

【文章】（以下は、二〇二〇年所収の文章である。）

1 それでは、A既成政党が近年、弱体化している理由を考えてみよう。

2 まず指摘すべきは、冷戦構造の崩壊による、従来型の左右対立の変容である。東欧革命やソ連崩壊により、ヨーロッパにおける東西対立は一挙に消滅した。そのなかで、社会主義・共産主義などの理念を掲げてきた西側諸国の左派政党はいずれもアイデンティティの危機を迎える。しかしこのことは、左派のライヴァルだった保守系の政党にも、(ア)シレンをもたらした。もともと保守政党のなかには、「反共産主義」を旗印としてきた政党も多かったため、ソ連・東欧が崩壊し、左派政党に対する警戒心が弱まると、保守政党の側の求心力も弱まってしまったからである。

3 こうして冷戦終結後のヨーロッパ各国では、保守と左派の有力政党が拠り所を失い、困難に直面した。そしてイデオロギー的な求心力を弱めた既成政党に対し、新興勢力たるポピュリスト政党が、反移民、反EU、反グローバル化といった新たな争点を提示することで、対抗軸を作り上げ、既成政党に飽き足らない有権者の支持をつかみ、政治の表舞台に登場することに成功する。

4 次に、グローバル化やヨーロッパ統合といった政治経済的変化も大きい。二〇世紀末以降、経済活動のグローバル化が進展し、また脱工業化、情報化によって経済構造自体が大きく変化する。西欧諸国の経済を支えた工業部門は中東欧諸国や途上国に次々移転し、工場の閉鎖が進み、地域の衰退が顕著となる。イングランド北部や、フランス北東部などの旧工業地帯がその典型であり、ヨーロッパ版のラスト・ベルト[注1]と言えよう。また、脱工業化が進むなかで、派遣労働者・パートタイム労働者など、非正規雇用が増大し、所得格差の拡大が進む。このグローバル化のなかで、「グローバル化の敗者」、いわばグローバル化の負け組に当たる人々が、ヨーロッパ統合やグローバル化を推進する既成政党への反発を強め、既成政党を離れてポピュリズムの有力な支持基盤の一つとなったのである。

5 しかし以上に加え、ここで注目したいのは、既成政党を支えてきた中間団体が決定的に弱体化してしまったことである。

6 もともと二〇世紀の先進諸国では、有力な既成政党は、一定規模の党組織を持っており、またその組織の周りに、系列団体のネットワークを保持していた。保守政党は農民団体、中小企業団体、宗教団体などを傘下に持ち、また左派政党は、労働組合を中心として、福祉団体、協同組合、地域団体、女性団体などのネットワークを持っていた。そして有権者の多くは、これらの団体のいずれかに属しており、その団体の関係する政党や政治家を支持したり、場合によっては自らが党員として党組織の活動に参加していたのである。団体を通じた「政治的社会化」が一定の効果を持っていたと言える。そしてヤシャ・モンク[注2]が指摘するように、政治家たちもまた、「教会や労組に至るまで、地域の組織と密接な関係を築きあげ」、その理念と伝統を共有していた。

7 しかし二一世紀に入ると、このような既成の団体は、その多くが、組織率の低下や、弱体化に悩まされるようになる。人々のライフスタイルが変化し、政治的志向が多様化するなかで、特定の団体・政党に所属し、継続的に深く関わり続けることは、必ずしも望まれなくなってきた。こうして政党離れ、団体離れが進行した結果、団体に属さず、政党支持を明確に持たない人々が増えていく。これまで各国で政党を支えてきた支持基盤、とりわけ系列団体が弱体化したことで、既成政党が団体を通じて有権者をつなぎとめることが難しくなってきたのである。

8 しかもこのような変化が進むと、既成政党は有権者を代表する存在ではなく、特定の団体の利益を代弁し、既得権益を守る政治エリートの集合体として認識されてしまう。

9 特に「多極共存型デモクラシー」として知られたヨーロッパの国々で、その変化は顕著だった。オランダ、ベルギー、オーストリア、スイスを典型とする大陸ヨーロッパの諸国では、国内に宗教・階級による社会的亀裂が存在していたものの、「カトリック信徒」や「労働者階級」などの社会集団をそれぞれに代表するエリート層の協調により、合意指向で安定的なデモクラシーを維持してきたとされ、政治学者レイプハルト(注3)の命名により、「多極共存型デモクラシー」と呼ばれてきた。連立政権を長期にわたって継続させ、またコーポラティズム（政労使協調体制）のもとで社会各層の利害を労使のエリートが巧みに調整してきたことは、その表れだった。社会的亀裂のもと、たとえばカトリック信徒に生まれた者は、カトリック系の学校に通い、教会に所属し、カトリック系の青年団体や労働組合に属し、選挙ではカトリック系の政党（キリスト教民主主義政党）に投票することが自明視されていたが、その人々の信任を得た政治エリートや労使エリートたちが、他の集団のエリートと協力して政治経済を運営することで、所属集団の利益を(イ)ヨウゴするという構図ができあがっていたのである。

10 しかし都市化と世俗化、個人主義化の進展により社会が流動化し、宗教・階級の持つ凝集力が低下していくと、宗教や階級に沿って活動してきた中間団体は先細り、かつて宗教や階級などの集団を代表してきたはずのエリート層への臣従は、事実上消滅する。他方、多極共存型デモクラシーを特徴づけてきた既存の制度や慣習、たとえば大連合政権やコーポラティズムによる政労使協調といった枠組みは、基本的に変わることなく存続する。とはいえトップエリート層への信任が失われた現在、それらの諸制度や慣行は、いまや既成政党や既成団体が身内の利益を守るための手段、「既得権益の牙城」とみなされる。

11 こうして政治経済エリートへの臣従が失われたまま、エリートを軸とする合意形成のための制度が存続することに対し、無組織層、無党派層から厳しい視線が注がれる。そして「エリートの談合」を批判するポピュリスト政党に「説得力」を与えることとなった。B多極共存型デモクラシーの代表的な国、オランダ、ベルギー、オーストリア、スイスの四国において、ポピュリスト政党の顕著な伸長が見られており、しかもそれが二〇世紀末から二一世紀初頭という比較的早い時期に生じたのは、偶然ではない。

12 各国でこのようにエリート支配への疑念が高まるなか、汚職、政治腐敗のニュースが飛び交うようになると、政治不信は一層高まる。ポピュリスト政党は、この無党派層の批判的な視線に訴えかけ、既成政党を腐敗にまみれた存在と位置づける。そして汚れた金を手にする「特権層」と、クリーンで無辜《むこ》の一般の人民を対置したうえで、その人民の声を真に代表する新たな存在として自分たちを位置づけ、支持を集めることに成功していったのである。

（水島治郎《みずしまじろう》編『ポピュリズムという挑戦』による）

（注）1 ラスト・ベルト――「ラスト（rust）」は「錆《さび》」の意で、錆ついた工業地帯の意。アメリカの中西部から北東部にわたる主要産業が衰退した工業地帯のこと。

2 ヤシャ・モンク――アメリカの政治学者（一九八二―）。

3 レイプハルト――アメリカの政治学者、アーレンド・レイプハルト（一九三六―）。

【対談】（以下は、評論家の中野剛志《なかのたけし》氏と思想家の柴山桂太《しばやまけいた》氏との対談を二〇一七年時点でまとめたものである。）

中野　民衆や大衆という存在の世界的な傾向について、もう少し考えてみましょうか。

一九三〇年代のナチズム、ファシズムが台頭した時代は、まだ民衆の大部分は貧しい農民や労働者で、今に比べれば教育水準も高いとは言えなかったんですよね。ところが、戦後、貧富の格差が縮小して、特に一九七〇年代以降、先進国では国民全体が豊かになり、戦前のような(ウ)インサンな境遇の労働者がほとんどいなくなった。

柴山　サラリーマンが新中間層となって、自営業者などの旧中間層や労働者を押しのけて社会の中心になっていく。

中野　そうです。そこで、大衆の要求が変化する。「パンをくれ」というような、生きるか死ぬかの問題も消えたし、ナショナリスティックなネッ(エ)キョウもない。

それでも、大衆が政治に対して不満を示したのは、単純に退屈しのぎ、憂さ晴らしなわけです。これは西部邁《にしべすすむ》(注1)先生が一九八〇年代の初頭ぐらいに大衆批判を始めたときから言っていたことなのですが、そのころの大衆は、退屈な日々に対して不満なだけで、大して貧窮もしてない。何より、知的水準は低くないんですよ。つまり、豊かになって、知的水準が上がったからこそ、退屈しのぎや憂さ晴らしにあけくれる「大衆」が増えたのです。

一方、エリートたちはどう変化したのか。その一九八〇年以前までは、パターナリスティック(注2)に社会を統治しようとしていたエリートがいたでしょう。ケインズ主義的、福祉国家論的なエリートですよね。

そういう戦前からの貴族的な雰囲気を引き継ぐようなエリートたちに対抗して台頭してきたのが、新自由主義的なエリートです。

柴山　こういう類のエリートを一九九〇年代に早くも、ラッシュ(注3)は批判したわけです。

中野　逆に新自由主義的なエリートを支持したのが、退屈しのぎを探している大衆のポピュリズムでした。(注4)小泉《こいずみ》政権の構造改革などがそうかもしれません。

一九八〇年代から三〇年経って、新自由主義者がエスタブリッシュメントの地位に完璧におさまっている。それを大衆が支持する。この段階にいるのが今の日本です。

柴山 それで思い出すのが、一昔前の社会心理学の研究です。中産階級で学歴が比較的高い層は、広告を見て流行の車を買う、といった行動を取りやすい。東京で言えば世田谷区や杉並区に住んでいる層ですね。自分で物事を決めていると思っている層ほど、実は広告会社などが仕掛ける流行に流されている。

中野 なるほど、それは腑《ふ》に落ちます。逆に、日々の生活に追われて一生(オ)ケンメイに生きている人たちは、マスコミだの、広告だのを信じていないし、影響も受けないということですか。

柴山 一方、サラリーマン層は、意見形成でもマスコミの影響をかなり受ける。新自由主義が台頭する前には、普通に左派的な考え方やケインズ政策を支持していたんだろうし、その時々のイデオロギーに影響されやすい。

ところが、新自由主義的なエスタブリッシュメントに対して、保守的でしかも困窮している人々が反乱を起こしているのがアメリカでしょう。現に、九割以上のマスコミ(注5)がトランプは大統領にふさわしくないとキャンペーンを張ったのに、トランプが勝った。

中野 つまり、アメリカのポピュリズムは、次の段階に進んでいるのです。日本でポピュリズムと言うと、まだ新自由主義を引きずっているのだけれど、そこが決定的に違います。

柴山 このことが、今回のポピュリズムを分析する鍵なのだと私も思っていました。先ほど、アメリカでのポピュリズムの定義として、反グローバリズムが条件になっていることが重要だと言ったのは、そういう意味です。グローバリズムに反発するポピュリズムとは、すなわち新自由主義とは逆の方向を向いているものです。

中野　そうなんです。日本の場合は、まだ中間層を担い手とする新自由主義的なポピュリズムをやっていて、今、欧米で盛り上がっている反グローバリズムのポピュリズムとは違う。

哲学者の(注6)適菜《てきな》収《おさむ》さんは、かつて小泉の新自由主義を支える層を「B層」と呼んだけれども、その「B層」とアメリカで噴き出しているポピュリズムはまったく違うと見たほうがいい。たとえば日本の新自由主義のポピュリズムはマスコミから垂れ流されていますが、アメリカのポピュリズムはマスコミを信用していない。

柴山　日本では、新自由主義的な改革を唱える政治家が、いまだ人気です。彼らはマスコミをうまく使って、都市部のサラリーマン層を中心に支持を集めている。

ポピュリズムの定義の一つめの条件である大衆迎合について補足するなら、それはトランプに対してヒラリー(注7)だって負けてなかったでしょう。マドンナとかレディー・ガガとか、有名人を選挙演説で総動員していたわけで。

中野　日本なら普通にヒラリーが勝ってるよね（笑）。

柴山　それでもトランプが勝ったということは、マスコミを含めたエスタブリッシュメント層の世論誘導、すなわちグローバリズムや新自由主義に従わない層が、政治の表舞台に出てきたということなのです。

（中野剛志・柴山桂太『グローバリズム その先の悲劇に備えよ』による）

（注）
1　西部邁——日本の保守派の評論家（一九三九—二〇一八）。
2　パターナリスティック——立場の強い者が個人の自由や権利に介入することを正当だと考えるさま。
3　ラッシュ——アメリカの社会批評家、クリストファー・ラッシュ（一九三二—一九九四）。
4　小泉政権——第八七〜八九代内閣総理大臣、小泉純一郎（一九四二—）の政権。在任期間は、二〇〇一〜二〇〇六年。
5　トランプ——第四五代アメリカ合衆国大統領ドナルド・ジョン・トランプ（一九四六—）。
6　適菜収——日本の作家・哲学者（一九七五—）。

7　ヒラリー――アメリカの政治家、ヒラリー・ロダム・クリントン（一九四七―）。二〇一六年の大統領選でトランプに敗れた。

問1　傍線部(ア)～(オ)に相当する漢字を含むものを、次の各群の①～⑤のうちから、それぞれ一つずつ選べ。解答番号は 1 ～ 5 。

(ア)　シレン　1
①　シキンセキ　②　シモンキカン　③　シユウを決する　④　シイ的な解釈　⑤　シンシに取り組む

(イ)　ヨウゴ　2
①　チュウヨウを得た意見　②　ブヨウに秀でる　③　シュヨウを治す　④　意外な事実にドウヨウする　⑤　わが子をホウヨウする

(ウ)　インサン　3
①　インイツの士　②　インウツな表情　③　イントウエンになる　④　インをふむ　⑤　ボウインボウショク

(エ)　ネッキョウ　4
①　需要とキョウキュウ　②　恩恵をキョウジュする　③　キョウコクの風景　④　キョウテンドウチの大事業　⑤　スイキョウにもほどがある

(オ)　ケンメイ　5
①　晴雨ケンヨウの傘　②　ケンアンの事項　③　ネットでケンサクする　④　ケンギをかけられる　⑤　期待をソウケンに担う

問2 傍線部Ａ「既成政党が近年、弱体化している理由」とあるが、それはどういうことか。その説明として最も適当なものを、次の①～⑤のうちから一つ選べ。解答番号は[6]。

① 冷戦構造が崩壊したことで従来型の左右対立が変容し、既存の有力な左派政党も右派政党も拠り所を失い、イデオロギー的に人々をひきつける力が弱まったこと。

② 左右の有力既成政党を批判し、反移民、反ＥＵ、反グローバル化といった、近年の大衆の心をつかむスローガンを掲げたポピュリスト政党におされはじめたこと。

③ 二〇世紀末以降、経済活動のグローバル化の進展や西欧諸国の脱工業化と情報化によって、国内の工業部門が衰退するとともに、非正規雇用者が増え、所得格差が拡大したこと。

④ 左右の有力既成政党を支えてきた、農民団体、中小企業団体、宗教団体、労働組合、などの中間団体が弱体化し、無党派・無組織層の人々が増加したこと。

⑤ 左右の有力既成政党にとって思想的な拠り所が失われるとともに支持母体の中間団体が弱体化したことに加えて、政治経済の大きな変化により人々の所得格差が拡大したこと。

問3 傍線部Ｂ「多極共存型デモクラシーの代表的な国、オランダ、ベルギー、オーストリア、スイスの四国において、ポピュリスト政党の顕著な伸長が見られており、しかもそれが二〇世紀末から二一世紀初頭という比較的早い時期に生じたのは、偶然ではない」とあるが、その理由の説明として最も適当なものを、次の①～⑤のうちから一つ選べ。解答番号は[7]。

①二〇世紀には、カトリック信徒も労働者階級の人々も、ともにエリートに導かれ、カトリック系の政党を支持していたが、二一世紀になると、都市化と世俗化によってカトリックの権威が失墜し、カトリック系の政党が支持を失っていったから。

②二〇世紀には、有力な既成政党はそれぞれ一定規模の党組織や支持団体のネットワークをもっていたが、二一世紀になると、人々のライフスタイルや政治的志向の多様化によってそれらの組織が弱体化し、既成政党が利権団体のようにとらえられるようになったから。

③二〇世紀には、カトリック系の政党などの有力政党が連立政権を組み、労使のエリートがそれぞれの階層の利害を調整して有権者から信任されていたが、二一世紀になると、エリートが身内の利益を守ることばかりしはじめ、有権者の信任を失ってしまったから。

④二〇世紀には、有力な既成政党は、一定規模の党組織や支持団体のネットワークによって、無党派層の支持も得ていたが、二一世紀になると、汚職や政治腐敗が顕在化し、それらの組織やネットワークが弱体化してしまったから。

⑤二〇世紀には、有力な既成政党による連立政権は、エリートによる調整によって、様々な階層の人々から支持されていたが、二一世紀になると、ポピュリスト政党によって汚職や政治腐敗をあばかれたことで、支持を失っていったから。

問4 次の①～⑤は、**【対談】**における日本の状況に関する説明である。適当なものがあればその番号を一つ選び、**該当する選択肢がない場合は⓪を選べ。**解答番号は 8 。

⓪（該当する選択肢はない。）
①一九三〇年代、旧中間層や労働者を押しのけて、サラリーマンが新中間層となった。
②一九八〇年代以降、豊かになり知的水準が上がった大衆は退屈しのぎにデモを行った。
③一九八〇年代以降、戦前からの貴族的な雰囲気を引き継ぐようなエリートが大衆の支持を集め続けている。
④ポピュリズムが、新自由主義の方向を向いていない。
⑤新自由主義的なエリートはマスコミを巧みに利用し、反グローバリズムを掲げて支持を集めている。

問5 【文章】と【対談】に書かれている範囲で、ヨーロッパとアメリカのポピュリズムについてまとめた説明として最も適当なものを、次の①～⑤のうちから一つ選べ。解答番号は 9 。

①ヨーロッパでは既成政党の弱体化に伴い、都市化や世俗化といった社会の変化に合わせて、宗教や階級からの脱却を掲げることで無党派層の支持を集めて台頭しており、アメリカではグローバル化によって生活が困窮した人々を支持母体とし、マスコミなどの新自由主義的なエリートに反発することで台頭している。
②ヨーロッパでは既成政党の弱体化に伴い、反EUや反グローバル化などの新たな争点を提示して、反エリートの無党派層の支持を集めて台頭しており、アメリカではマスコミを含めた新自由主義的な既得権益層のグローバリストに反発することで、生活困窮者を支持母体として台頭している。
③ヨーロッパでは中間団体を支持母体としていた既成政党の弱体化に伴い、既成の権力の枠組みを汚れたものとして批判することで、無党派層の支持を集めて台頭しており、アメリカではマスコミを含めたケインズ主義

的な既得権益層のグローバリストを批判することで、社会的弱者を支持母体として台頭している。

④ヨーロッパでは中間団体を支持母体としていた既成政党の弱体化に伴い、汚れた既成政党とクリーンな人民とを対置し前者を批判することで、無党派層の支持を集めて台頭しており、アメリカではグローバリズムを条件とし、ケインズ主義的、福祉国家論的なエリートを批判することで、保守派を支持母体として台頭している。

⑤ヨーロッパでは中間団体を支持母体としていた既成政党の弱体化に伴い、所得格差の拡大を是認した既成政党に反発し、左右対立を離れた中道的立場を掲げることで、無党派層の支持を集めて台頭しており、アメリカではマスコミを含めた新自由主義的なエリートに反発し、グローバル化の負け組に当たる人々を支持母体として台頭している。

問6 【文章】と【対談】で「グローバル化による格差の拡大が、欧米のポピュリズムの一因となっている」と理解したかおるさんだが、「グローバル化による格差の拡大」についてレポートを書くために、もっと調べてみた。そして、次の【資料Ⅰ】～【資料Ⅲ】を見つけたかおるさんは友人のゆうたさんと話し合った。次の①～⑧の発言のなかで【文章】と【対談】と【資料】をふまえた発言として**明らかな誤りのあるもの**を**二つ**選べ。ただし、解答の順序は問わない。解答番号は 10 ・ 11 。なお、【資料】中の「ジニ係数」とは、所得や資産の格差をはかるための尺度の一つで、0～1の値をとり、1に近いほど格差が大きいことを示す。また、「直接投資」とは、経営支配を目的にした外国の企業に対する投資のことである。

グローバル化 = 自由貿易、直接投資等、国境をこえる活動。
技術進歩 = 情報通信技術（ICT）等の進歩。
その他 = 労働市場の制度・政策、教育、等。

【資料Ⅰ】 所得格差拡大の要因分解（世界全体）

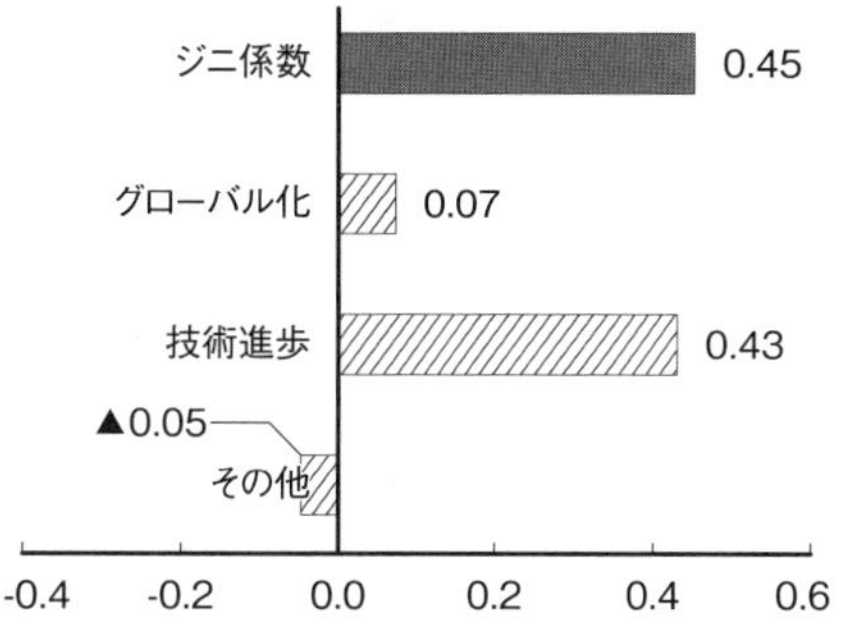

（1981-2003年の年平均変化率、寄与度）

【資料Ⅱ】 所得格差拡大の要因分解（先進国）

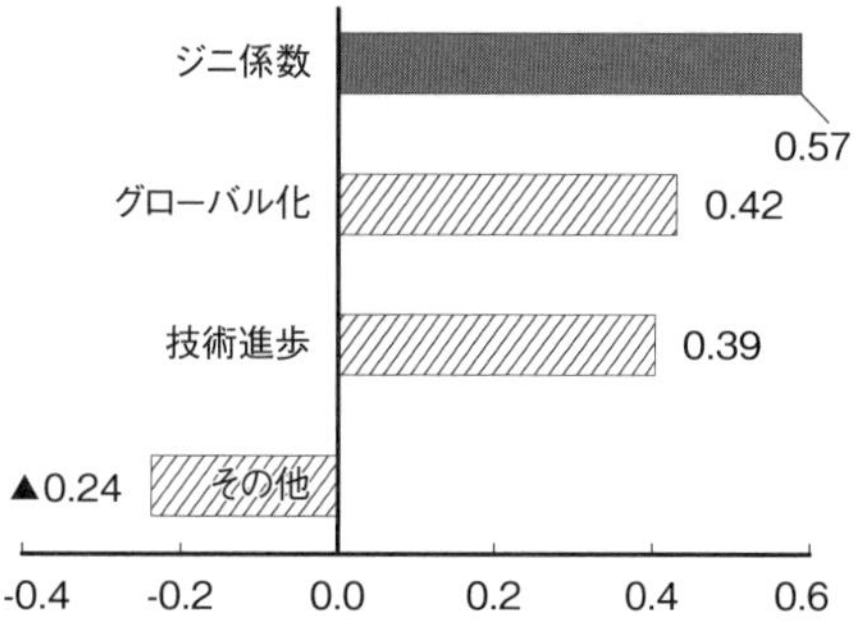

（1981-2003年の年平均変化率、寄与度）

【資料Ⅲ】 所得格差拡大の要因分解（新興国・途上国）

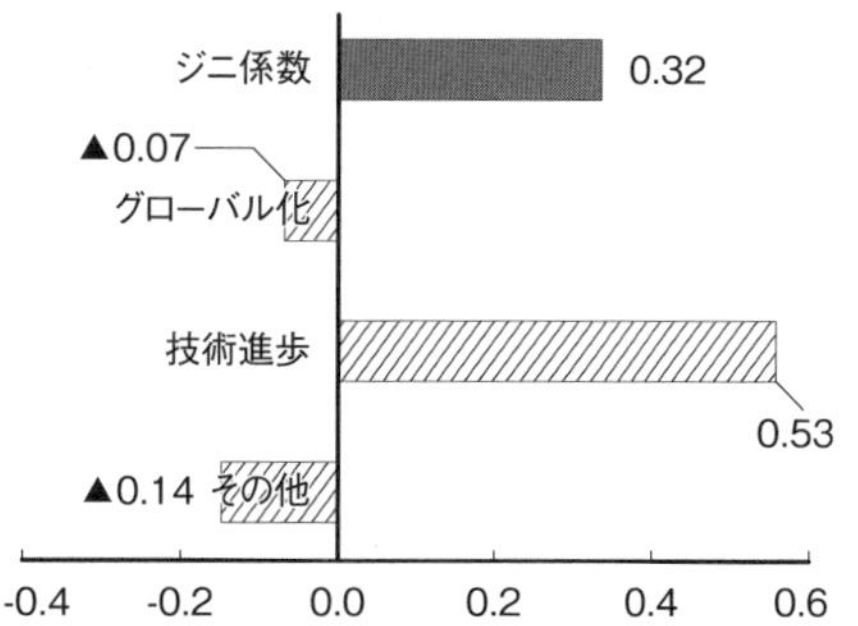

（1981-2003年の年平均変化率、寄与度）

（備考）IMF,Worrld Economic Outlook (2007) より作成。

（「内閣府ホームページ」による）

① **かおる**——ねぇ、ゆうた、レポート書き終わった？ わたし、**【対談】**で中野先生が「アメリカのポピュリズムは、次の段階に進んでいる」とおっしゃったのがすごく頭に残ってるんだ。日本もいずれグローバル化による格差拡大が進みすぎれば、アメリカみたいになるのかなあって。

② **ゆうた**——まだ書き終わってないよ。**【文章】**の筆者も「グローバル化の敗者」が既成政党に反発していると述べていたから、グローバル化による格差拡大がヨーロッパでも問題化していることは分かったけど。日本もそうなってしまうのかなあ。

③ **かおる**——でもね、この三つの**【資料】**を見て、あれれって思ったんだ。**【文章】**の筆者や**【対談】**の先生方のおっしゃっていることとは逆に世界全体では格差拡大の主因は技術進歩で、グローバル化の影響は小さいんだよ。論者によって見解が違うんだね。

④ **ゆうた**——ちょっと見せて。えっと、先進国と新興国・途上国のジニ係数を比較すると、先進国の方が高い……。ということは、先進国の方が国内での格差拡大が深刻化してるんだよね。日本でも社会の分断が起きるのかもしれないね。

⑤ **かおる**——先進国では、グローバル化が技術進歩とほぼ同程度に格差拡大に影響を与えているよね。日本も格差が拡大し続けて勝ち組と負け組に分かれれば、社会が分断して、ヨーロッパのように負け組の人たちを支持基盤とするポピュリスト政党が台頭するかもしれない。

⑥ **ゆうた**——ところで、この**【資料】**の「技術進歩」って主に情報通信技術の進歩のことだよね。**【資料】**では、グローバル化と技術進歩を分けているけど、情報通信技術はグローバル化をすすめる一因とも考えられないかなぁ。情報通信技術が進歩すればするほど、お金や物の移動は容易になるわけだし。このように考えると、新興国や途上国でもグローバル化が格差拡大の主因になると考えられる。

⑦ **かおる**——新興国と途上国かぁ……。これらの国でグローバル化によって格差が縮小しているのは、農産物の輸出の拡大が所得格差縮小に寄与しているからかもしれないね。社会科の授業で第一次産業に従事する人が多いって教わったよ。

⑧ **ゆうた**——**【資料】**の「その他」からは、各国の政策や教育がうまく行われれば、格差が縮小することも読み取れるね。

要約問題　**【文章】**を二五〇字以内で要約せよ。

論点解説

グローバリゼーション――つながる世界と分断される社会

皆さんのなかで、**グローバリゼーション**（グローバル化）という語を聞いたことのない人はいないだろう。しかし、あらためて、「グローバリゼーションとは何か?」と問われて、きちんと答えられるだろうか? ここでは、入試「超」頻出のグローバリゼーションについて学習しよう。なお、グローバリゼーションには、一九世紀後半から二〇世紀初頭にかけての第一次グローバル化と、一九八〇年代以降に活発化してきた第二次グローバル化があるが、ここでは、入試「超」頻出の後者について説明する。

要点1　グローバリゼーションとは何か

グローバリゼーション（グローバル化）とは、**国境をこえて様々な活動が地球規模で行われるようになること**である。すなわち、**世界が地球規模で一つになっていくこと**をいう。とくに地球全体の経済や文化が一体化しつつあることを指すことが多い。

第二次世界大戦後、世界は、アメリカ合衆国を中心とした資本主義陣営とソビエト連邦を中心とする社会主義陣営に分かれて対立していた。いわゆる**冷戦**《れいせん》である。冷戦は、資本主義と社会主義というイデオロギー（＝思想・主義）の対立といえる。その後、一九八九年にベルリンの壁が崩壊し、一九九一年にソビエト連邦が解体して、冷戦は終結した。

そして、到来したのが、グローバリゼーションの時代である。グローバリゼーションは、社会主義陣営が衰えだした一九八〇年代以降に活発化し、冷戦終結後、世界は、政治面、経済面、文化面、情報・技術面、などにおいてどんどん一つになっていった。例えば、今やアメリカ発のマクドナルドやハリウッド映画は私たちの日常に完全にとけこんでいるし、自由は望ましいことだという自由主義的な価値観に異を唱える人は私たちの周囲にはほとんどいないだろう。世界は一つになっていっているのだ。なお、地球全体を一つの共同体としてとらえる立場のことを**グローバリズム**といい、グローバリズムの立場に立つ人のことを**グローバリスト**という。

▼グローバリゼーションとは何か

□グローバリゼーション（グローバル化）……国境をこえて様々な活動が地球規模で行われるようになること。世界が地球規模で一つになっていくこと。

□グローバリズム……地球全体を一つの共同体としてとらえる立場。
□グローバリスト……グローバリズムの立場にたつ人。

※ 冷戦の終結後、グローバリゼーションの時代が到来した。

要点2　グローバリゼーションによる多国籍企業の台頭

グローバリゼーションが生じた要因として、第一に**情報通信技術の発達**、第二に**交通手段の発達**、第三に規制緩和や民営化などの**自由化**、が挙げられる。情報通信技術が発達したことで、カネと情報の移動が容易になり、交通手段の発達により、ヒトとモノの移動が容易になった。そして、規制緩和や民営化により、企業の移動が容易になったのである。

このグローバリゼーションの流れのなかで、多国籍企業が一気に増加した。一九七〇年には約七千社だった多国籍企業が、二〇〇〇年には約五万社になったのである。

そして、**多国籍企業の中には、国民国家と並ぶ経済力を獲得する企業もあらわれはじめた**。そのため、**国際経済のルールや政策決定においても、それらの企業の意見を無視することはできなくなった**のである。そして、当該国を本国とする多国籍企業が世界市場に占める地位が、その国家の国際社会における政治力と経済力の地位をあらわすようにさえなってきたのだ。

こうしたなかで、**国民国家は、多国籍企業活動のコーディネーター（調整役）としての機能をもつようになる**。多国籍企業が進出しやすい環境（緩い規制、安い法人税、など）を整えることが国家の役割の一つとなったのである。多国籍企業と国民国家の利害が対立し、自国の多国籍企業が本社を海外に移転してしまったり、外国の多国籍企業が撤退してしまったりすると、国内産業が空洞化してしまうおそれがあるからだ。

グローバリゼーションの時代は、**国民国家と多国籍企業のかけ引きの時代**ともいえる。グローバリゼーションによって国民国家の機能と権力のあり方が変容したのである。

▼**グローバリゼーションによる多国籍企業の台頭**
【グローバリゼーションの要因】
① **情報通信技術の発達**。↓カネ・情報の移動が容易に。
② **交通手段の発達**。↓ヒト・モノの移動が容易に。
③ **自由化**（規制緩和、民営化、など）。↓企業の移動が容易に。
⬇
※ **多国籍企業のなかには、国民国家と並ぶ経済力を獲得した企業もある。**
※ **国民国家は、多国籍企業活動のコーディネーターになる。⬇国民国家と多国籍企業のかけ引きの時代へ。**

要点3　新自由主義とケインズ主義

新自由主義（ネオリベラリズム）という入試頻出の経済思想がある。これは、**政府による市場への介入を批判し、市場の自由競争によって経済の効率化と発展を実現しようとする立場**である。いわば、**小さな政府主義**だ。分かりやすく言うと、「政府は、個人や企業の経済活動になるべく口を出さないようにして、個人や企業をできるだけ自由に競争させよう！」という考え方である（⇩類題6の論点解説の**要点3**）。冷戦終結後のグローバリゼーションの波にのって、この思想が勢いを増した。その結果、何が起きたのか？

まさしく、**格差が拡大した**のである。当たり前だが、競争すれば、勝者と敗者がでる。この勝ち組と負け組の間の格差が拡大したわけだ。これは**勝ち組と負け組に分断される**ということである。もちろん、個人の努力の結果としての格差は当然だ、という考え方もできる。自分の努力が足りなくて負けたのだから自己責任である、と。しかし、家庭環境などが原因で、努力したくてもできない人もいるわけだ。努力しようにもスタートラインの時点で不平等になっていれば、それはフェアな勝負だとは言えないだろう。現代社会では、持てる者はますます富み、持たざる者はますます貧しくなっている、という現状がある。

一方で、この新自由主義と対置されるのが**ケインズ主義**である。これは、ジョン・メイナード・ケインズ（一八八三―一九四六）というイギリスの経済学者の経済学を基礎とする考え方で、**国家の市場への介入を肯定的にとらえる修正資本主義の立場**である。すなわち、政府が市場に介入し、産業を活発化させようとする立場のことだ。景気の動向に応じて、政府が公共事業等で経済に介入し、雇用を創出していくのである。グローバリゼーションの波がくるまでは、戦後の主要国の多くは、このケインズ主義を採用していた。

ジョン・メイナード・ケインズ

▼新自由主義とケインズ主義

□新自由主義（ネオリベラリズム）……政府による市場への介入を批判し、市場の自由競争によって経済の効率化と発展を実現しようとする立場。小さな政府主義。

↕

□ケインズ主義……国家の市場への介入を肯定的にとらえる修正資本主義の立場。

※新自由主義が勢いを増した背景は、グローバリゼーションである。

※新自由主義によって、格差が拡大した。

要点4　反グローバル化の高まりとポピュリズム

グローバリゼーションの時代は、格差が広がる時代である。

国家単位でみると、一九九〇年代には世界のＧＤＰ（国内総生産）の約4分3をアメリカ・ＥＵ・日本が占め、最富裕国と最貧国の人々の所得比率は、冷戦中の一九七三年は44対1だったのが、一九九八年には74対1になっている。そして、競争は時代と共に激しさを増し、**二〇一〇年には中国が日本を抜いてＧＤＰ世界2位となり（1位はアメリカ）、後にアメリカと中国の覇権争いが勃発する。**また、個人単位でみても、個人の所得の格差は広がる一方で、**社会に分断が生じつつある。**皆さんの周囲を見ても、そのことが実感できるだろう。このように、**国家単位でみても個人単位でみても格差はどんどん拡大している。**では、その結果、何が起きたのか？

例えば、ヨーロッパの先進国について考えてみよう。ヨーロッパの周辺の一部の国では、経済状態・治安の悪化や内戦などによって、多くの移民・難民が生じている。そして、彼らの多くを受け入れたヨーロッパの先進国では、治安が悪くなったり、彼らに職を奪われたりする人々が出ている。格差が拡大しているなかで、このような事態が生じれば、当然、人々のなかに移民や難民の受け入れを容認した既存の政府への不満を抱く人が出てくるだろう。そこで、ナショナリズムを高揚させ、反移民・排外主義を掲げる政治家たちが支持を得るようになってきたのである。「フランスはフランス人のためのものだから、移民や難民は出ていけ！　移民や難民を容認して我々の生活をダメにした既存の政治体制をぶっこわそう！」というわけだ。彼らのように、**大衆の支持をもとにして、既存の体制を批判する政治家をポピュリストといい、その政治姿勢をポピュリズムという。**ちなみに、ポピュリズムは、日本のメディアでは「**大衆迎合《げいごう》主義**」と訳されることが多いが、必ずしも大衆に「迎合」（＝自分の考えを曲げてでも、他人の気に入るように調子を合わせること）しているわけではなく、大衆を「煽動《せんどう》」（＝気持ちをあおり、ある行動を起こすように仕向けること）しているという指摘もある。

このように、**グローバリゼーションの時代に格差が拡大した。そして、格差の原因がグローバリゼーションにあると考える人々の間で反グローバル化の動きが高まった、**ということを頭に入れておこう。そして、**欧米での、ナショナリズムの高**

揚、ポピュリズム・排外主義・保護貿易主義（保護主義）の台頭などは、反グローバル化の高まりの一環として理解できる

（「保護貿易」とは、自国の産業を保護するために国家が対外貿易に干渉することで、「自由貿易」の対義語である）。

▼反グローバル化の高まりとポピュリズム

□ポピュリズム……大衆の支持をもとにして、既存の体制を批判する政治姿勢。

※ 日本のメディアでは、「大衆迎合主義」と訳されることが多い。

グローバル化の時代。

⬅

格差の拡大。⬇ 社会の分断。

⬅

欧米での反グローバル化の高まり。

{ ナショナリズムの高揚。
ポピュリズム・排外主義・保護貿易主義（保護主義）の台頭。

要点5　ポスト・トゥルース（脱真実）

君の周りにこのような人はいないだろうか。ある政治家が国民に向けてウソの説明をした。君がその政治家の発言の誤りを客観的なデータを示して説明しているのに、「いや、○○議員は間違っていない！　あの人は正しい！　君のデータがおかしいんだ！」と頑として認めない人……。実は、今、このような人が増えてきている。キーワードは、**ポスト・トゥルース（脱真実）**である。

ポスト・トゥルース（脱真実）とは、**真実や事実よりも個人の感情や信念が重視されるようになった政治文化の風潮**のことである。世界最大の英語辞典であるオックスフォード英語辞典が二〇一六年を象徴する言葉として選んだ。同辞典は「情報源としてのソーシャルメディアの台頭と、エスタブリッシュメント（既得権層）が示す事実への不信の増大がこの概念の土台」と分析している。

今日のソーシャルメディアでは、情報が真実かどうかは二の次で、視聴者が望む情報かどうか、視聴者を集めやすい人目につく内容の情報かどうかが重んじられてしまっている。Twitter・YouTube・Facebookなどでは、少しずつチェックが入るようになっているが、まだそのような情報が垂れ流されやすい。ネット上では、各自の好みに応じた情報環境になるため、同じ好みの仲間と一緒に情報交換しながら生きていくことができる。そういう情報は真実である必要はなく、最初もっていた傾向がどんどん極端な方向に昂進《こうしん》してしまう現象が発生しやすいのだ。そのため、客観的な事実を示されても、その事実がその人の感情や信念に合わないものであれば認めないのである。

ポピュリズムが台頭するなか、ポスト・トゥルースという風潮が生じているのが、現代の状況である。現代という時代を理解するための一助としてこのことを頭に入れておこう。

▼ポスト・トゥルース（脱真実）

□**ポスト・トゥルース（脱真実）**……真実や事実よりも個人の感情や信念が重視されるようになった政治文化の風潮。

【発展】ナショナル・アイデンティティ

要点4で、フランスのポピュリストの「フランスはフランス人のためのものだ」という主張を紹介したが、では、そもそも「フランス人」とは何なのだろうか？「フランス人」が分かりにくければ、「日本人」におきかえてもよい。「日本人とは何か？」と改めて考えてみると、よく分からなくなってくるだろう。もちろん、法律的には日本国籍をもっている人が日本人なわけだが、私たちは、日常生活で日本国籍を持っている人全員を日本人だと思っているわけではないことは明らかだ。「私はフランス人だ」や「私は日本人だ」のような**「私は○○人だ」という意識**のことをナショナル・アイデンティティという。実は、この**ナショナル・アイデンティティは、国民国家によって作り上げられた概念なのである。**ベネディクト・アンダーソン（一九三六─二〇一五）というアメリカの政治学者は、国民という概念は**想像の共同体**であると説明した。国民はイメージとして心の中に想像されたものなのだ。

類題1で、私たちが当たり前だと思っている概念の多くは社会的に構築されたものであることを学習した。ナショナル・アイデンティティもその一つとして理解しておこう。

【受験生へのオススメ本】

水島治郎『ポピュリズムとは何か──民主主義の敵か、改革の希望か』（中公新書）

※「ポピュリズム」について分かりやすい文体で解説している。「グローバリゼーション」についても理解できる。

類題 第4問　論点：人工知能（AI）——人類の脅威となるのか？

次の【文章Ⅰ】と【文章Ⅱ】を読んで、後の問い（問1～6）に答えよ。なお、問いのなかには、【表】、【資料】が付されているものがあるので、適宜参照すること。また、【文章】の本文の段落に番号を付した。

【文章Ⅰ】

1 世間を賑《にぎ》わせている(a)人工知能だが、実は、(b)人工知能は二〇一五年現在、まだできていない。このことは、多くの人が誤解しているのではないだろうか。

2 世の中に「人工知能をトウ(ア)サイした商品」や「(c)人工知能を使ったシステム」は増えているので、(d)人工知能ができていないなどと言うと、びっくりするかもしれない。しかし、本当の意味での(e)人工知能——つまり、「人間のように考えるコンピュータ」はできていないのだ。

3 人間の知能の原理を解明し、それを工学的に実現するというA人工知能は、まだどこにも存在しない。（中略）

4 もともとの問いはとても単純だ。人間の知能は、コンピュータで実現できるのではないか。なぜなら、人間の脳は電気回路と同じだからだ。

5 人間の脳の中には多数の神経細胞があって、そこを電気信号が行き来している。脳の神経細胞の中にシナプスという部分があって、電圧が一定以上になれば、神経伝達物質が放出され、それが次の神経細胞に伝わると電気信号が伝わる。つまり、脳はどう見ても電気回路なのである。脳は電気回路を電気が行き交うことによって働く。そして学習をすると、この電気回路が少し変化する。

6 電気回路というのは、コンピュータにナイ(イ)ゾウされているCPU(中央演算処理装置)に代表されるように、通常は何らかの計算を行うものである。パソコンのソフトも、ウェブサイトも、スマートフォンのアプリも、すべてプログラムでできていて、CPUを使って実行され、最終的に電気回路を流れる信号によって計算される。人間の脳の働きもこれとまったく同じである。

7 人間の思考が、もし何らかの「計算」なのだとしたら、それをコンピュータで実現できないわけがない。このことは特段、飛躍した論理ではなく、アラン・チューリング(注1)氏という有名な科学者は、計算可能なことは、すべてコンピュータで実現できることを示した。「チューリングマシン」という概念である。すごく長いテープと、それに書き込む装置、読み出す装置さえあれば、すべてのプログラムは実行可能だというのである。

8 人間のすべての脳の活動、すなわち、思考・認識・記憶・感情は、すべてコンピュータで実現できる。たとえば、あなたがこの本を読んでいるという状態をコンピュータ上でつくることもできるし、人間のように「自我を持ち、まわりを認識して行動する」プログラムもつくれるかもしれない(自我を持つことがいいことかどうかはさておき)。そして、自分という存在とまったく同じものを——もちろん物理的な身体はないにせよ——コンピュータの中に実現することは原理的には可能である。実際、人工知能研究の大家であるマービン・ミンスキー(注2)氏をはじめとして、自分をコンピュータ上に再現することでデジタルの不老不死を手に入れたいと考える人たちもいる。

(松尾豊《まつおゆたか》『人工知能は人間を超えるか』による)

(注) 1 アラン・チューリング——イギリスの数学者・計算機科学者・哲学者(一九一二—一九五四)。
2 マービン・ミンスキー——アメリカのコンピュータ科学者・認知科学者(一九二七—二〇一六)。

【文章Ⅱ】

1 科学技術の発展とともに、近未来に人間をしのぐ知性をもつ存在が生まれるという「トランス・ヒューマニズム（超人間主義）」（中略）の(ウ)テンケイであるBシンギュラリティ仮説を提唱しているのはカーツワイル(注1)だけではない。周知のように、シンギュラリティ（技術的特異点）という言葉は猛烈に発展する機械の知力が人間の知力を凌駕《りょうが》する不気味な時点のことだが、一九七〇～八〇年代にこの言葉を最初に言い出したのは、ＳＦも書くヴァー(注2)ナー・ヴィンジという数学者だった。さらに、シンギュラリティは、アーヴィング・Ｊ・グッド(注3)という数学者が一九六〇年代に提示した「知能爆発（intelligence explosion）」という概念にもとづいている。

2 いったい、知能爆発とは何だろうか。知能自体を定義するのはきわめて難しい。ＩＱ（知能指数）などのシ(エ)ヒョウもあるが、それらが本当に適切かといえば議論百出だろう。数値計算能力を比較すれば、とうの昔に人間はコンピュータに敵わない。だが、知能爆発とかシンギュラリティとかいう概念は、いうまでもなく、さまざまな情報処理能力をもつ汎用機械がほぼあらゆる知的分野で人間を超えていくということなのだ。

3 ここで情報処理能力というのは、常識的には、単位時間あたりに処理できる情報の量に他ならない。つまり、シンギュラリティというのは、一言でいえば、汎用ＡＩの情報処理速度が、人間の情報処理速度を超えていく時点ということになる。実際、カーツワイルは、脳細胞と半導体素子の反応速度の差、また脳細胞数とメモリ容量の差といった数字にもとづき、このような情報処理速度の逆転する時点を算出していると考えられるのである。

4 肝心なのは、情報爆発の議論における「情報量」という概念である。ここでいう情報量とは、前述のシャノン(注4)の定義した概念にもとづいている。つまり、情報と言っても記号（デジタル信号）の量であって、それが表す意味の量（そんなものが計量できるとして）とは本来まったく無関係なことに注意しなくてはならない。ここにトランス・ヒューマニズムの最大の問題点が隠されている。

5 コンピュータは高速論理操作機械だから、もし「思考」が単に記号の論理操作であると仮定すれば、それを実行するAIが人間の能力を凌駕することにまったく不思議はない。事実、コンピュータの理論モデルをつくった数学者チューリングは、人間の正確な思考とは一種の記号計算に他ならず、「アルゴリズム（問題解決のための算法手続き）」によって実現できると考えた。

6 しかし、アルゴリズムによって解決できる問題範囲がいかに広大であろうと、それは人間の思考の全体を覆うわけではない。人間はイメージや直観、つまり身体的情動とむすびついた意味によって思考していることが大半であり、論理的な推論は重要ではあっても思考のごく一部でしかないのである。

7 このことは、人間が生物の一種であること、そして、ほとんどの生物が論理的な推論より、むしろ直観や本能に(オ)イキョして生存していることからも明らかだろう。

（西垣通《にしがきとおる》、河島茂生《かわしましげお》『ＡＩ倫理』による）

（注）1　カーツワイル――アメリカの発明家、未来学者、レイ・カーツワイル（一九四八―）。
2　ヴァーナー・ヴィンジ――アメリカの数学者・計算機科学者・ＳＦ作家（一九四四―）。
3　アーヴィング・Ｊ・グッド――イギリスの数学者（一九一六―二〇〇九）。
4　シャノン――アメリカの電気工学者、数学者、クロード・シャノン（一九一六―二〇〇一）。

問1　傍線部**(ア)**～**(オ)**に相当する漢字を含むものを、次の各群の①～⑤のうちから、それぞれ一つずつ選べ。解答番号は［1］～［5］。

(ア)　トウサイ［1］

①テイサイを気にする　②貸し借りをソウサイする　③記事がケイサイされる　④フサイを償還する　⑤返事をサイソクする

(イ)　ナイゾウ［2］

①グウゾウ崇拝　②村のおジゾウ様　③細胞がゾウショクする　④ゾウキを移植する　⑤ゾウゲの塔

(ウ)　テンケイ［3］

①テンラン会　②人員をテンコする　③オンテンに浴する　④キテンがきく　⑤テンイ無縫

(エ)　シヒョウ［4］

①攻撃のヒョウテキ　②ヒョウシ抜けした　③売上デンピョウ　④ハクヒョウを踏む　⑤ヒョウハクの旅

(オ)　イキョ［5］

①イシンデンシン　②全権をイニンする　③イフの念を抱く　④敵をホウイする　⑤旧態イゼンとした組織

問2　傍線部A「人工知能は、まだどこにも存在しない」とあるが、それはどういうことか。**【文章Ⅰ】**と次に示す**【表1】**とから判断して、その説明として最も適当なものを、次の①～⑤のうちから一つ選べ。解答番号は［6］。

【表1】

分類	説明	イメージ・事例
汎用人工知能	様々な思考・検討を行うことができ、初めて直面する状況に対応できる人工知能	将棋、炊事、掃除、洗濯といった様々な分野および初めての状況に対する思考・検討ができる。
特化型人工知能	特定の内容に関する思考・検討にだけに優れている人工知能	・将棋に関する思考・検討のみできる人工知能 ・掃除に関する思考・検討のみできる人工知能

（総務省「ICTスキル総合習得教材」による）

①「まだどこにも存在しない」人工知能とは汎用人工知能のことであり、二重傍線部(a)と(e)は汎用人工知能を意味している。

②「まだどこにも存在しない」人工知能とは特化型人工知能のことであり、二重傍線部(a)と(c)は特化型人工知能を意味している。

③「まだどこにも存在しない」人工知能とは汎用人工知能のことであり、二重傍線部(b)と(e)は汎用人工知能を意味している。

④「まだどこにも存在しない」人工知能とは特化型人工知能のことであり、二重傍線部(b)と(d)は特化型人工知能を意味している。

⑤「まだどこにも存在しない」人工知能とは汎用人工知能のことであり、二重傍線部(c)と(d)は汎用人工知能を意味している。

問3 **【文章Ⅱ】**の傍線部B「シンギュラリティ仮説」に関する説明として適当なものを、次の①〜⑤のうちから**二つ**選べ。ただし、解答の順序は問わない。解答番号は 7 ・ 8 。

① コンピュータは高速論理操作機械だから、機械が人間の知力を凌駕するシンギュラリティが到来することは確実である。

② シンギュラリティとは、さまざまな記号の処理能力をもつ汎用機械が、ほぼあらゆる知的分野で人間を超えていく時点のことを意味している。

③ 機械の情報処理能力が人間の情報処理能力を超えることは可能だが、その情報内容の正しさに関しては問題が残る。

④ シンギュラリティとは、機械が一定の時間あたりに処理できる情報のもつ意味の量が、人間の情報処理能力を超える時点のことである。

⑤ 科学技術の発展とともに、近未来に人間を超える知性体が生まれるというトランス・ヒューマニズムの考え方の一つの代表的なものがシンギュラリティ仮説である。

問4 コンピュータ・人工知能（AI）や人間の思考について、**【文章Ⅰ】**と**【文章Ⅱ】**とでは、基本的に異なる立場に立っている。その説明として明らかに**適当でないもの**を、次の①〜⑤のうちから一つ選べ。また、**該当する選択肢がない場合は⓪を選べ。**解答番号は 9 。

⓪（該当する選択肢はない。）

①【文章Ⅰ】は、人間が身体を持つことは思考にとって重要ではないと考えているのに対して、【文章Ⅱ】は、人間が身体をもつことは思考に深く関わっていると考えている。

②【文章Ⅰ】は、人間の脳は電気回路のようなものであり、コンピュータも電気回路なのだから、コンピュータで人間の知能はすべて実現できるという考えである。

③アラン・チューリングが、人間の思考は計算に他ならないとしたことに関して、【文章Ⅰ】は肯定的に評価しているのに対し、【文章Ⅱ】は批判しながらも全面的に否定しているとはいえない。

④【文章Ⅰ】は、人間の脳の働きは何らかの計算を行うものであるとしているが、【文章Ⅱ】は、人間は身体的情動とむすびついた意味によって思考していることが大半であるとしている。

⑤【文章Ⅱ】は、論理的推論は人間の思考の一部にしかすぎないのだから、論理的推論のみを行うコンピュータで人間の思考のすべてを実現することはできないという考えである。

問5　【文章Ⅰ】と【文章Ⅱ】を読んで、人工知能（ＡＩ）について興味をもったまさみさんは、さらに次の【資料】を発見して人工知能が人間の仕事を奪う可能性があることを知り、その社会的影響についてお父さんと話をした。【表2】から【表4】はその時お父さんが示したもので、日米の就労者たちに職場への人工知能の導入状況等について尋ねたものであり、【表3】はその中で「既に人工知能が職場に導入されている」もしくは「今後導入される計画がある」と回答した人に対して尋ねたものである。【文章Ⅰ】、【文章Ⅱ】、【表1～4】、【資料】にもとづく二人の会話の中で、明らかに**適当でないもの**を、①～⑥のうちから**二つ**選べ。ただし、解答の順序は問わない。解答番号は 10 ・ 11 。

【資料】

近頃、人工知能が仕事を奪うという問題が盛んに取りざたされています。実際、セルフドライビングカーや人工知能をトウサイしたドローン（無人航空機）による配送の普及によってタクシー運転手やトラック運転手、配達員が失業する恐れがあります。

しかし、人間は、機械に仕事を奪われても、機械に対し優位性のある別の仕事に転職することができます。その点、セルフドライビングカーでも自動改札機でも変わりありません。ただし、今後続々と特化型人工知能が生み出されるのであれば、量的にはこれまでの技術を上回るような社会的影響が及ぼされるでしょう。

ところが、人間と同じような知的振る舞いをする汎用人工知能が実現し普及したならば、既存の技術とは質的にも異なる変化がもたらされると考えられます。というのも、あらゆる人間の労働が汎用人工知能とそれをトウサイしたロボットなどの機械に代替され、経済構造が劇的に転換するからです。

（井上《いのうえ》智洋《ともひろ》『人工知能と経済の未来』による）

【表2】　職場への人工知能（AI）導入の有無および計画状況

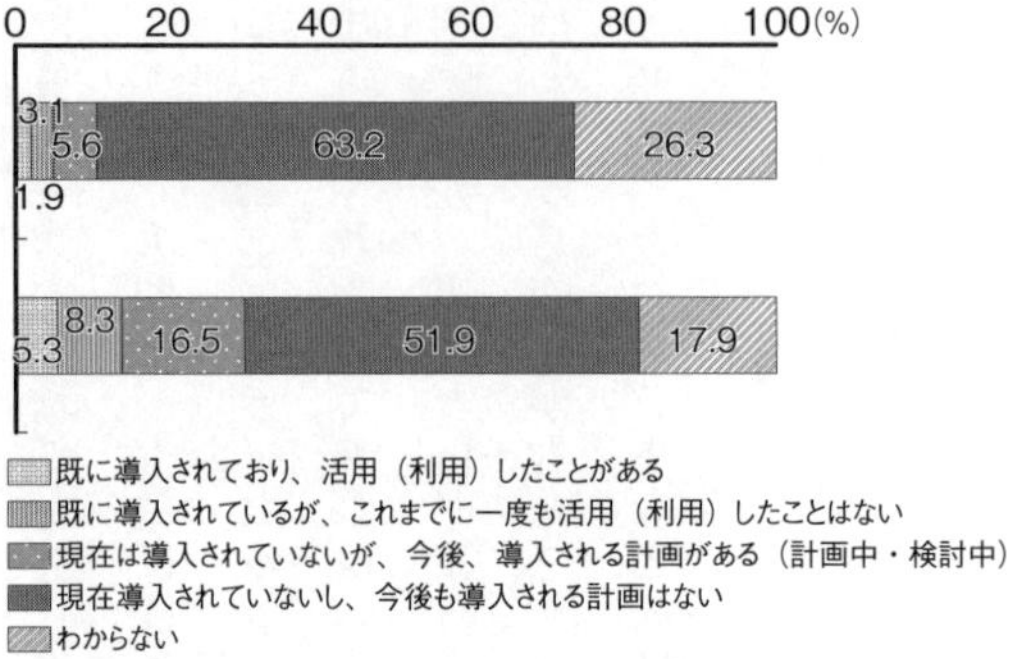

【表3】　人工知能（AI）が果たす役割・機能

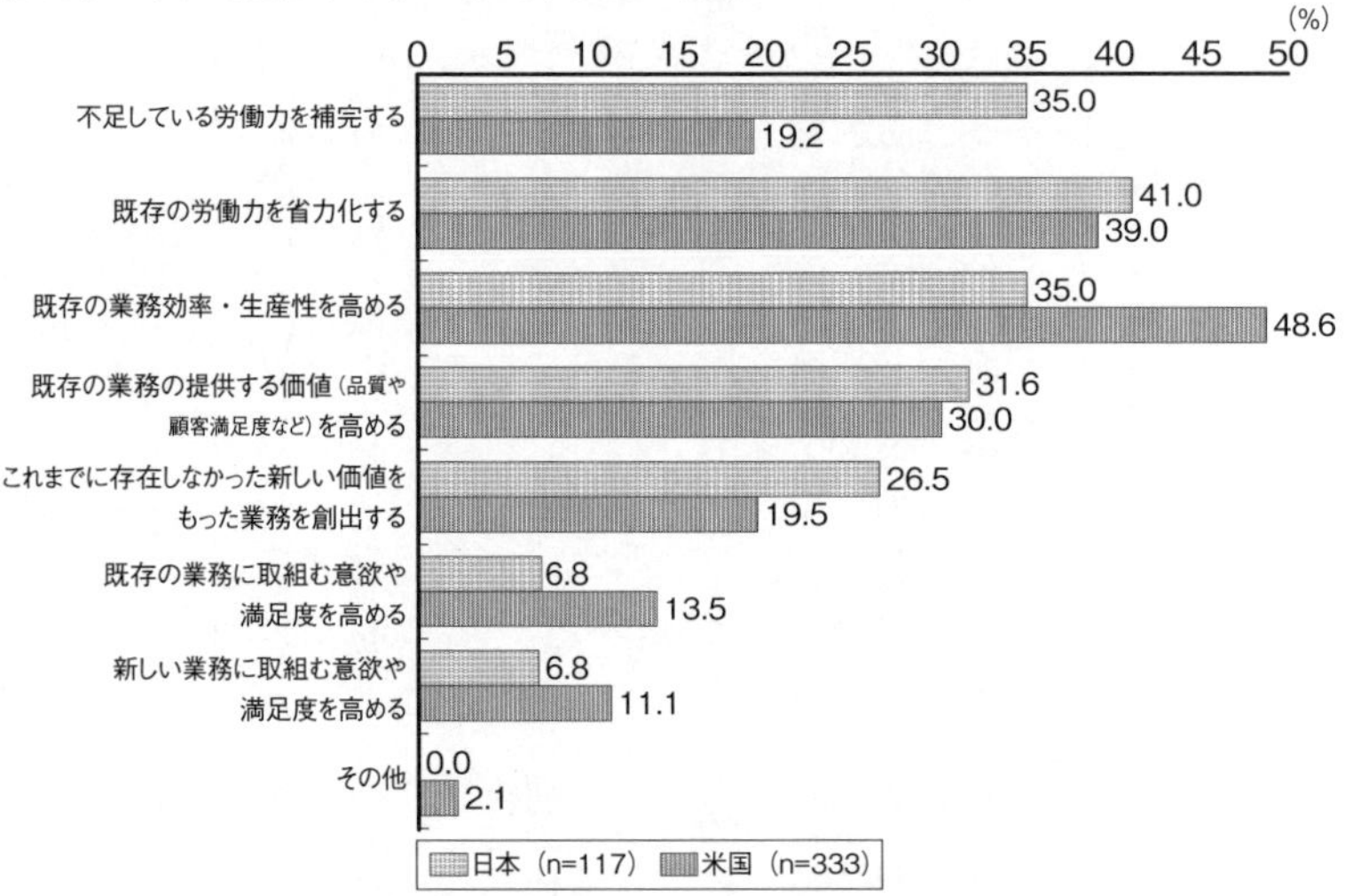

【表4】　自分の職場への人工知能（AI）導入についての賛否

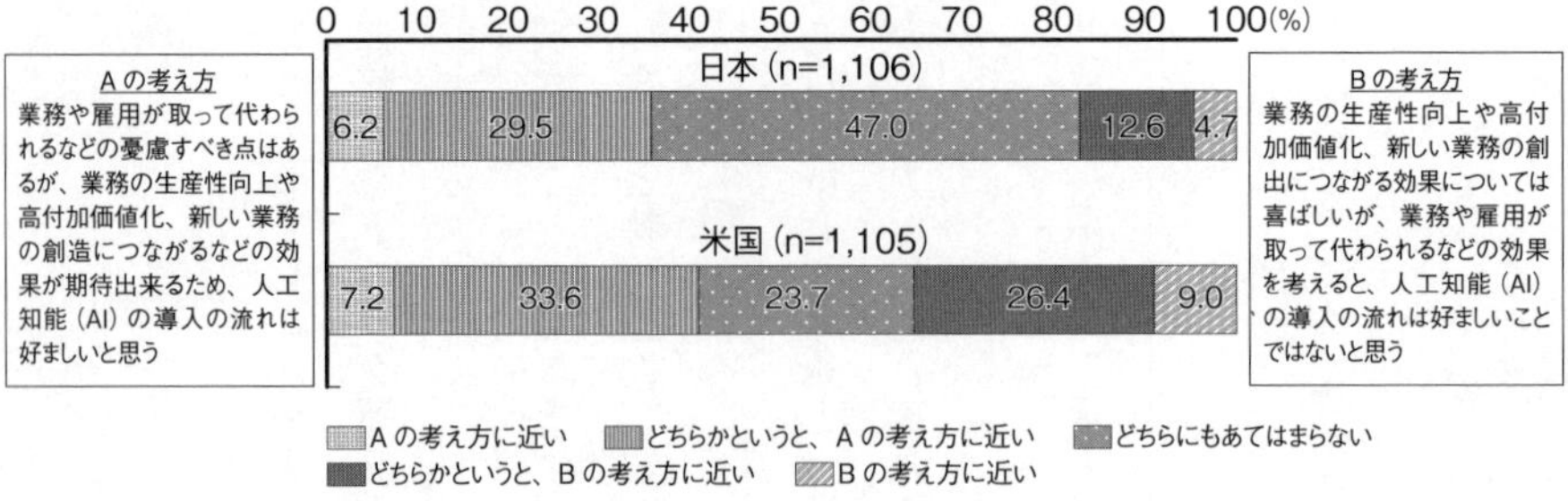

（総務省「ICTの進化が雇用と働き方に及ぼす影響に関する調査研究」（平成28年）より作成）

①まさみ――職場に人工知能が導入されている割合は、計画中・検討中まで含めても、アメリカで30％、日本で10％程度とまだ低いね。でも、今後特化型人工知能が次々と生み出されれば、人間の仕事が奪われるという意味で大きな社会的影響があるかもしれないんだね。

②父――そうだね。人間のほうが機械より優れている仕事もまだあるだろうけれども、人間の仕事の中には人工知能に置き換えられているものもすでにあるからね。「既存の労働力を省力化」したり、「既存の業務効率・生産性を高める」ために、今後も人間の仕事が人工知能に置き換えられていくことも予想されるね。

③まさみ――人間だけにできて機械にはできない仕事ってあるのかなあ。【文章Ⅰ】は「ある」という立場だけれど、【文章Ⅱ】の立場では、いずれなくなるとも考えられるんじゃないかな。自分の職場への人工知能の導入について、「どちらかというと」を含めて「好ましいものではない」とする割合は日本もアメリカも50％未満だけれど、【文章Ⅱ】の立場を前提とすると、その割合は増加するだろうね。

④父――この【表2～4】は、現在の特化型人工知能を前提としたアンケートと考えられるけれど、汎用人工知能を前提とすれば、その導入に反対する人は増加するだろうな。何しろ【資料】によれば、あらゆる人間の労働が汎用人工知能とそれをトウサイした機械に置き換えられてしまうのだからね。

⑤まさみ――今は、まだ汎用人工知能が存在していないから、日本でもアメリカでも、「不足する労働力を補完する」ことを人工知能の役割として求めている人が非常に多いってことだね。人間の思考を人工知能がすべて代替してしまえば、労働力が不足することは絶対にありえないものね。

⑥父――でも、父さんとしては、人工知能や機械では置き換えられないものが何か人間にあると考えたいな。例えば、【文章Ⅱ】にあるように、人間には身体をもつ生物としての側面があって、それが思考に影響を与え

ているという考え方に賛成したい、という直観や本能のようなものがあるよ。

問6　【文章Ⅰ】と【文章Ⅱ】の表現と構成について、次の(i)・(ii)の問いに答えよ。

(i)　【文章Ⅰ】と【文章Ⅱ】の表現に関する説明として適当なものを、次の①～④のうちから**二つ**選べ。ただし、解答の順序は問わない。解答番号は 12 ・ 13 。

①　【文章Ⅰ】の第2段落第二文は「しかし」で始まり「のだ」で終わっているが、これは、直前の一文で示した多くの読者の反応を打ち消した上で、議論を新たな話題に転換するための婉曲《えんきょく》的な表現である。

②　【文章Ⅰ】の第7段落第二文の「このことは特段、飛躍した論理ではなく」は、直前の一文で示した筆者の主張内容は一般常識に照らしても妥当であることを示すことで、読者の受け入れを促す働きがある。

③　【文章Ⅱ】の第1段落第二文の「周知のように」は、直後の内容がすでに世の中で広く知られていることであることを意味し、筆者独自の主張ではないことを示す働きがある。

④　【文章Ⅱ】の第2段落第一文の「いったい、知能爆発とは何だろうか」は、疑問文の形式をとることで読者の興味を喚起しつつ話題を予告し、その後筆者の主張を提示するための表現である。

(ii)　【文章Ⅰ】と【文章Ⅱ】の構成に関する説明として明らかに**適当でないもの**を、次の①～④のうちから一つ選べ。また、**該当する選択肢がない場合は⓪を選べ**。解答番号は 14 。

⓪（該当する選択肢はない。）
①【文章Ⅰ】の前半は、第1段落でまず多くの人々の誤解を指摘した後、第2段落でその内容を詳細に説明した上で、第3段落ではじめて結論を提示している。
②【文章Ⅰ】の後半は、第4段落でまず筆者の主張と理由を示した後、第5・第6段落でその理由を詳細に説明した上で、第7・第8段落で主張を繰り返し説明している。
③【文章Ⅱ】は、第1段落で問題となる重要な概念の一般的な定義を示し、第2・第3段落でその概念の基礎となった概念を順に取り上げて説明した後、第1段落で示した重要概念の問題点を第4段落で指摘している。
④【文章Ⅱ】は、第5段落である仮定を前提として筆者の主張とは異なる主張の成立を認めながら、第6段落ではその前提となる仮定を打ち消して筆者の主張を展開している。

要約問題　【文章Ⅰ】と【文章Ⅱ】をそれぞれ二〇〇字以内で要約せよ。

論点解説

人工知能（ＡＩ）――人類の脅威となるのか？

長い人類の歴史の中で発展してきた科学は、近代西欧で大きく変貌を遂げ、さらに技術と結びついて科学技術となって人々の生活を豊かで快適なものとする一方で、核兵器に代表されるように人類の生存に対する脅威となるものまでも生み出してきている。

そのような科学技術の最先端の成果の一つとして「**人工知能**」＝「**ＡＩ**」（artificial intelligence）がある。実際、「ＡＩが将棋の名人に勝利した」という情報や「人工知能を搭載した電化製品」という言葉が世の中には氾濫しており、その技術は日々進歩しているように見える。しかし、そこには様々な問題点がある。要点を整理しよう。

要点１　汎用人工知能と特化型人工知能

問２の【**表１**】にある通り、人工知能は「**汎用人工知能**」と「**特化型人工知能**」に大別することができ、私たちの身近にあるスマートフォンの音声操作アプリや家庭電化製品に使用されている人工知能、さらに、囲碁の対局用の人工知能、自動車の自動運転用の人工知能、画像識別の人工知能など、現在存在する人工知能はすべて、**特定の限定された課題を実行することに目的が特化された**「**特化型人工知能**」なのである。

では、**まだ実現していない**「**汎用人工知能**」とは何なのか。【**表１**】にある通り、総務省作成の教材によればそれは「様々な思考・検討を行うことができ、初めて直面する状況に対応できる人工知能」ということに一応なる。しかし、実は人工知能の研究者の間でも、人工知能はどこまで発展しうるのか、あるいは、発展させるべきなのか等に関する見解の相違によって、「汎用人工知能」の定義は様々なのである。そこで、次に人工知能はどこまで発展しうるのか、させるべきなのかという点についての異なる見解を紹介しよう。

▼汎用人工知能と特化型人工知能

□汎用人工知能……様々な状況に対応できる人工知能。まだ存在せず、研究者によって定義は様々である。
□特化型人工知能……特定の限定された課題の実行に目的が特化された、現在存在するすべての人工知能。

要点2　人工知能と人間の思考

人間の思考のすべてを、人工知能は実現できるのか。

【文章Ⅰ】の筆者は、「『人間の知能は、原理的にはすべてコンピュータで実現できるはずだ』というのが、科学的には妥当な予想である。そして、人工知能はもともと、その実現を目指している分野なのである。」（松尾豊『人工知能は人間を超えるか』）という立場である。

これに対して、**【文章Ⅱ】**の筆者は、〈アルゴリズム（問題解決のための算法手続き）によって解決できる問題範囲がいかに広大であろうと、それは人間の思考の全体を覆うわけではない。人間はイメージや直観、つまり身体的情動とむすびついた意味によって思考していることが大半であり、論理的な推論は重要ではあっても思考のごく一部でしかないのである。〉（⇩p.88 5・6）として、人間の思考全体を人工知能が再現することはできないという立場をとっている。

さらに、人工知能が人間の思考のすべてを実現できるとしても、〈人工知能は人間の単なる『道具』として、限定された機能によって人間にとっての様々な問題を解決するための手段にとどまるべきだ〉とする立場もある。

▼人工知能と人間の思考

○人工知能は、人間の思考すべてを実現できる。
- ○実現すべきだ。
- ↔ ○人間の道具として、機能を限定すべきだ。

↔

○人工知能は、人間の思考すべては実現できない。

要点3　科学技術の発展が人間の仕事を奪う

歴史上、科学技術の発展が人間の仕事を奪ってきた例は数多くある。一八世紀後半にイギリスで始まり世界に広がった産業革命はその代表的なものだろう。大工場への機械の導入が従来の手工業の職人の仕事を奪ったのである。しかし、他方では産業革命の進展により、人間にとっての新たな仕事が生まれた（それが人間的か否かはともかく）という側面もあったのである。

人工知能の発展にも同様の問題がある。**問5**で取り上げたように、人工知能が人間から仕事を奪い、その結果、多くの人々が失業するのではないか、という議論である。ここでも、産業革命と同様に、人工知能には人間の雇用を奪う側面と、新たな仕事を創出する側面の両面があると考えられるだろう。

しかし、経済学者の井上智洋は**【資料】**にある通り、「今後続々と特化型人工知能が生み出されるのであれば、量的にはこれまでの技術を上回るような社会的影響が及ぼされるでしょう」とし、さらには「汎用人工知能が実現し普及したならば、（中略）あらゆる人間の労働が汎用人工知能とそれを搭載したロボットなどの機械に代替され、経済構造が劇的に転換する」と厳しい予測をしている。

また、数学者の新井紀子はその著書『ＡＩ vs. 教科書が読めない子どもたち』の中で、「勤労者の半数を危機に晒《さら》してしまうかもしれない実力を培ったＡＩと、共に生きて行かざるを得ない社会」では、「ＡＩにできない仕事」を人間ができるかが問題であるとし、そのためには人間が「読解力を基盤とする、コミュニケーション能力や理解力」を持つことが必要であるとする。そして、２万５千人の中高校生の「基礎的読解力」を調査した結果、その読解力が危機的状況にあることに警鐘を鳴らしている。

人工知能によって新しい仕事が創られるようになったとしても、人間がその仕事に対応できる能力、特に人工知能にとって学習が困難と考えられている読解力をもっているか否かが重要な問題なのである。

▼科学技術の発展が人間の仕事を奪う
※科学技術の発展には、人間の雇用を奪う側面と、新たな雇用を創出する側面がある。
※人工知能の場合も同様だ。しかし、新しい仕事に対応できるためには読解力が重要だ。

要点4　シンギュラリティ

「人工知能は人類の脅威となるのか」という問題は、「**シンギュラリティは到来するのか?**」というかたちで語られている。「シンギュラリティ」とは、「**技術的特異点**」と訳され、その意味は論者により様々だが、一般的には「**人工知能が人間の知性を超える時点**」と考えられている。アメリカの実業家で人工知能研究者でもあるレイ・カーツワイルが、二〇〇五年に著書『ポスト・ヒューマン誕生』の中で、その「**技術的特異点**」が二〇四五年に到来すると具体的に予測し、「**シンギュラリティ**」という概念とともに、人類にとっての「人工知能の脅威」という観念を世界に広めた。

この問題も、**要点2**の「人工知能と人間の思考」についての見解と関連して、大きく肯定的な立場と否定的な立場に分かれている。

肯定的な立場は、そのもたらされる結果について楽観的立場と悲観的立場とに分かれる。

楽観的立場は、カーツワイルに代表されるもので、彼は、将来、人間の知性をはるかに超える人工知性体である人工知能が誕生し、人間の脳をすべてスキャンしてコンピュータにアップロードすることで人間は不死を手に入れることができるようになる、と主張している。

それに対して悲観的立場は、宇宙物理学のスティーブン・ホーキングやマイクロソフト創業者のビル・ゲイツらが代表的で、人工知能が将来人類に対する脅威となると考える。

否定的な立場は、人工知能では、人間の知性すべてを再現することはできず、それゆえにシンギュラリティも到来しない、とするものである。

▼シンギュラリティ

□シンギュラリティ……技術的特異点。人工知能が人間の知性を超える時点。

○肯定的立場……シンギュラリティは到来する。
　｛○楽観的立場……人類に幸福がもたらされる。
　　○悲観的立場……人類にとっての脅威となる。
↕
○否定的立場……シンギュラリティは到来しない。

要点5　AI倫理

汎用人工知能が実現するのか、また、シンギュラリティが到来するのかは現時点ではわからないとしか言いようがないが、より現実的な問題として**「AI倫理」**がある。（以下は主に西垣『AI倫理』による。）

二〇一〇年代に始まった現在のAIブームは第三次ブームである。第一次は一九五〇～六〇年代、第二次は一九八〇年代に起こった。第三次ブームの特徴は、第一次・第二次で前提とされた「論理的厳密性（正確性）」を放棄したことにある。すなわち、現在のAIはビッグデータに基づいて統計的推測を行うものであり、出力に誤りを含む可能性があるのである。そこで、AIの誤りによって損害が生じた場合、その責任を誰が負うのかというAIの倫理的側面が必須の検討事項となるのである。例えば、AI搭載の自動車がAIによる自動運転の最中に事故を起こした場合、その責任は運転手が負うのか、その自動車の製造会社が負うのか、あるいは、そのAIの設計者が負うのか、という類の問題である。この点については、まだ十分には議論が行われていないのが現状である。

さらに、統計的推測に基づく誤り以外にも、人工知能が国家や会社等による監視選別社会を生む危険性や、人工知能搭載の兵器が戦争で使用される可能性等、人工知能が使用できる範囲と禁止されるべき範囲など議論されるべき問題は多い。

▼ＡＩ倫理

□ＡＩ倫理……ＡＩの誤りによって損害が生じた場合、誰が責任を負うのか、という問題。

【受験生へのオススメ本】

①松尾豊『人工知能は人間を超えるか』（角川ＥＰＵＢ選書）

※日本の人工知能研究の若き権威が、人工知能研究の歴史と現状を分かりやすく解説している。

②西垣通、河島茂生『ＡＩ倫理――人工知能は「責任」をとれるのか』（中公新書ラクレ）

※人工知能の問題点を、その根源から具体的話題にいたるまで、深く洞察した一書である。

対立した立場をとる①と②を読むことで、人工知能に関する理解が深まるだろう。

類題 第5問

論点：ゲーム理論——経済学の領野を超えて

次の【文章】は松井《まつい》彰彦《あきひこ》の『高校生からのゲーム理論』の一部である。これを読んで、後の問い（問1～6）に答えよ。また、【文章】の本文の段落に番号を付した。

【文章】

1 人はひとりでは生きられない。友人、ドウ(ア)リョウ、恋人、取引相手、さまざまな人間関係の上に人は生きている。どのような関係であれ、人と人とが出会う場では相手を読む——相手の立場や気持ちを考えるということが大切であることは言うまでもない。

2 そのような人間関係を分析する学問がゲーム理論である。二〇世紀前半、数学者であったフォン・ノイマンは人間関係の分析を科学に仕立てあげようとした。しかし、恋愛のような複雑怪奇な人間関係の分析はおいそれとはできない。そこで始めたのが、じゃんけんのような勝ち負けがあるゲームの分析である。

【表1】 じゃんけんの戦略形表現

3 【表1】はじゃんけんを戦略形と呼ばれるゲームの一形式で表現したものである。各欄の左側の数字がケンちゃんの得点、右側がエイコさんの得点である。この得点のことをゲーム理論では**利得**と言う。じゃんけんでは、どの欄をとっても両者の利得を足せばゼロになる。足して（サムして）ゼロになるから「ゼロサム・ゲーム」というわけだ。相手を倒せば自分が得するという状況は綱引きと同じでわかりやすい。わかりやすい状況の分析から始めよう、というのがかれの方針であった。

4 しかし、ぼくたちが分析しようとする現実はじゃんけんよりはるかに複雑である。たとえば取引における交渉問題を考えてみよう。当事者たちは強引に行くべきか、妥協すべきかあれこれ悩む。ゼロサム・ゲームと異なり、相手を負かしさえすればよいというものでもない。綱引きのように相手をたぐり寄せたい。しかし、交渉において、たよりのものは綱ではなく、細く切れやすい糸である。両者がぐいぐい引っ張ると、糸が切れるように交渉は(イ)ケツレツしてしまって元も子もなくなる。取引には競争と協力の間のさじ加減が必要なのである。

5 【表2】の「チキン・ゲーム」を見てみよう。ゼロサム・ゲームと異なり、今度は各欄の両者の利得を足してもゼロにはならない。このゲームでは、相手が強引にくるならば自分は妥協せざるを得ない。このとき自分も強引に出ると、利得は0となり、妥協した場合の利得1を下回ってしまうからである。逆に自分は強引に行くぞと脅して、相手から妥協を引き出すこともあり得る。相手に妥協する弱虫（チキン）はどちらだ、というわけである。

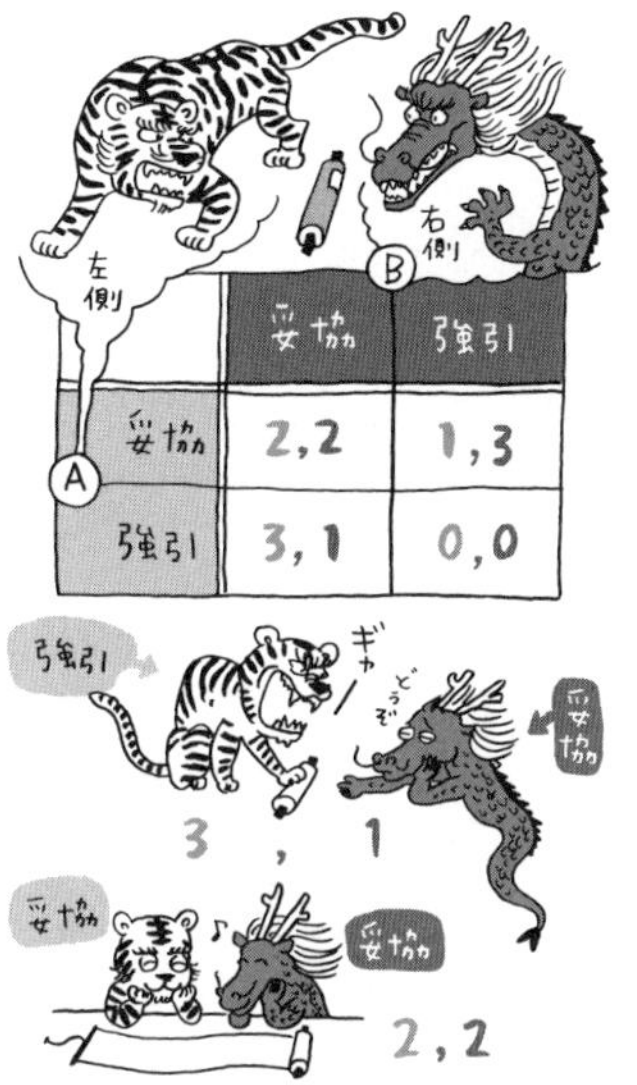

	妥協	強引
妥協	2,2	1,3
強引	3,1	0,0

【表2】　チキン・ゲーム

6 その結果、チキン・ゲームには二つの安定的な点が存在することになる。一つはAが強引に振る舞い、Bが妥協するというもの。もう一つはその逆で、Aは妥協し、Bが強引に振る舞うというものである。いずれの状況からも、［　a　］ゲーム理論では、このような意味で安定的な点を、(ウ)テイショウ者の名前をとって「ナッシュ

均衡」と呼ぶ。（中略）

7 企業と企業の関係にもこの糸の引っ張りあいのような局面がある。現実の企業は、相手企業の動きを読みながら行動し、「市場」に積極的に働きかけていく。そこではしばしば【表2】と同様の状況が現出する。その結果、やみくもな競争＝糸の引っ張りあいは(エ)カトウ競争や消耗戦を導き、経済効率性をも悪化させてしまう。

8 生物学でも餌《えさ》をめぐる駆け引きに【表2】のような説明が用いられる。動物社会では、人間社会と同様、譲るタイプと強引に取りに行くタイプがいる。ときには暗黙の序列ができていて、上位の者に対しては譲り、下位の者に対しては高飛車に振舞うといった行動も見られる。この序列を下位の者がくつがえそうと妥協をやめれば争いになる。一度できた序列の変更には並々ならぬ力が必要なのである。だから、ぼくは大学教授になっても、サッカー部のOB会に行って、「おまえもえらくなったなあ」と言いながら頭をぽかりとやる先輩に対して、えへへと笑って逆らわないのである。

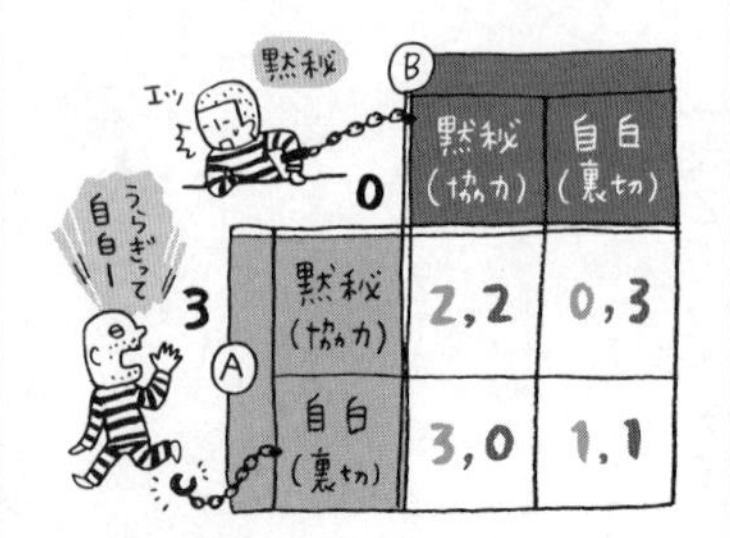

【表3】　囚人のジレンマ

9 東西冷戦の分析によく使われたゲームに、「C囚人のジレンマ」というものがある。【表3】がその基本形である。二人の共犯者が別室で取り調べを受けている状況を考えてみよう。互いに黙秘（協力）を守れば証拠不十分で起訴猶予。しかし、相手が自白（裏切）すれば自分が首謀者扱いだ。自分にとって、一番いいのは、自分だけが自白をして相手は黙秘を守ってくれる場合。つぎは二人とも黙秘を守る場合。三番目がともに自白をする場合で、最悪なのは自分は黙秘を守っているのに、相手が自白してしまった場合である。その順に3、2、1、0と利得をふって作ったのが【表3】である。このとき、疑心暗鬼になった容疑者＝囚人はつい自白のほうへ傾いてしまうのである。チキン・ゲームとの違いをよく見ていただきたい。先ほどのチキン・ゲームでは相手が「強引」にくるならば、自分は「妥協」するほうが得をした。しかし、囚人のジレンマでは、相手が「協力」しようが、「裏切」ってこようが、自分は「裏切」ったほうが得をするのである。

10 囚人を国家、協力を軍縮、裏切りを軍拡と読みかえれば東西冷戦の議論に用いることができる。囚人を寡占企業、協力を高価格、裏切りを低価格と読みかえれば、公共工事入札における談合問題が分析できる。（中略）

11 D環境問題の本質は先に見た囚人のジレンマと呼ばれるゲームにある。繰り返しになるが、【表3】を見てみよう。二人の囚人が別室で取り調べを受け、自白を迫られている。二人とも自白をすれば、有罪となる一方、二人とも黙秘を守れば、証拠不十分で起訴が見送られ、他の微罪で立件される。話がそれで終われば、黙秘を守らない手はないと思われるかもしれない。しかし、問題は自分が黙秘を守っているときに相手が自白をしてしまうことである。このとき、相手は自白したことによる情状酌量《しゃくりょう》や司法取引による無罪放免がある一方、黙秘を守ったほうは主犯に仕立てあげられてしまい、罪を一身にかぶることとなる。【表3】の利得はこの辺りのことを(オ)カンアンした数字である。

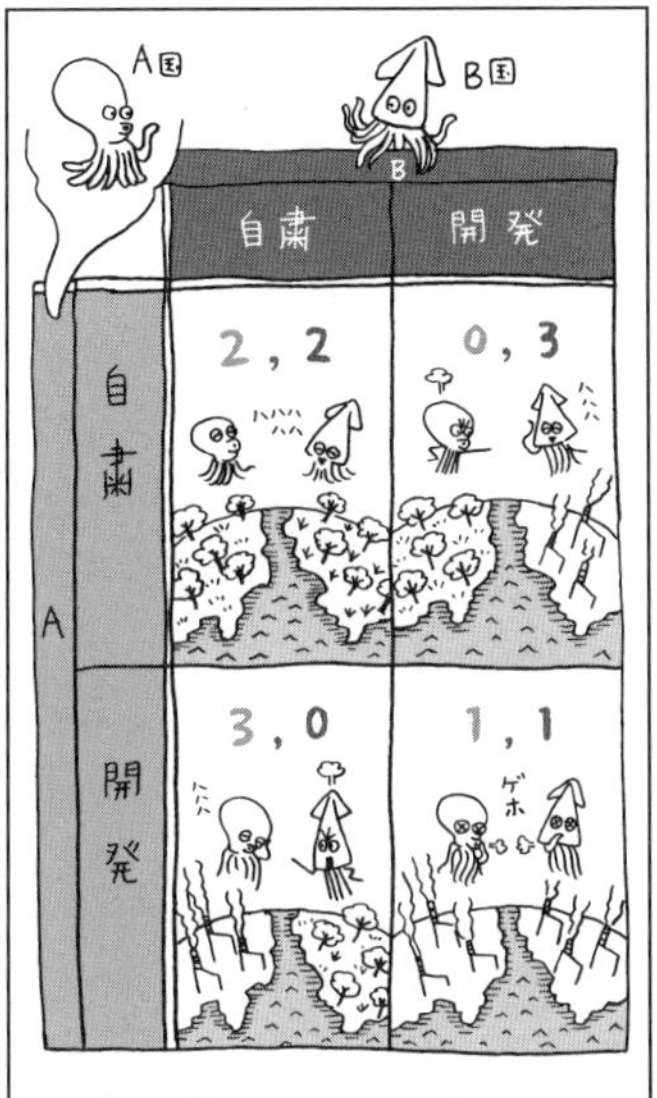

【表4】 開発国のジレンマ

12 このとき、囚人たちはどのような手を打つであろうか。ともに黙秘を守れれば（2，2）となり、ともに自白をして（1，1）が実現するよりも互いに高い利得が得られることは見ての通りである。しかし、である。相手が黙秘を守っているときに自分も黙秘を守れば2が得られる反面、自分が自白を選べば、その利得は3にまで上昇する。さらに、相手が自白をしていると思われるときでも、自分が自白を選べば、黙秘を続ける場合の利得0に比べ高い利得1が得られることがわかる。

13 b

14 資源開発競争も同じ側面を持っている。「黙秘」と「自白」をそれぞれ環境に配慮し資源開発を「自粛」するか、環境に対する影響を無視し資源開発を進めるか、という戦略に置き換えれば、囚人のジレンマはそのまま開発国のジレンマとなる（【表4】）。

（松井彰彦『高校生からのゲーム理論』による）

問1 傍線部(ア)〜(オ)に相当する漢字を含むものを、次の各群の①〜⑤のうちから、それぞれ一つずつ選べ。解答番号は 1 〜 5 。

(ア) ドウリョウ 1
① 一目リョウゼン ② 病気リョウヨウ中 ③ ガクセイリョウに入る ④ ノウリョウ花火大会 ⑤ カンリョウ出身の政治家

(イ) ケツレツ 2
① ケッシュツした人物 ② ケッカン商品 ③ ボケツを掘る ④ ギケツに従う ⑤ 海がヒョウケツする

(ウ) テイショウ 3
① オンテイを外す ② テイボウを補強する ③ テイセツを覆す ④ 真実がロテイする ⑤ 業務をテイケイする

(エ)　カトウ競争　4
①人跡ミトウの地　②トトウを組む　③突然のことにトウワクする　④抱腹ゼットウの喜劇
⑤意気トウゴウする
(オ)　カンアン　5
①イカン束帯　②父が子をカンドウする　③カンシンを買う　④カンガイ無量　⑤金魚をカンショウする

問2　傍線部A「**ゼロサム・ゲーム**」と**【表1】**の「じゃんけんの戦略形表現」に関する説明として明らかに**適当でないもの**を、次の①～⑤のうちから一つ選べ。解答番号は 6 。

①　ゼロサム・ゲームとは、ゲームの参加者の全体の損得が常にゼロになるものであり、市場規模が変わらない場合の複数の企業による市場占有率の争いはゼロサム・ゲームである。
②　**【表1】**において、ケンちゃんがチョキを出した場合の利得は、エイコさんがグーの時はマイナス1、チョキの時は0、パーの時は1であり、どの場合でも、ケンちゃんとエイコさんの利得の合計はゼロである。
③　ゼロサム・ゲームとは、ゲームの参加者の利得の総和が常にゼロになるものであり、サッカーというスポーツではあるチームの得点と失点の総和は常にゼロになるからゼロサム・ゲームである。
④　**【表1】**において、エイコさんがパーを出した場合のエイコさんの利得は、表の右端の縦の列を見ればわかり、上から順に1、マイナス1、0である。どの場合でも、エイコさんとケンちゃんの利得の合計はゼロである。
⑤　ゼロサム・ゲームでは、ゲームの参加者のある者が得をすれば他の者が損をするものであり、五人の生徒が参

加して行われる総当たり戦の剣道の試合は、勝者がいれば必ずその分の敗者がいるのでゼロサム・ゲームである。

問3 空欄 a には、傍線部B「**ナッシュ均衡**」を説明した内容が入る。空欄 a にあてはまる文章として最も適当なものを、次の①～⑤のうちから一つ選べ。解答番号は 7 。

① 相手が戦略を変えれば、自分が戦略を変えないでも自分の利得は高まるという意味で安定的になっている。たとえば、（強引、強引）の状態では、Aの利得が0、Bの利得が0だが、Bが自分の手を強引から妥協に変えれば、Aは自分の手を強引のままにしていてもAの利得は0から3に高まる。お互いに最善手をとっていて、これ以上自分ひとりで自分の利得を高めることはできない、という意味で安定しているのである。

② 自分が戦略を変えれば損をするという意味で安定的になっている。たとえば、（強引、妥協）の状態では、Aの利得が3、Bの利得が1だが、Aが自分の手を強引から妥協に変えると利得は3から2に下がってしまうし、Bも自分の手を妥協から強引に変えると利得が1から0に下がってしまう。お互いに最善手をとっていて、これ以上自分ひとりで自分の利得を高めることはできない、という意味で安定しているのである。

③ 自分が戦略を変えても、相手が戦略を変えれば自分の利得を高めることはできないという意味で安定している。たとえば、（妥協、妥協）の状態では、Aの利得が2、Bの利得が2だが、Aが自分の手を妥協から強引に変えてもBが自分の手を妥協から強引に変えれば、Aの利得は2から0に下がってしまう。お互いに最善手をとっていて、これ以上自分ひとりで自分の利得を高めることはできない、という意味で安定しているのである。

④ 自分が戦略を変えないでいれば、相手が戦略を変えても相手の利得は変わらないという意味で安定している。

たとえば、（強引、妥協）の状態では、Aの利得が3、Bの利得が1だが、Aが自分の手を強引のままにしていれば、Bが自分の手を妥協から強引に変えてもBの利得は1のまま変わらない。お互いに最善手をとっていて、これ以上自分ひとりで自分の利得を高めることはできない、という意味で安定しているのである。

⑤ 自分が戦略を変えれば、相手が戦略を変えない限り自分は損をするという意味で安定している。たとえば、（妥協、強引）の状態では、Aの利得が1、Bの利得が3だが、Aが自分の手を妥協から強引に変えると利得は1から0に下がってしまうし、Bも自分の手を強引から妥協に変えると利得が3から0に下がってしまう。お互いに最善手をとっていて、これ以上自分ひとりで自分の利得を高めることはできない、という意味で安定しているのである。

問4 傍線部C「**囚人のジレンマ**」とあるが、空欄bにはこのゲームが「ジレンマ」と呼ばれている理由を説明した内容が入る。「ジレンマ」という語の説明（**X**）、及び空欄bにあてはまる文章（**Y**）として最も適当な組み合わせのものを、次の①～⑤のうちから一つ選べ。解答番号は 8 。

① **X**――ジレンマとは、ある事態に対して相反する二つの感情を同時に抱くことをいう。
Y――二人とも頭では、ともに協力するほうがともに裏切るより高い利得が得られることはわかっている。しかし、協力したいという感情を抱く反面、裏切りたいという感情も抑えがたく、いずれとも決めかねるのである。

② **X**――ジレンマとは、同じ人の言動が前後でくいちがってつじつまの合わないことをいう。
Y――二人とも頭では、ともに「黙秘」するほうがともに「自白」するより高い利得が得られることはわか

っている。しかし、自分は「自白」すれば「黙秘」するより高い利得が得られるため、ともに「自白」してつじつまが合わなくなるのである。

③ X——ジレンマとは、相反する二つの事の板ばさみになって、どちらにも決めかねる状態を言う。

Y——二人とも、相手が「黙秘」すれば自分は「自白」するほうが高い利得を得られるが、相手が「自白」すれば自分は「黙秘」したほうが高い利得が得られるため、いずれを選んだらよいか決めかねるのである。

④ X——ジレンマとは、相反する二つの事柄の板ばさみになって進退きわまることをいう。

Y——二人とも頭では、協力し合って「黙秘」を守れば高い利得が得られることはわかっている。しかし、自分がかわいい二人は、つい自白を選んでしまうのである。

⑤ X——ジレンマとは、選ぶべき道が二つありそのいずれの場合も望ましくない結果が生まれる状態を言う。

Y——二人とも、ともに「自白」するより高い利得が得られることはわかっている。しかし、相手が黙秘でも自白でも自分は黙秘を選べば高い利得が得られるため、ともに黙秘を選んでしまうのである。

問5 傍線部D「環境問題の本質は先に見た囚人のジレンマと呼ばれるゲームにある」とあるが、以下に示すのは、環境問題の一つである地球温暖化現象について、**【文章】**と、後に示す**【資料1】**～**【資料5】**をもとにして、生徒六人が考えを述べ合っている場面である。①～⑥の発言の中で明らかに**適当でないもの**を**二つ**選べ。ただし、解答の順序は問わない。解答番号は 9 ・ 10 。

①生徒P――パリ協定は、温室効果ガス排出削減などのために、歴史上初めて、世界中のすべての国が参加した国際的な枠組みなんだね。世界中のすべての国が、地球温暖化対策が必要だと考えているんだ。

②生徒Q――そうだね。だけど、アメリカのトランプ政権は、パリ協定からの離脱を発表したんだ。【資料3】は、【文章】の【表4】を参考にして私が作った利得表なんだけど、アメリカは地球全体の温暖化対策より利得が高い自国の経済発展を優先させることが大切だと考えたと言えるね。

③生徒R――【資料3】を見ると、アメリカ以外の世界の国々は、自国の経済発展を優先するほうが利得が低いにもかかわらず、人類全体の利益を優先して地球温暖化対策に協力することにしたことがよくわかるよ。

④生徒S――ところが、事態はそう単純ではなさそうなんだ。パリ協定に参加はしていても、温室効果ガスの具体的な削減については、二酸化炭素排出量の多い国は削減に消極的で、二〇一九年のCOP25でも具体的な成果は得られなかった。

⑤生徒T――つまり、中国やインドなどの二酸化炭素排出量の多い国は、パリ協定に参加しているという意味では、自国の経済発展よりも地球温暖化対策を優先しているように見えるけれど、実際には温室効果ガスの排出について消極的だと言えるんだね。

⑥生徒U――二酸化炭素排出量の上位三か国である中国、アメリカ、インドだけで世界全体の約50%を占めている。これらの国々が二酸化炭素の排出量の抑制に消極的だったり、パリ協定からの離脱を表明している現状では、地球温暖化対策はなかなか進展せず、海面上昇で国自体が沈んでしまうおそれのある島国などは強い危機感を抱かざるをえないだろう。

【資料１】

パリ協定 ── 歴史的合意に至るまでの道のり

2016年11月4日、 2020年以降の温室効果ガス排出削減等のための新たな国際枠組み「パリ協定」が発効しました。パリ協定は、歴史上初めて、全ての国が地球温暖化の原因となる温室効果ガスの削減に取り組むことを約束した枠組みとして、世界の注目を集めました。今回はパリ協定の概要と、採択までの道のりを振り返るとともに、日本の取組、そしてパリ協定の実施に向けた今後の展望について紹介します。　（以下略）

（外務省「わかる！　国際情勢　Vol.150　2017年1月25日　パリ協定――歴史的合意に至るまでの道のり」による）

【資料２】

米、パリ協定離脱通知「好ましい条件できれば再び関与」

米トランプ政権は4日、地球温暖化対策の枠組み「パリ協定」からの離脱を国連に正式通知した。国務省は声明で「米国企業や労働者にとって、より好ましい条件が確認できれば、大統領は再びパリ協定に関与する用意がある」と主張した。　（以下略）

（朝日新聞デジタル「2017年8月6日　米、パリ協定離脱通知」による）

【資料３】

		アメリカ以外の世界のすべての国々	
		地球温暖化対策に協力（パリ協定を守る）	自国の経済発展を優先（パリ協定から離脱する）
アメリカ	地球温暖化対策に協力（パリ協定を守る）	２ ， ２	０ ， ３
	自国の経済発展を優先（パリ協定から離脱する）	３ ， ０	１ ， １

【資料４】

COP25閉幕　温室効果ガス削減目標で成果なし

第25回国連気候変動枠組み条約締約国会議（COP25）は15日、閉幕した。会期を２日間延長したが、採択された成果文書に、温暖化対策としての温室効果ガス排出の削減目標引き上げの機運を高める強い内容は盛り込まれず、「可能な限り高い野心を反映するように強く要請する」という表現にとどまった。（中略）

焦点は、パリ協定でうたう、産業革命後の気温上昇を２度未満、できれば１．５度に抑えるという目標達成のために、いっそうの温室効果ガス排出削減を目指すどのような文言を盛り込むかだった。だが抑制に後ろ向きな排出量が多い国と、海面上昇による国の存続の危機に直面する島国などとの主張の隔たりは大きかった。　（以下略）

（朝日新聞デジタル「2019年12月15日　COP25閉幕　温室効果ガス削減目標で成果なし」による）

【資料5】

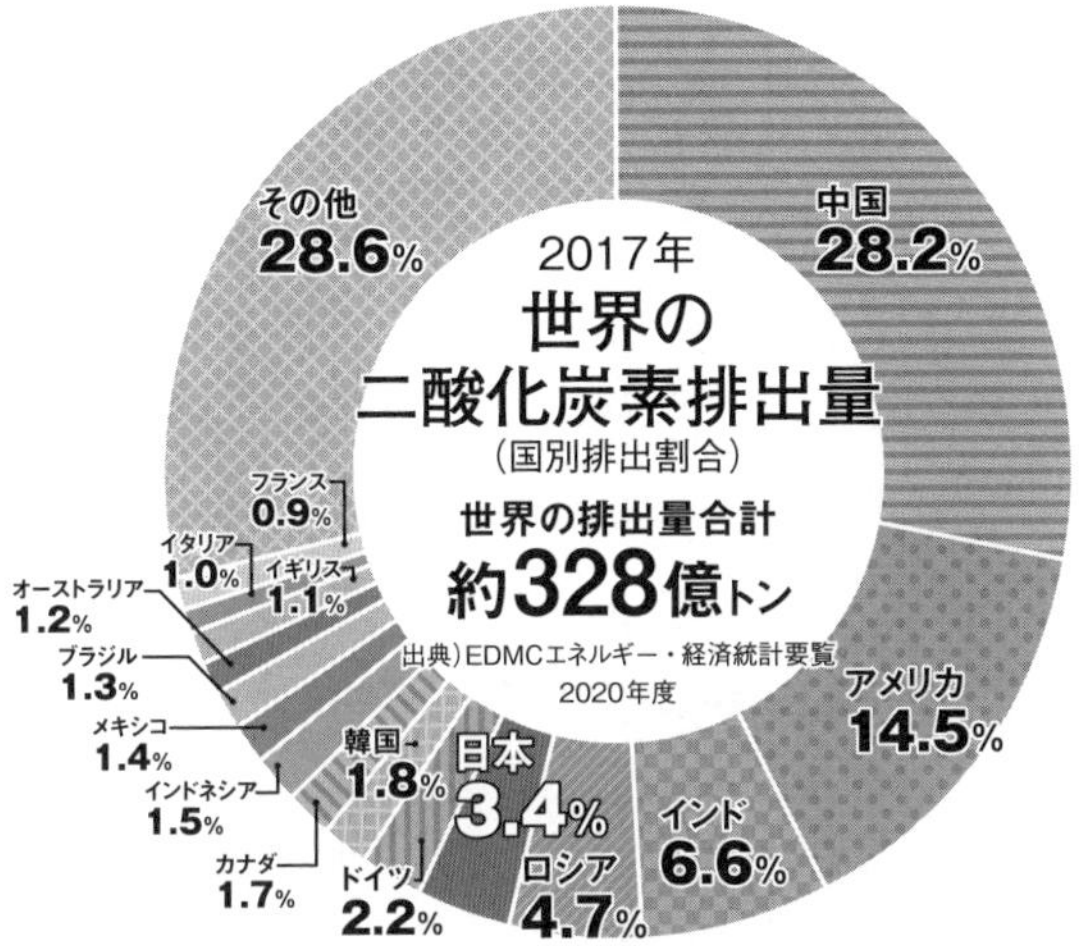

（「EDMCエネルギー・経済統計要覧2020年版
全国地球温暖化防止活動推進センターウェブサイト」による）

問6 **【文章】**の表現と内容に関する説明として明らかに**適当でないもの**を、次の①〜⑤のうちから一つ選べ。
また、**該当する選択肢がない場合は⓪を選べ。**解答番号は 11 。

⓪（該当する選択肢はない。）

① 第1段落で人間関係についての具体的な例をあげて説明を始めているのは、第2段落以降で説明を展開するゲーム理論が読者にとって身近なものであることを示し、読者の興味を喚起するねらいがある。

②第4段落の第一文の「しかし、ぼくたちが分析しようとする現実はじゃんけんよりはるかに複雑である。」という表現は、第3段落で紹介した「ゼロサム・ゲーム」から、第5段落で紹介する「チキン・ゲーム」へと話題を転換するきっかけとなっている。

③第7段落で「企業と企業の関係」を、第8段落で「生物学」をとりあげているのは、「チキン・ゲーム」というゲームのモデルや「ナッシュ均衡」の概念が、実社会や学問の世界で利用され得るものであることを示すためである。

④第9段落で示した「囚人のジレンマ」を、第11段落で再度取り上げているのは、その考え方が東西冷戦だけでなく環境問題でも利用できることを示すとともに、ゲーム理論での重要なモデルなので読者の理解を促すためでもある。

⑤第12段落第一文の「このとき、囚人たちはどのような手を打つであろうか。」という疑問の表現は、「囚人のジレンマ」について読者に問いかけることで読者に考えることを促すとともに、直後の内容の話題を予告する働きももっている。

要約問題

【文章】を二〇〇字以内で要約せよ。

論点解説

ゲーム理論――経済学の領野を超えて

ゲーム理論は、数学者で、「コンピュータの父」とも呼ばれた一人ジョン・フォン・ノイマンと経済学者オスカー・モルゲンシュテルンが、一九四四年に、経済行動の数学的定式化を目的とした『ゲームの理論と経済行動』（ちくま学芸文庫）という著書を出版したことにより誕生した。それ以来、ゲーム理論は、経済学だけでなく政治学、法学、社会学、宗教学、生物学など他の様々な学問分野における問題点を数学的に解明したり、さらに東西冷戦などの国際関係、地球環境問題、スポーツにおける戦略決定などの現実世界の出来事を理論的に分析したりと、その威力を発揮してきた。

ここでは、そんな多くの学問の基礎理論とも言うべきゲーム理論の入り口を紹介しつつ、さらに経済学の現在の進展状況にも触れていきたいと思う。

要点1　ゲーム理論

「ゲーム理論」とは、人間社会や自然界での、意思決定の問題や行動における対立と協調の問題を、数学的なモデルを用いて研究する学問である。われわれは日々、他者との関係において、様々な意思決定をしている。相手の出方によっては**こちらのとるべき手段**（これを「**戦略**」という）も変わる。このような状況の中での対立と協調のあり方を研究しようというのがゲーム理論なのである。

▼ゲーム理論
□ゲーム理論……人間社会や自然界での、行動における対立と協調の問題を研究する学問。
□戦略……意思決定者がとり得る手段。

要点2　ゲーム理論のモデル

ゲーム理論には様々なゲームの**モデル**がある。例えば、**問2**で取り上げた「じゃんけん」のような、一方が勝てば他方が負ける「**ゼロサム・ゲーム**」、**問3**で取り上げた、相手との交渉ごとで、交渉が決裂しては元も子もなくなるが、何とか強硬姿勢を相手に見せることで相手から譲歩を引き出したいと互いが考える「**チキン・ゲーム**」、**要点4**で紹介する「**囚人のジレンマ**」などのような「**対立**」のゲーム。また、道を反対方向から二人の人が向かい合って歩いて来る時、両者が右か左かに寄れば（同じ戦略をとれば）うまくすれ違えるような「**協調**」のゲームもある。これらは**ゲームの参加者**（これを「**プレイヤー**」と呼ぶ）が同時に相手の行動を知らずに行動を決めるもので、「**同時手番ゲーム**」と言う。さらに、ある市場で既存企業がある商品を独占的に販売している場合に、別の企業が新規参入しようとするように、ある参加者が行動した後に他の参加者が行動する「**逐次《ちくじ》手番ゲーム**」というモデルもある。

世界で起こる様々な出来事を、**モデル**として理論化し、どのような行動を選択するのが最適なのかを探究するのがゲーム理論なのである。

> **▼ゲーム理論のモデル**
> □**ゼロサム・ゲーム**……プレイヤーの利得の合計がゼロになるゲーム。
> □**チキン・ゲーム**……臆病者を決めるためのゲーム。「チキン」は弱虫、青二才の意味の俗語。
> □**囚人のジレンマ** ⇩ **要点4**

要点3　ナッシュ均衡

「**ナッシュ均衡**」とは、**相手の行動に対して、どのプレイヤーも自分の利得が最大となる戦略を選んでいる状態のこと**である。別な言い方をすれば、「ナッシュ均衡」とは、どのプレイヤーも自分の戦略を変更することによってより高い利得を得ることができない状態であり、どのプレイヤーも自分の戦略を変更すれば自分の利得が下がる（または利得は変わらない）状態である。他の戦略を選ぶことができないという意味において**安定**（**均衡**）しているのである。

ゲーム理論は、意思決定の状況において、プレイヤーがどのような戦略を選択すれば**利得**が最大になるかを探究する理論である。それゆえ、**それぞれのゲームにおいて「ナッシュ均衡」を求めることが最重要な課題**だとも言えるのである。「ナッシュ均衡」は、ゲーム理論の最重要概念の一つであり、この概念の発明者である数学者ジョン・ナッシュの名をとって「ナッシュ均衡」と呼ばれている。

▼ナッシュ均衡
□**ナッシュ均衡**……相手の行動に対して、どのプレイヤーも自分の利得が最大となる戦略を選んでいる状態のこと。
□**利得**……利益を得ること。利益。もうけ。

要点4　囚人のジレンマ

ゲーム理論の様々なモデルの中でも、最も有名なのが「**囚人のジレンマ**」である。一九五〇年に数学者アルバート・タッカーが考案したモデルである。

ある犯罪の共犯者である囚人AとBの二人は、自白をさせたいと考える検察官によって司法取引を持ちかけられ、別室で取り調べを受けている。両者が自白をすれば有罪、両者が黙秘を守れば証拠不十分で起訴猶予となり他の微罪で立件される。しかし、自分が黙秘を守っている間に相手が自白すれば、相手は司法取引で無罪となるかわりに、自分は主犯としてより重い罪を一身にかぶる。

		囚人B	
		黙秘（協力）	自白（裏切）
囚人A	黙秘（協力）	2，2	0，3
	自白（裏切）	3，0	1，1

互いに黙秘すれば利得は（2，2）となり、互いに自白する場合（1，1）よりも高い利得が得られることが分かっていても、自分の利得だけを考えた場合、例えばAの立場に立つと、①Bが黙秘の場合（利得表

の縦の左側の列を見る)、Aは黙秘ならば利得は2だが、自白ならば利得は3になる。

また、②Bが自白の場合(利得表の縦の右側を見る)、Aは黙秘ならば利得は0だが、自白ならば利得は1になる。このように、相手の戦略(黙秘か自白か)にかかわらず、いずれの場合でも、自分は自白するほうが利得が高くなる結果、二人とも自白を選択するというジレンマである。別の言い方をすると、「**囚人のジレンマ**」におけるナッシュ均衡は、(自白、自白)となるのである。

しかし、何か変ではないだろうか。囚人Aも囚人Bも自分にとっては合理的な選択をしたはずである。それなのになぜ最善の結果にならないのか。(だからこそ、「**ジレンマ**」というのだが……。)

ポイントは、囚人二人は別室で取り調べを受けていることにある。つまり、二人は相談ができないのである。もし相談ができれば二人とも黙秘を選ぶことができて、二人にとっては最善の結果となるのである。

現実社会での類似した事例を考えてみよう。例えば、**【文章】**10にあるように、寡占企業どうしが公共工事の入札で本来やってはいけない相談(つまり談合)をしたならば、企業の利得は高くなるが、公共事業の費用が高くなり社会全体としての利得は低くなるだろう。だが逆に、AとBが相談することが社会全体の利益になる場合もある。それを次の**要点5**で見ていこう。

▼囚人のジレンマ

□**囚人のジレンマ**……互いが利得を最大にしようとする結果、低い利得しか得られなくなるゲームのモデル。

□**ジレンマ**……相反する二つの事柄の板ばさみになって進退きわまること。

要点5　地球環境問題

【文章】の傍線部Dにある通り、**環境問題の本質は囚人のジレンマと呼ばれるゲーム**にある。**【文章】**14に環境問題の一つである「資源開発競争」の事例が挙げられているが、A国、B国ともに自国の利得のみを考えていたのでは、互いに乱開発をすることになり、限りある地球資源は枯渇してしまう。互いに相談をすることで開発を自粛することこそが、地球全体の利益を守ることにつながるのである。

問5では、**「囚人のジレンマ」**を地球温暖化現象という現実の世界で進行している問題にあてはめて考えてもらった。**【資料1】**にある通り、**「パリ協定」**とは、歴史上初めて、世界中のすべての国が**地球温暖化の原因となる温室効果ガスの排出削減に取り組むことを約束した国際的枠組み**である。しかし、**【資料2】**の通り、アメリカはトランプ大統領がパリ協定からの離脱を二〇一七年六月に宣言し、同年八月に国連に正式通知した。地球温暖化問題は、温室効果ガスを多く排出している主要な国々が自国の経済発展を優先するために温室効果ガスの排出量削減に応じず、パリ協定成立までは、まさしく**「囚人のジレンマ」**の事例として解決が困難なものと考えられてきた。そして、パリ協定こそが**「囚人のジレンマ」**を乗り越える叡智《えいち》が人間にはあることを示した第一歩だと考えられたのである。しかし、**【資料4】**の通り、温室効果ガス排出量削減の具体的な交渉においては、アメリカのみならず、中国、インドなどの排出量が多い国々は排出量削減に消極的な態度をとっている。スウェーデンの環境活動家グレタ・トゥーンベリさんが怒るように、やはり人間には**「囚人のジレンマ」**を乗り越える力はないのだろうか。

▼地球環境問題
※地球環境問題の本質は、「囚人のジレンマ」にある。
※各国が自国の利益のみを考えていれば、結果としてより低い利得しか得られないだろう。

要点6　人間の実像に近づく経済学とゲーム理論

ここまで、ゲーム理論の入り口を垣間見てきたが、実は、ゲーム理論には一つの大前提があった。それは、「プレイヤー

は合理的だ」ということである。ゲーム理論では、各プレイヤーはゲームのルールや構造を正確に熟知し、相手の行動を予測しながら、常に自らの利得が最大となるような選択をするのである。また、**従来の経済学**も、そのモデルとする人間像は、**もっぱら経済的合理性のみに基づいて自己の物質的利益を最大にするために行動する**「**経済人**」だった。

しかし、人間は経済活動において、常にあらゆる情報を入手分析した上で合理的かつ利己主義的に行動しているわけではない。損得抜きの行動、利他的な行動、個人ではなく全体を考えた行動など様々なものがありうる。そこで、経済学でも「**人間は限定合理性に基づいて行動する**」という考え方を採用して、認知心理学・進化生物学・脳神経科学などの人間を研究対象とする様々な学問の成果を取り入れながら、実際の人間はどのように意思決定をし、行動するのかを研究するようになった。このような新しい経済学を「**行動経済学**」という。そして、ゲーム理論でも同様に限定合理的に行動し学習する人間像を前提とした「**行動ゲーム理論**」が生まれ、研究がなされている。より実像に近い人間像に基づいた研究が進められているのである。

▼人間の実像に近づく経済学とゲーム理論
□従来の経済学・ゲーム理論……合理的に行動する人間像を前提としていた。
□行動経済学・行動ゲーム理論……限定合理的に行動し学習する人間像を前提とする。
□限定合理性……合理的であろうと意図するけれども、認識能力の限界のために限られた合理性しか持ち得ないこと。

【受験生へのオススメ本】
松井彰彦『高校生からのゲーム理論』（ちくまプリマー新書）
※人間の科学としてのゲーム理論を、恋愛や歴史など様々な事例にあてはめてやさしく紹介した入門書。

類題 第6問

論点：法哲学 ―― 悪法に従う義務はあるか？

次の【資料Ⅰ】、【資料Ⅱ】及び【文章】は横濱竜也《よこはまたつや》の「悪法に従う義務はあるか？」（瀧川裕英《たきかわひろひで》編『問いかける法哲学』所収）の一部である。これらを読んで、後の問い（問1～6）に答えよ。また、【文章】の本文の段落に番号を付した。

【資料Ⅰ】

日本では酒を製造するには、所轄の税務署長から免許を受けなくてはならない。酒税法には以下のように定められている。

酒税法第七条（酒類の製造免許） ①　酒類を製造しようとする者は、政令で定める手続により、製造しようとする酒類の品目（第三条第七号から第二十三号までに掲げる酒類の区分をいう。以下同じ。）別に、製造場ごとに、その製造場の所在地の所轄税務署長の免許（以下「製造免許」という。）を受けなければならない。ただし、酒類の製造免許を受けた者（以下「酒類製造者」という。）が、その製造免許を受けた製造場において当該酒類の原料とするため製造する酒類については、この限りでない。
②　酒類の製造免許は、一の製造場において製造免許を受けた後一年間に製造しようとする酒類の見込数量が当該酒類につき次に定める数量に達しない場合には、受けることができない。
一　清酒　六十キロリットル
二　合成清酒　六十キロリットル
三　連続式蒸留しょうちゅう　六十キロリットル
四　単式蒸留しょうちゅう　十キロリットル
五　みりん　十キロリットル
六　ビール　六十キロリットル
（以下略）

酒税法第五十四条 ①　第七条第一項又は第八条の規定による製造免許を受けないで、酒類、酒母又はもろみを製造した者は、十年以下の懲役又は百万円以下の罰金に処する。
②　前項の犯罪に着手してこれを遂げない者についても、同項と同様とする。
③　前二項の犯罪に係る酒類、酒母又はもろみに対する酒税相当額（酒母又はもろみについては、その他の醸造酒とみなして計算した金額）の三倍が百万円を超えるときは、情状により、前二項の罰金は、百万円を超え当該相当額の三倍以下とすることができる。
④　第一項又は第二項の犯罪に係る酒類、酒母、もろみ、原料、副産物、機械、器具又は容器は、何人の所有であるかを問わず没収する。
⑤　（以下略）

【資料Ⅱ】

「どぶろく裁判」（最判平成元年12月14日刑集43巻13号841頁）の概要。

被告人Xは、販売のためではなく自分で飲むために、税務署長の許可を受けずに個人で清酒を製造した。このように許可を受けずに製造される酒を「どぶろく」という。しかしXがどぶろく製造を行っていたのは、趣味というだけではなかった。Xは次のように考えていた。個人は他人に危害を与えるものでない限り、自分の生き方を国家に干渉されずに自由に選択する自己決定権を有しており、それは憲法13条により保障されている。そして酒を販売を目的としない形で自由に製造することは個人の生き方の選択として尊重されるべきである。また憲法で保障された個人の自由を、国が適正な手続なく奪ってはならないことは、憲法31条に規定されている。個人が所有する米や麹で酒を造って飲む、酒造りの自由を国家が奪うことは、憲法13条の定める幸福追求権と31条の適正手続（デュープロセス）の要請から許されるべきではなく、無許可の酒造を認めない酒税法は違憲である。

Xはこのような信念に基づいて、陰に隠れてではなく表だって酒造を行い、酒税法の違憲性をアピールする運動を行った。どぶろくの自家製造を勧める本（前田俊彦編『どぶろくを作ろう』農山漁村文化協会、1981年）を刊行し、国税庁長官に自分の作った酒を飲む「効き酒の会」への招待状を送った。これらのことがきっかけとなり、Xは酒類製造の許可なく清酒を製造したとして、東京国税局長より告発され、起訴されるところとなった。

Xは第1審で有罪（罰金30万円）の判決を受け、控訴審でXの控訴が棄却されたため、最高裁に上告した。最高裁は、租税政策については広範な立法裁量が認められるべきであるという考え方を前提にして、酒税法の目的は酒税の安定的な徴収確保にあり、その目的のため酒類製造を製造目的いかんを問わず一律に許可制にし、免許を有さず酒類製造を行う者を処罰することは、著しく不合理であるとは言い難いとして、上告を棄却した。

【文章】

1　悪法に従う道徳的義務はあるか？　このように問われたとしたら、皆さんはどのように思うだろうか。「何を馬鹿なことを問うているのか、法が何のためにあるかといえば、正義のためではないか、正義に反する法に従う必要なんてないはずだ」と考えるだろうか。それとも、「何をあたりまえのことをきいているんだ、法は法なんだから、正しかろうと悪かろうと従うのが当然ではないか」と考えるだろうか。筆者からすれば、両者の反応とも法哲学的に間違ってはいないが、十分な答えではない。ここでの目的は、「悪法に従う道徳的義務（以下「遵法義務」と呼ぶ）はあるか？」という問い（以下では「悪法問題」と呼ぶことにしよう）が馬鹿げたものでもあたりまえのものでもなく、じっくり考えるに値する問いであることを示し、じっくり考えるための手がかりを提供することである。

2 本題に入るまえに、悪法問題を考えるための具体例をあげておこう。A いわゆる「どぶろく裁判」の話である（【資料Ⅰ】・【資料Ⅱ】参照）。

3 ここでの目的は悪法問題について考えることなので、ここでは酒税法が合憲か違憲かという問いは、措《お》いておくことにしたい。合憲の法令でも、正義には反している可能性があるからである。ひとまずXの立場からして酒税法が悪法であるということだけ確認しておくことにしよう。次の問いにどう答えるべきだろうか。

【問】 Xは、酒の自家製造が酒税法違反であることを十分(ア)ショウチしたうえで、自分が違法行為を行っていることをあえて行政当局にわかるようにして酒を製造し、有罪判決を受けた。Xのこのような行いは道徳的に許されるべきか。それとも、たとえXが酒税法を悪法だと信じていても、それに従うべきか。

4 答え方のコウ(イ)ホは、四つあると思われる。①悪法はそもそも法ではないから、従うべきではない。②悪法も法だが、道徳的に間違った内容を持つ法に従うべきではない。③悪法も法であり、法である以上従わなくてはならず、それに反する行為は基本的に許されない。④悪法も法であり従うべきであるが、一定の条件でなされる違法行為は許される。以下では、この四つの答え方にどのような哲学的根拠があるか、そしてどのような難点が存在するか、順に見ていくことにしよう。（中略：右の①と②に関する議論の部分を省略している。）

5 これまでで、①のように応答する自然法論と、②のように応答する（記述的）法実証主義が、ともに理論的不同意への対応として不十分であることを述べた。ここからは③の答え方について考える。

6 ①の自然法論は「基本的に悪法は法ではない」と説き、②の法実証主義は「悪法も法だが、遵法義務はない」と説く。それらが対応できていなかった理論的不同意とは、つまるところ法の内容の善し悪しをめぐる争いにより、何が法かについて見解が異なる事態であった。そして「遵法義務があるか」の問いは、理論的不同意の下でより深刻なものとなる。ニュルンベルク法（注1）やアパルトヘイト（注2）に従うことに同じく躊躇《ちゅうちょ》する人でも、酒税法や自衛隊法、裁判員法が法だと認めるか否かについては、意見が異なる可能性が少なくない。となると、後三者が法であるかどうかはどのように決まるのか。そしてわれわれには後三者に対して従う道徳的義務があるのか。

7 これらの問いに答えようとするのが、ドゥオーキン（注3）の「純一性 integrity としての法」の議論である。これは悪法が法であるための道徳的条件を示そうとするものである。簡単に見ておこう。（中略）

8 ドゥオーキンは、法が存在するか否かを分ける条件を、それが既存の法（法令だけでなく、慣習や判例を含む）を最善の形で正当化する道徳原理に服しているか否かであると考える。「最善の形で正当化」しているか否かを決める条件は、既存の法全体と整合的であるかどうか（「整合性 fit」条件）、また正当化を行う者が与する正義原理に沿っているかどうか（「道徳性 morality」条件）の二つからなる、「純一性 integrity」である。そして法が法である以上純一性を有さなくてはならず、法が純一性を有する限りそれが不正であっても、われわれは遵法義務を負うと述べる。

9 ドゥオーキンに沿って酒税法が法であるか考えてみよう。**【資料Ⅱ】**の被告人Xが主張するとおり、酒税法が幸福追求権なかでも各人の人生プランを自律的に決める自己決定権を(ウ)シンガイしているとすれば、少なくとも道徳性条件に照らしてそれが法であるかどうか疑われるだろう。しかし他方で、租税政策に関して、民主的に選ばれた議員からなる国会に相応の裁量を与えるべきという考え方は、既存の判例とも整合的でかつ道徳的にも一定の魅力を持つ。この考え方によるならば酒税法は法だということになろう。酒税法が法であるか否かは、このような理論的不同意の下で、いずれの考え方が純一性に照らして優れているかにより決まる。そうして酒税法が純一性に照らして法である以上、われわれはそれに従う道徳的義務を有するのである。

10 しかしCここで考えなくてはならないのは、理論的不同意の下では、ある法が純一性に照らして最善の正当化に服しているかどうかも争われることである。国会が酒税法を制定する際、純一性に照らしその内容が最善の正当化に服するものと判断していたとしよう。Xは当然納得がいかない。それでもXはただただ法に従うべきなのであろうか。酒の自家製造を行って法に背く行為が道徳的に許される余地はないのだろうか。次節でこの問い――つまり④の答え方が認められるべきかどうか――について私見を提示したい。

11 ④の答え方を根拠づけるためには、まずそもそも遵法義務とは何なのかを問い直さなくてはならない。これまで遵法義務とは悪法に従う道徳的義務であると述べてきた。しかし自らにとって不正な内容を持つ法に直面し、文句をいわずただただ法のいうとおりにすることだけが、遵法義務の遂行なのだろうか。

12 YESと答える議論はかなり有力である。しかしわれわれはあえてNOと答えたい。遵法義務とは、単に法のいうとおりにする義務ではない。法の内容を裏づける道徳的理由を尊重し、各自の信念や良心のみに従って行動することを止めること、そして法に大きく優越する道徳的理由がある場合には、法を是正するために尽力することである。つまり遵法義務とは、悪法を尊重しつつ是正する義務である。

13 なぜ遵法義務をこのように捉えるべきなのか。その答えの鍵は、遵法義務と市民的不服従との関係をいかに理解するかにある。

14 市民的不服従とは何かを明らかにするために、キング牧師(注4)の公民権運動を思い起こしてみよう。彼は白人と黒人を分離する人種分離政策の不正をキュウ(エ)ダンし、法に背いた。彼の不服従は、単に自らの信念に忠実であろうとしてなされたものだろうか。もしそうであれば、自らの違法行為に対する制裁に服する必要は必ずしもなかっただろう。キングが制裁を甘受したことをどのように理解すればよいのか。

15 ここに市民的不服従の特質が示されているとわれわれは考える。市民的不服従とは、特定の法を是正するために、あえて違法行為を行って、人々に不正な法の存在とその改革の必要を訴えるイ(オ)ギ申し立てである。市民的不服従は、自らの信念に沿って体制転覆を図る革命的抵抗とも、自らの良心に反する行動を拒み自身の廉直性を保つ良心的拒否とも異なる。特定の法に楯《たて》突き、その内容が不正であることを人々に知らしめ、その是正の気運を高めようとするかたわらで、法一般を尊重し、違法行為に対する法的制裁を甘受せねばならない。このように考えれば、市民的不服従は遵法義務に反するものではない。むしろ不正な法を無視するのでも放置するのでもなく、積極的に是正すべく、違法行為を行いその制裁を引き受ける点で、法が（不正な法も含め）正義を目指すものであることに対する敬意に基づいている。そうだとすれば、D市民的不服従を遵法責務の遂行として、そして遵法義務を、単に法のいうとおりにする義務としてではなく、むしろ法一般に対する尊重義務、そして悪法の是正に協力する義務として、捉えることが適切であろう。

16 このような考え方からすれば、酒税法の不正を信じつつ、その是正のためにあえて違法行為を行いその制裁を甘受した被告人Xの行動は、市民的不服従として理解されるべきだろう。そしてその限りで遵法義務に反するものではないのである。

（横濱竜也「悪法に従う義務はあるか？」『問いかける法哲学』による）

（注）1　ニュルンベルク法――ナチス党政権下のドイツで制定された、ユダヤ人から公民権を奪った二つの法律の総称。
2　アパルトヘイト――南アフリカ共和国において一九四八年から一九九四年まで行われた人種隔離政策。
3　ドゥオーキン――アメリカの法哲学者、ロナルド・ドゥオーキン（一九三一―二〇一三）。
4　キング牧師――アメリカの牧師、マーティン・ルーサー・キング・ジュニア（一九二九―一九六八）。アフリカ系アメリカ人の公民権運動の指導者。

問1　傍線部**(ア)**～**(オ)**に相当する漢字を含むものを、次の各群の①～⑤のうちから、それぞれ一つずつ選べ。解答番号は［1］～［5］。

(ア)　ショウチ　［1］
①　学問をショウレイする　②　自己ショウカイする　③　王位をケイショウする　④　私生活にカンショウする　⑤　ショウゾウを描く

(イ)　コウホ　［2］
①　損害をホショウする　②　沖にホカゲが見える　③　安全ホショウ　④　犯人をタイホする　⑤　テンポを構える

(ウ)　シンガイ　［3］
①　シンチュウを察する　②　領海をシンパンする　③　シンパンが下る　④　水分がシントウする

⑤ 学術のシンコウ

(エ) キュウダン 4

① ダンロン風発　② ダンチョウの思い　③ シュウダン行動をとる　④ シュダンを講じる　⑤ ダンガイ裁判

(オ) イギ申し立て 5

① 憲法改正のハツギ　② ギシン暗鬼　③ ギゾウ通貨　④ 人生のイギを考える　⑤ ギキョクを書く

問2 傍線部A「どぶろく裁判」に関する説明として最も適当なものを、次の①～⑤のうちから一つ選べ。解答番号は 6 。

① 被告人Xは、酒を販売を目的として自由に製造することは、個人の生き方を国家に干渉されずに自由に選択する自己決定権に基づくと主張している。

② 被告人Xは、酒造りの自由を国家が奪うことは、憲法13条と31条から許されるべきではなく、無許可の酒造を認めない酒税法は違憲であると主張している。

③ 被告人Xは、自己の信念に基づいて表だって酒造を行い、酒税法の違憲性をアピールする運動を行った行為が、酒税法に反するとして、告発され起訴された。

④ 被告人Xは、第1審で有罪の判決を受け、控訴審でも有罪は覆らず、最高裁に上告した。最高裁は、Xの主張は著しく不合理であるとは言い難いとして、上告を棄却した。

⑤ 被告人Xは、最高裁に上告したが、有罪は覆らなかった。最高裁が上告を棄却した理由の前提には、租税政

策に関しては行政官庁に広く裁量が認められるという考えがある。

問3 傍線部B「理論的不同意」に関する説明として明らかに**適当でないもの**を、次の①～⑤のうちから一つ選べ。解答番号は 7 。

① 理論的不同意とは、ある法の内容の善し悪しについて人々の間に争いがあり、そもそも法とは何かについての見解が異なっているような事態をさす。

② 自然法論も法実証主義も、法の内容の善し悪しをめぐる争いにより、何が法かについて見解が異なる事態への対応として十分な答えとなっていない。

③「悪法に従う道徳的義務はあるか」という問いは、法の内容の善し悪しをめぐる争いにより、何が法かについて見解が異なる事態の下でより深刻なものとなる。

④ ニュルンベルク法やアパルトヘイトに対しては、多くの人が法と認めるか否かを争うことを躊躇するために、理論的不同意の問題は深刻な問題とはなりにくい。

⑤ 酒税法や自衛隊法、裁判員法に対しては、法の内容の善し悪しをめぐる争いにより、何が法かについて見解が異なる事態が深刻な問題となりうる。

問4　傍線部C「ここで考えなくてはならないのは、理論的不同意の下では、ある法が純一性に照らして最善の正当化に服しているかどうかも争われることである」とあるが、その説明として最も適当なものを、次の①〜⑤のうちから一つ選べ。解答番号は 8 。

①ドゥオーキンの純一性の議論に沿って酒税法が法であると認められるかを検討した場合でも、酒税法を法として認めるか否かについて見解が分かれている状況では、酒税法が純一性を有するか否かについても争いがある、ということ。

②ドゥオーキンに沿って酒税法が法であるかを考えた場合、酒税法が既存の法全体と整合的であり、かつ正当化を行う者が与する正義原理に沿っていたとしても、われわれは遵法義務を負うか否かについて争いがある、ということ。

③ドゥオーキンの議論に沿って酒税法が法であると認められるかを検討した場合、最高裁が酒税法を純一性に照らし最善の正当化に服するものと判断したとしても、Xはそのような判断に対して反対する、ということ。

④ドゥオーキンの議論に沿って酒税法が法であると認められるか否かを考えた場合でも、Xの主張に従えば酒税法は法であるかどうか疑われるが、最高裁の考え方に従えば酒税法は法だとなり、争いがある、ということ。

⑤ドゥオーキンに沿って酒税法が法であると認められるかを検討した場合、酒税法が純一性に照らして法であると認められたとしても、われわれはそれに従う道徳的義務を有するか否かについて争いがある、ということ。

問5　傍線部Ｄ「市民的不服従を遵法責務の遂行として、そして遵法義務を、単に法のいうとおりにする義務としてではなく、むしろ法一般に対する尊重義務、そして悪法の是正に協力する義務として、捉えることが適切であろう」とあるが、このような筆者の立場からすると、次の**【資料Ⅲ】**に示すソクラテスのとった態度はどのように評価できると考えられるか。その説明として最も適当なものを、次の①～⑤のうちから一つ選べ。解答番号は 9 。

【資料Ⅲ】

紀元前三九九年、古代アテナイの哲学者ソクラテスは、二つの罪で告訴された。国家公認の神々に対する不敬と、若者を堕落させたことである。告訴に対してソクラテスは、約５００人の陪審員に対して自らの無実を訴えた。言葉を尽くして弁明したにもかかわらず、ソクラテスは有罪となり死刑判決を受ける。

その後、牢獄《ろうごく》にいるソクラテスの元を友人クリトンが訪れる。クリトンはソクラテスに脱獄を勧めるものの、逆にソクラテスによって説き伏せられてしまう。ソクラテスはいう。「誤った判決でも従わなければならない」。そして、ソクラテスは判決通り、自ら毒杯をあおり死んでいった。

〈瀧川裕英「遵法義務」〈瀧川裕英・宇佐美《うさみ》誠《まこと》・大屋《おおや》雄裕《たけひろ》『法哲学』所収〉による〉

① 市民的不服従とは、すべての法を是正するために、あえて違法行為を行って人々に不正な法の存在とその改革の必要を訴える行動である。ソクラテスは誤った判決を受け入れているのだから、その行為は市民的不服従とはいえない。

② 遵法義務とは、悪法でもそれを尊重し従う義務である。ソクラテスは自らの信念や良心に従って行動しながらも、判決を受け入れて死んだのだから、遵法義務を果たしたということができる。
③ 市民的不服従とは、自らの良心に反する行動を拒絶しつつ、特定の法を是正するために違法行為を行いながらも法的制裁を甘受する行為である。ソクラテスは法的制裁を受け入れているのだから、その行為は市民的不服従といえる。
④ 遵法義務とは、法一般を尊重しつつ、特定の法を是正するために尽力する義務である。ソクラテスは、自らの無実を訴え弁明しつつも判決を受け入れているのだから、遵法義務を果たしたということができる。
⑤ 市民的不服従とは、特定の法に楯突きながらも、法一般を尊重し、違法行為に対する法的制裁を甘受する行為である。ソクラテスは法的制裁を甘受しているとはいえないのだから、その行為は市民的不服従とはいえない。

問6　次に示すのは、五人の生徒が**【文章】**を読んだあとに、**【文章】**の表現についてそれぞれが気づいた点を発表している場面である。①～⑤の発言のなかで明らかに**適当でないもの**を一つ選べ。解答番号は 10 。

① **生徒A**――第1段落第三文の「必要なんてないはずだ」や、第四文の「きいているんだ」、「法は法なんだから」という表現は口語的な表現になっていて、私たち読者を議論に参加している気持ちにさせる働きがあるね。
② **生徒B**――第2段落第二文の「いわゆる『どぶろく裁判』の話である」という表現は、「いわゆる」という言葉とカギカッコによって、「どぶろく裁判」という名称が通称であって正式名称ではないことを読者に伝え

ようとしていると思うよ。

③ **生徒C**――第7段落第二文の「これは悪法が法であるための道徳的条件を示そうとするものである。」という一文は、後に続く議論の趣旨を予め示すことで、読者に難しい議論の内容の理解を促す働きをもっているね。

④ **生徒D**――第9段落第三文「一定の魅力を持つ」という表現は、「十分ではないがそれなりの魅力を持つ」という意味で、被告人Xの主張だけでなく最高裁の考え方にも説得力がそれなりにある、という筆者の評価を示しているものだな。

⑤ **生徒E**――第14段落第一文「キング牧師の公民権運動を思い起こしてみよう」という表現は、市民的不服従の問題を歴史的事実に置き換えて、より広い視点から考察しようとするものだと言えるんじゃないかな。

要約問題 **【文章】**を二〇〇字以内で要約せよ。

論点解説

法哲学——悪法に従う義務はあるか？

「こんなきまりになぜ従わなければならないのか」、「このような規則に従わないことでなぜ罰せられなければならないのか」と感じたことはないだろうか。また、「ブラック校則」と呼ばれる不条理な校則に苦しむ多くの生徒がいると報じられている。そもそも「きまり」とは「法」とは一体何なのか。なぜその「きまり」や「法」に従う義務があるのか。これらの根本的な問いに答えようとする学問として「法哲学」がある。

法哲学の学問としての領域は広範で深いが、ここではその一部の概略を示したい。共通テストで実用的文章が出題されることになり、その一例として契約書などの法的文章が示されている現在、法的なものについての根本的な視点を学ぶことは、現代文の学習にとって必須なものである。

要点1　法哲学

「**法哲学**」とは、法に関する原理的・基本的問題を研究する学問分野である。法哲学には二つの基本問題がある。一つは「**法とは何か**」であり、これは「**法概念論**」と呼ばれている。もう一つは「**法とは何であるべきか**」であり、これは「**正義論**」と呼ばれている。以下ではこの二つの問題を順に解説する。

なお、このように書くと「法哲学とはやはり抽象的で難しく、興味がわかない」と思われる危険性があるので急いで付け足すが、法哲学の実戦的な論点としては、今回問題として取り上げた「悪法に従う義務はあるか？」以外にも、「自分の臓器を売ることは許されるべきか？」、「犯罪者を薬物で改善してよいか？」、「チンパンジーは監禁されない権利を持つか？」、「女性専用車両は男性差別か？」、「国家は廃止すべきか？」（瀧川裕英編『問いかける法哲学』目次より）など様々なものがある。いかがだろうか。一つでも興味を感じたものがあれば、あなたはもう法哲学の入り口から一歩その内部に歩を進めたことになる。

▼法哲学……法に関する原理的・基本的問題を研究する学問分野。
□法概念論……法とは何かについての議論。
□正義論……法とは何であるべきかについての議論。

要点2　法概念論

「法とは何か」については、歴史的に大きく二つの対立する立場がある。

❶**「自然法論」**。特定の社会において、法律・慣習・判例などの人間の行為によって作られた具体的な法を**「実定法」**というのに対し、**人間の本性から自然に（実定法に優先して）生じ、時代や場所を超越して永遠不変の妥当性（＝正しさ）を持つと考えられる法を「自然法」という**。そして、実定法の上位にこのような「自然法」の存在を認める立場を**「自然法論」**という。自然法論においては、自然法は当然妥当性を有するので、法と道徳とは連接していると考えられる。また、実定法も自然法と同様の正義を実現すべきものであると考えられるので、**悪法は法ではない、従って悪法に従う義務もない**、という結論になる。

❷**「法実証主義」**。**実定法のみを法であるとして、自然法の存在を認めない立場を「法実証主義」という**。今日の法哲学者の多くはこの立場をとっている。法実証主義の内容は論者によって様々であるが、共通しているのは「法と道徳の間、すなわち、『ある法』と『あるべき法』の間には必然的連接はない」という点である。法と道徳を区別する以上、**悪法も法と認める**。しかし、法と認めることと、それに従うべきか否かということは別のこととして考察されている。

【文章】の4に示された四つの考え方のうち、①は自然法論に、②・③・④は広義の法実証主義に分類される。

▼**法概念論**……法とは何か。

❶**自然法論**……人間の本性から自然に生じ、永遠不変の妥当性を持つと考えられる法（＝自然法）の存在を認める立場。

⇩悪法は法ではなく、悪法に従う義務もない。

↕

❷**法実証主義**……実定法のみを法であるとして、自然法の存在を認めない立場。

⇩悪法も法だが、それに従うべきか否かは別のことである。

要点３　正義論

「法とは何であるべきか」については、歴史的にそして現在でも大きく四つの考え方が対立している。ここでは、現代文の学習に役立つように、広く政治哲学や倫理思想まで含めたものとして**「正義とは何か」**についての四つの考え方の概略を説明する。

❶**「功利主義」**。**行為や制度の正邪の基準を、その結果として生じる効用に求める立場**。一八～一九世紀イギリスの思想家ベンサムにより体系づけられた。**「最大多数の最大幸福」**というスローガンに表されている通り、個人の効用（≒快楽）を社会全体ですべて足し合わせたものを最大化することを重視する。**社会全体の利益を重視する点**で、自己の利益のみを重視する「利己主義」とは異なる。

❷**「自由主義・リベラリズム」**。**理性を有する個人の価値を重視し、個人の自由と平等を目指す立場**。❸との区別を明確にするために**「自由平等主義」**と呼ばれることもあり、この立場をとる者を**「自由（平等）主義者・リベラリスト」**と呼ぶ。一八世紀ドイツの哲学者カントによって基礎づけられた。理性によって自律する道徳的主体である個人は、生まれながらに侵しがたい**基本的人権**を有すると考え、基本的人権を制約するような国家の介入を抑制しようとする。

現代世界の多くの社会はこの考えを基本理念としていると考えられるが、**自由**だけでなく**平等**をも求めるため、特に経済活動に関しては、**自由**が強調されて「小さな政府」が求められたり、社会的格差が拡大する状況に対しては**平等**が強調されて福祉国家としての「大きな政府」が求められたりと、時代により論者により主張内容には大きな幅がある。

❸ **「自由至上主義・リバタリアニズム」。個人の完全な自由を何よりも重視する立場。**この立場をとる者を**「自由至上主義者・リバタリアン」**と呼ぶ。❷が自由のみならず平等をも目指そうとするのに対し、この立場は**自由**を何よりも重視するため、経済的格差（不平等）は公正な競争の結果として認めるべきだとする。**私有財産制**を、個人の自由確保のための必要不可欠な制度とし、国家による徴税を私有財産権の侵害とみなし、税によって福祉サービスが行われる（**「富の再配分」**）**福祉国家**を否定する。

❹ **「共同体主義・コミュニタリアニズム」。人間存在の基盤としての「共同体」の価値を重んじる立場。**二〇世紀後半のアメリカを中心に発展してきた。この立場をとる者を**「共同体主義者・コミュニタリアン」**と呼び、アメリカの政治哲学者サンデルが有名である。個人と社会との関係について、❷と❸はともに、自律する個人を出発点としてその後に社会が存在すると考えるのに対し、この立場は、個人は共同体に属しその価値観を身につけることによって初めて個人となると考える。しかし、共同体の価値観を重視するといっても、個人を抑圧する全体主義ではなく、個人の自由や基本的人権を尊重しながらも、個人の存在の根源にあるその個人が生育した共同体の「共同善」をも重んじようとするものである。

▼**正義論**……法とは何であるべきか。正義とは何か。
❶ **功利主義**……行為や制度の正邪の基準を、その結果として生じる効用に求める立場。
❷ **自由主義・リベラリズム**……理性を有する個人の価値を重視し、個人の自由と平等を目指す立場。
❸ **自由至上主義・リバタリアニズム**……個人の完全な自由を何よりも重視する立場。
❹ **共同体主義・コミュニタリアニズム**……人間存在の基盤としての「共同体」の価値を重んじる立場。

要点4　悪法問題とソクラテス

「悪法問題」とは、**「悪法でもそれに従う道徳的義務はあるのか」**という問題である。

そして、**【文章】**は「どぶろく裁判」を具体的題材として、この問題をどう考えるべきかを論じたものである。「悪法問題」は、単に法哲学という学問上の問題であるだけではなく、誰にとっても身近な生活上のきまり（例えば校則や様々な法律など）に関わる根本的な視点を考える契機となるものとして捉えてほしい。

そして、「悪法問題」といえば、**「悪法もまた法である」**として、誤った判決に従って死んだ古代ギリシアの哲学者ソクラテス以来、歴史的に長く議論されてきた問題である（**【資料Ⅲ】**）。ここでは、一般に理解されているように、**ソクラテスはどのような法であってもそれには従わなければならないと考えていたのか**、という点を中心に概観する。

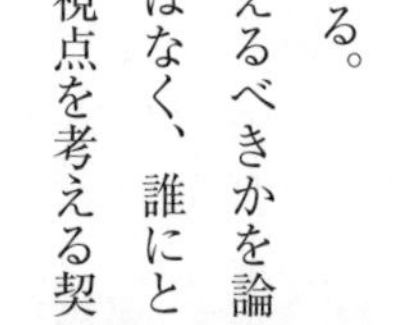
ソクラテス

❶ **ソクラテス**（前四六九年頃―前三九九年）**とは？**　古代ギリシアの哲学者。アテナイに生まれる。「ソクラテス以上の賢人は一人もいない」というアポロン神のお告げに驚いたソクラテスは、それを検証するために当時賢人とされていた人々を訪ね、対話を行った。その結果、賢人と呼ばれる人々は自らの無知を自覚していないが、自分は無知を自覚していることを知り（「**無知の知**」）、神のお告げの正しさを確信して、以後対話により相手の誤った考えを打ち壊し真の知恵すなわち無知の自覚にいたらせること（「**哲学的対話**」）を自らの天職として生きていく。

❷ **裁判と死刑。**　ソクラテスは、哲学的対話によって無知を指摘された人々に憎まれ、「アテナイの国家が公認する神々とは異なる神々を信じ、若者を堕落させた」罪状で告発され、公開裁判にかけられた。ソクラテスは、約５００人の陪審員に対し自らの無実の弁明（「**ソクラテスの弁明**」）をしたが認められず有罪宣告が、次いで死刑判決が下された。死刑執行までの間に牢獄を友人のクリトンが訪れソクラテスに脱獄を勧めたが、ソクラテスは逆にクリトンを説得して脱獄せず、当時の死刑執行の方法である毒杯を飲み死んだ。

❸ **なぜ死刑を受け入れたのか？**　裁判時、ソクラテスが「**哲学的対話**」活動の放棄を誓っていたならば、死刑を免れること

はできた。それにもかかわらず、「**哲学的対話**」活動を放棄せずに、**ソクラテスはなぜ死刑を受け入れたのか**。これこそが「**悪法問題とソクラテス**」を考える際の中心的な問題である。ソクラテスは、「**不正は断じて行わない**」ことを生活信条としており、国法に従わないことは不正であると考えていた。しかし、他方で「**哲学的対話**」**活動を行うことは神によって与えられた天職であり、国法に非がある場合には、それを説得すること自体が**「**哲学的対話**」活動だった。そこでソクラテスは、彼が受けた不当な判決の不当性を説得（「**哲学的対話**」）しようとしたがそれに失敗したため、国法に従って死刑を受け入れたのである。ソクラテスは、「**どんな悪法にも無条件に従うべきだ**」と主張したわけではなかった、と考えられている。

▼悪法問題とソクラテス

□**悪法問題**……悪法でもそれに従う道徳的義務はあるのか、という問題。

□**ソクラテスが死刑を受け入れた理由**……ソクラテスは、国法に非がある場合にはそれを説得することが、彼の天職である「哲学的対話」だと考えていた。しかし、不当な判決の不当性を説得することに失敗したため、死刑を受け入れた。

※ソクラテスは「どんな悪法にも無条件に従うべきだ」と主張したわけではなかった。

実用的文章とは？

共通テストで出題されることがある「実用的文章」とは、現代の社会生活で必要とされる文章のことをいう。二〇二二年度から実施される新学習指導要領で国語の共通必履修科目となる「現代の国語」の学習目標の一つに「**実社会に必要な**国語の知識や技能を身に付ける」ことが挙げられていることに対応しており、共通テストではそれを先取りする形で出題される。具体的には、文部科学省が示したサンプル問題や試行テストでは、高校の生徒会規約・駐車場の契約書・法律の条文・自治体の広報のための資料などがある。また、出題の形式としては、

①「実用的文章」が「論理的文章」と組み合わされて出題される形
②「実用的文章」が単独で（資料や会話文などと組み合わされて）出題される形

が考えられる。この問題集でも、例題（論理的文章＋憲法条文）と類題6（論理的文章＋酒税法条文など）が①に対応するように、類題5の説明的文章の読解が②に役立つように作られている。また、各類題の資料・図表など、実用的文章読解の学習に役立つ資料が多数載っている。

「実用的文章」の読解にあたっての注意点は、

① 文章や資料等から**事実を正確に読み取る**こと
② 資料等には設問を解くために不必要な情報も多く含まれているから、**必要な情報を素早く探し出す**こと
③ 資料等を読み取る時には、**文章のどの部分と関係しているのか**を意識すること
④ 設問の選択肢は**細かい点まで文章や資料等と照らし合わせる**こと

がある。しかし、心配しすぎる必要はない。論理的文章や文学的文章と比べて、**読解力より情報処理能力が求められているので、まずは出題形式に慣れていく**ことが大切だ。

次の【文章Ⅰ】は夏目《なつめ》漱石《そうせき》の『夢十夜』の中の「第一夜」の全文であり、【文章Ⅱ】は高山宏《たかやまひろし》の『夢十夜を十夜で』の一部である。【文章Ⅱ】は、大学教授である筆者が、「こんな授業をした。あるいは授業が続くこんな夢を見た」という形で書かれたものである。これらを読んで、後の問い（問1〜6）に答えよ。なお、本文の段落にそれぞれ番号を付している。

【文章Ⅰ】

1 こんな夢を見た。

2 腕組をして枕元に坐《すわ》っていると、仰向《あおむき》に寝た女が、静かな声でもう死にますと云《い》う。女は長い髪を枕に敷いて、輪郭《りんかく》の柔らかな(ア)瓜実顔《うりざねがお》をその中に横たえている。真白な頬の底に温かい血の色がほどよく差して、唇《くちびる》の色は無論赤い。とうてい死にそうには見えない。しかし女は静かな声で、もう死にますと判然《はっきり》云った。自分も確《たしか》にこれは死ぬなと思った。そこで、そうかね、もう死ぬのかね、と上から覗《のぞ》き込むようにして聞いて見た。死にますとも、と云いながら、女はぱっちりと眼を開《あ》けた。大きな潤《うるおい》のある眼で、長い睫《まつげ》に包まれた中は、ただ一面に真黒であった。その真黒な眸《ひとみ》の奥に、自分の姿が鮮《あざやか》に浮かんでいる。

3 自分は透《す》き徹《とお》るほど深く見えるこの黒眼の色沢《つや》を眺めて、これでも死ぬのかと思った。それで、(イ)ねんごろに枕の傍へ口を付けて、死ぬんじゃなかろうね、大丈夫だろうね、とまた聞き返した。すると女は黒い眼を眠そうに睜《みはっ》たまま、やっぱり静かな声で、でも、死ぬんですもの、仕方がないわと云った。

4 じゃ、私《わたし》の顔が見えるかいと一心に聞くと、X見えるかいって、そら、そこに、写ってるじゃありませんかと、にこりと笑って見せた。自分は黙って、顔を枕から離した。腕組をしながら、どうしても死ぬのかなと思った。

5 しばらくして、女がまたこう云った。

「死んだら、埋めて下さい。大きな真珠貝で穴を掘って。そうして天から落ちて来る星の破片《かけ》を墓標《はかじるし》に置いて下さい。そうして墓の傍に待っていて下さい。また逢《あ》いに来ますから」

6 自分は、いつ逢いに来るかねと聞いた。

「日が出るでしょう。それから日が沈むでしょう。それからまた出るでしょう、そうしてまた沈むでしょう。——赤い日が東から西へ、東から西へと落ちて行くうちに、——あなた、待っていられますか」

7 自分は黙って首肯《うなず》いた。女は静かな調子を一段張り上げて、

「百年待っていて下さい」と思い切った声で云った。

「百年、私の墓の傍に坐って待っていて下さい。きっと逢いに来ますから」

8 自分はただ待っていると答えた。すると、黒い眸のなかに鮮に見えた自分の姿が、ぼうっと崩《くず》れて来た。静かな水が動いて写る影を乱したように、流れ出したと思ったら、女の眼がぱちりと閉じた。長い睫の間から涙が頰へ垂れた。——もう死んでいた。

9 自分はそれから庭へ下りて、真珠貝で穴を掘った。真珠貝は大きな滑《なめら》かな縁《ふち》の鋭《する》どい貝であった。土をすくうたびに、貝の裏に月の光が差してきらきらした。湿った土の匂《におい》もした。穴はしばらくして掘れた。女をその中に入れた。そうして柔らかい土を、上からそっと掛けた。掛けるたびに真珠貝の裏に月の光が差した。

10 それから星の破片の落ちたのを拾って来て、かろく土の上へ乗せた。星の破片は丸かった。長い間大空を落ち

ている間《ま》に、角が取れて滑かになったんだろうと思った。抱き上げて土の上へ置くうちに、自分の胸と手が少し暖くなった。

11 自分は苔《こけ》の上に坐った。これから百年の間こうして待っているんだなと考えながら、腕組をして、丸い墓石《はかいし》を眺めていた。そのうちに、女の云った通り日が東から出た。大きな赤い日であった。それがまた女の云った通り、やがて西へ落ちた。赤いまんまでのっと(注1)落ちて行った。一つと自分は勘定した。

12 しばらくするとまた唐紅《からくれない》(注2)の天道《てんとう》がのそりと上《のぼ》って来た。そうして黙って沈んでしまった。二つとまた勘定した。

13 自分はこう云う風に一つ二つと勘定して行くうちに、赤い日をいくつ見たか分らない。勘定しても、勘定しても、しつくせないほど赤い日が頭の上を通り越して行った。それでも百年がまだ来ない。A しまいには、苔の生えた丸い石を眺めて、自分は女に欺《だま》されたのではなかろうかと思い出した。

14 すると石の下から斜《はす》に自分の方へ向いて青い茎が伸びて来た。見る間に長くなってちょうど自分の胸のあたりまで来て留まった。と思うと、すらりと揺《ゆら》ぐ茎の頂《いただき》に、心持首を傾《かたぶ》けていた細長い一輪の蕾《つぼみ》が、ふっくらと弁《はなびら》を開いた。真白な百合《ゆり》が鼻の先で骨に徹《こた》えるほど匂った。そこへ遥《はるか》の上から、ぽたりと露が落ちたので、花は自分の重みでふらふらと動いた。自分は首を前へ出して冷たい露の滴《したた》る、白い花弁《はなびら》に接吻《せっぷん》した。自分が百合から顔を離す拍子《ひょうし》に思わず、遠い空を見たら、暁《あかつき》の星がたった一つ瞬《またた》いていた。

B 「百年はもう来ていたんだな」とこの時始めて気がついた。

(夏目漱石『夢十夜』による)

(注) 1 のっと――ぬっと。太陽ののぼり沈みのさまなどに形容する。芭蕉に「梅が香にのつと日の出る山路かな」という句がある。

2 唐紅の天道――深紅の太陽。

【文章Ⅱ】

1　男が一人、女が一人いて、女の死後、女との再会の約束を守って百年待った男の、女に対する純愛の物語という一点で全部(注1)の学生の意見は一致した。寿命の尽きることを考えると百年待つなんて不可能でないかというまっとうな質問がひとつあったけれど、いきなりこれは夢なのだと断り書きある文章である以上、それもオーケーなのだ。というより、そうやって不可能、不可能と言って諸事切ってすてるあさましい世界を糺《ただ》し、癒すために「夢」が発明されたのだと言うべきではないか。そも夢とは何か、夢をささやかにも紙上に可視化する物語とは何か。それもかつてはバロックと呼ばれ、この頃ではマニエリスムとも称される人々の生き方と芸術表現の一様態が自からの必然とした大テーマなので、ここ当分、そもそも夢とは何で、何故《なぜ》人々はある条件である夢を見るのか、「夢を見る」と言うが、そもそも「見る」ことと「夢」との関係やいかにと、すべて何となく当然のことのように思わず夢中で考え詰めてくれると有難い。

2　たった(注2)ひとつ示された材料では何を話そうと話は茫々《ぼうぼう》と取り止めもなく広がって、大風呂敷な前ふりばかりになる。参加したG嬢の「百年待つというのもこの場合にはほどよい気がする。十年では現実味があって夢に合わないし、千年では百合と相性が悪い」とか、K嬢の「百合の〈百〉と『百年待っていて下さい』がかけられていて、実際には百年も待っていなかったのではないかとも思いました」という答《こたえ》を紹介して、百年というのは現実には無理とする他の何人かの懐疑派の疑問に答えることをもって九十分の白熱授業は始まった。「百」年待って「合」うから「百合」なんだね、と。なんだ言葉の遊びじゃないか、それってという感じが何人かの顔にありありだったが、実はそれこそがかの神経医学のパイオニア、ジークムント・フロイトのいわゆる「機知語《ヴィッテ》（*Witte* 英語ならwit《ウィット》）」であり、二〇世紀初頭のそのフロイトの「機知語」「始原語」「言い間違い」の論に絶妙に蘇った一六世紀マニエリスム（と、一八世紀末の「蘇るマニエリスム [Mannerism *redivivus*]」）たるロマン主義が得意《えて》とした、見掛け上限りなく遊戯的な「文学」という表現営為の正体なのだ。この十コマ授業が終了する時、何人の学生がそこまで了解してくれているものやら、だ。しかも、これ以上こみ入った授業で留学生がいなくなってしまうのも「国際系」学部の禄《ろく》を食《は》む立場としては申し訳ないし。ま、やるだけやってみるさ。

3 夢見た主体であり、それを物語として我々に語る主体でもあるらしい男は、たしかにいるのだが、愛される客体としての女は本当にいるか、が第一のポイントである。「見る」と「見られる」の関係や如何《いかに》、と言っても良い。「女の描写、真っ白な頰、温かい血の色、唇の赤、真黒な眸と、情況はよく分からないが、情景はよく伝わってくる。なかでも眼はポイントだと思う。潤があり、透き徹っていて、色沢がある。その眼に〈自分〉が鮮やかに浮かんでいる。そして一番不思議に感じる台詞を女は言う。『そら、そこに、写っているじゃありませんか』。私たちがなにかを見ているときは、それが自分の眼に写っているとはあまり言わないと思う」と、G嬢は書いている。

4 たしかに目のテーマは印象的だし、それらの（その）目がする「見る」という営みが全体を一貫する大テーマである。「こんな夢を見た」という一見何でもなさそうな出だしで始まる「夢」の本体は、腕組みしたまま、仰向けに見上げる美しい女を上から覗きこんでいる男の目に発して、その女の目が払暁の天上に投影されたかの「暁《あかつき》の星」を見上げて終《おわ》る。男の目、そして結局は比喩として「男の目」が見、とはつまりその眼前に創りだしていく「近代」精神、「近代」の世界像の物語になっていくのだろうと想像される。男も女も互いに相手を自分の目の中に見ている。勝負はイーヴンと言え、描かれているのは男一人、女一人の永遠に亘《わた》る至純の愛であるように感じられる。提出されたレポートを見る限り、この点にはひとつの異論もないようだ。

5 問題の「見えるかいって、そら、そこに、写ってるじゃありませんか」という女の台詞は、見ている男を女の目も見ていることを示している。が問題は、女は死に、女がつまりは見る存在を止め、一方的に見られるだけのものに――まずは一輪《ひとひら》の花に、そして天上の星に――化す点だ。ある種の「目」の生成の物語として面白く読めそうなのは、男と女が互いに見つめ合っている前半と、女の不在が幻想の女をうむ後半がきちんと分量的に折半《せっぱん》され、しかもこの前後関係にちゃんと意味があるらしい点である。この前半と後半を分けるのは「もう死んでいた」という呆気《あっけ》ない一文である。女が死んでくれて物語はやっと核心に入ることができる。C さしたる理由もないのに、そして元気そうで、とても死にそうにも見えないのに突然、唐突にという感じで女を死なせるこの物語の「欲望」がポイントだ。何が何でも「もう死にます」を連発し、予言通り、シナリオ通りに死んでいく女に、不思議な謎《エニグマ》を感じるところから「〈ブンガク〉への解釈」が始まる。綺麗な女に死なれ、男はこんなふうに悲しむものなのか、愛って、ああ男と女って！という「印象」以上のものが出てこないとしても、それはそれで結構だ（これからの一〇回の授業で、こういう素直な「印象」を(ウ)憫笑《びんしょう》するきみ、あなたをつくってしまうだろうことに、解釈の愉悦という毒をたらしこむことを業《なりわい》とする自分は些《わず》かの躊躇《ちゅうちょ》を覚える）。

（高山宏『夢十夜を十夜で』による）

（注）1　この文章は「授業」前にあらかじめ学生に文章を読ませ、読後レポートを提出させた上で「授業」が行われている、という設定で書かれている。

2　あらかじめ学生に配られたプリントには本文のみが印刷されており、この文章が夏目漱石の『夢十夜』であるとは知らされていない、という設定で書かれている。

問1　傍線部(ア)〜(ウ)の本文中における意味として最も適当なものを、次の各群の①〜⑤のうちから、それぞれ一つずつ選べ。解答番号は［1］〜［3］。

(ア)「瓜実顔」［1］
① 瓜の種に似た、丸く大きな、昔醜いとされた顔
② 瓜の実に似た、細くて平らな、昔美しいとされた顔
③ 瓜の種に似た、しもぶくれの、昔美しいとされた顔
④ 瓜の実に似た、あごがとがった、昔醜いとされた顔
⑤ 瓜の種に似た、やや面長の、昔美しいとされた顔

(イ)「ねんごろに」［2］
① 思い切って
② しつこく
③ 甘えるように
④ 心をこめて
⑤ いたずらに

(ウ)「憫笑する」［3］
① なまめかしく笑う
② 思わず笑う
③ あわれんで笑う
④ ほがらかに笑う
⑤ あざけり笑う

問2　傍線部A「しまいには、苔の生えた丸い石を眺めて、自分は女に欺されたのではなかろうかと思い出した」とあるが、女の死後ここにいたるまでの「自分」の心情の移り変わりに関する説明として最も適当なものを、次の①〜⑤のうちから一つ選べ。解答番号は［4］。

①日の沈む前に女を埋葬することができて、少し安心感を覚えた。その後苔の上に坐って、女の願い通り自分は百年待つことができるかどうか不安を感じた。やがて日が沈み、女の言った通りだと納得した。しかし、長い年月待つうちに、女を信じた自分が間違っているのではないかと思うようになった。

②女の言葉通りに埋葬することができて、少し満足感を覚えた。その後苔の上に坐って、これからの百年という長い時間を思ってくじけそうになった。日が昇り日が沈むと、女の言った通りだと感心した。しかし、短い月日しか経たないうちに、女の言葉を疑うようになった。

③女の願い通りに埋葬することができて、少し安堵感を覚えた。その後苔の上に坐って、これから待つであろう時間の流れに思いをはせた。朝になり夜が来て、女の言った通りだと納得した。しかし、長い年月待つうちに、女の言葉に疑念を感じるようになった。

④星の破片という珍しいものを墓標にできて、少しほっとした。その後苔の上に坐って、これから続くであろう長い時間を待つことが自分の運命だと思った。日が昇り日が沈むと、女の言葉が正しいと感じた。しかし、短い月日しか経たないうちに、女の言葉に疑問を抱くようになった。

⑤女を埋葬することで、女の死の直後よりいっそう強い喪失感を覚えた。その後苔の上に坐って、百年待つという強い決意を再確認した。朝になり夜が来て、女の言った通りだと感心した。しかし、長い年月待つうちに、女の言葉に疑問を感じるようになった。

問３　傍線部Ｂ「『百年はもう来ていたんだな』とこの時始めて気がついた」とあるが、そのように気がついた理由に関する説明として明らかに**適当でないもの**を、次の①〜⑤のうちから一つ選べ。また、**該当する選択肢がない場合は⓪を選べ**。解答番号は［5］。

⓪（該当する選択肢はない。）

①どれくらいの年月が経ったのかわからなくなり、女の言葉を疑い出すと、それに応えるように自分に向けて咲いた百合は女の化身だと感じ、女が逢いに来たと感じたから。

②どれくらいの年月が経ったのかわからなくなっていたが、眼の前に開いた百合の花の匂いは骨に徹えるほどであり、女の匂いと同じであったため、女が逢いに来たと感じたから。

③どれくらいの年月が経ったのかわからなくなっていたが、眼の前に咲いた百合の色は真白であり、それは女の真白な頬を思い出させ、女が逢いに来たと感じたから。

④どれくらいの年月が経ったのかわからなくなっていたが、百合に落ちた露や暁の星が女の潤のある真黒な眸を思い出させ、女が百合となって逢いに来たと感じたから。

⑤どれくらいの年月が経ったのかわからなくなっていたが、眼の前に花弁を開いた百合は女の化身だと思い、女が逢いに来たのだから百年経ったのだと知ったから。

問4 傍線部C「さしたる理由もないのに、そして元気そうで、とても死にそうにも見えないのに突然、唐突にという感じで女を死なせるこの物語の『欲望』がポイントだ」とあるが、その説明として最も適当なものを、次の①～⑤のうちから一つ選べ。解答番号は 6 。

① この物語は、顔の色つやがよく死ななければならない理由も示されない女に、「仕方ないわ」と言わせた上でだしぬけに死なせている。女がなぜ死ぬことを欲望したのかを謎と感じるところから、文学への解釈が始まる、ということ。

② この物語では、女は「もう死にます」と静かに言うが、外見上は死ぬようには思えない。しかし、再会を約束した後で、女は死んでしまう。女がなぜ強く再会を欲望したのかを解明するところから、文学への解釈が始まる、ということ。

③ この物語では、女は「死にますとも」と言った上で、涙を流しながら覚悟の自殺を遂げている。なぜこの女が自殺したのか、その理由を解明しようとするところにしか、文学を解釈する方法はない、ということ。

④ この物語は、血色がよく死にそうには見えない女に、「死ぬんですもの」と言わせた上であっけなく死なせている。この物語が女を死なせる必然性はどこにあるのかということを考えるところから、文学への解釈が始まる、ということ。

⑤ この物語は、「自分」から見ればまったく死にそうにない女に、「百年待っていて下さい」と言わせた上であっさりと死なせている。この物語が女を死なせたことを謎として解明しようとするところから、文学への解釈が始まる、ということ。

問5 次に示すのは、二重傍線部X「見えるかいって、そら、そこに、写ってるじゃありませんか」について、**【文章Ⅰ】**と**【文章Ⅱ】**を読んだ生徒たちが行ったグループ検討会での五人の生徒たちの発言である。それらの中で明らかに**適当でないもの**を、①〜⑤の中から**二つ**選べ。ただし、解答の順序は問わない。解答番号は 7 ・ 8 。

① **生徒A**——これは、「私の顔が見えるかい」という男の質問に対する女の返事だから、当然、「そこに、写ってるじゃありませんか」の「そこ」というのは、相手の男の眼を指していると考えられるね。

② **生徒B**——そうかな。**【文章Ⅱ】**の第3段落のG嬢のレポートにもある通り、女の言う「そこ」とは自分の眼を指していて、「自分の眼にあなたの顔が写っているのだから、あなたの顔が見えている」と言ったのではないかな。

③ **生徒C**——**【文章Ⅱ】**では、この女の台詞は女も男を見ていることを示しているとしながら、より大きな問題として、女が死ぬことによって見られるだけの存在となる点を指摘しているね。

④ **生徒D**——そうね。見られるだけのものになる、というのは、女が死んだ後、女が百合の花や男が見上げる暁の星や星の破片と化している、という解釈を前提としたものよね。

⑤ **生徒E**——人が死後様々なものに化身するということは、現実にはないことだろうけれど、**【文章Ⅰ】**は「こんな夢を見た。」で始まっているから、それほどの違和感なしに読むことができるね。

問6　【文章Ⅰ】と【文章Ⅱ】の表現について、次の(i)・(ii)の問いに答えよ。

(i)　**【文章Ⅰ】**の表現に関する説明として適当なものを、次の①〜④のうちから一つ選べ。また、**該当する選択肢がない場合は⓪を選べ。**解答番号は 9 。

⓪（該当する選択肢はない。）
① 読者の視覚に訴える表現はあるが、嗅覚に訴える表現はない。
② 二人の台詞は、カギカッコがあるものは実際の発言で、ないものは心の中の思いと、区別されている。
③ 第4段落の「にこりと」のように擬声語は多用されているが、擬態語は使われていない。
④ 地の文は大部分が男の視点から描かれているが、部分的に女の視点も取り入れられている。

(ii)　**【文章Ⅱ】**の表現に関する説明として明らかに**適当でないもの**を、次の①〜④のうちから一つ選べ。また、**該当する選択肢がない場合は⓪を選べ。**解答番号は 10 。

⓪（該当する選択肢はない。）
① 第1段落最終文の「夢中で」は、文学にとって重要だと筆者が考える言葉遊びの一例として書かれたものである。
② 第2段落の「何人の学生がそこまで了解してくれているものやら、だ。」という教授としての筆者の本音は、

授業では知りえない側面を知る楽しさを読者に与えている。
③ 第1段落の「断り書きある文章」という助詞が省略された表現や、「そも夢とは何か」というような短い一文は、文章の中でアクセントとなり、文章にスピード感を与えている。
④ 学生のレポートを引用することで、授業の臨場感を感じさせながらも、文学解釈についての未熟な点を批判的に取り上げている。

文学的文章読解の基本原則

最後に、文学的文章読解の基本原則の説明をしよう。ここで「文学的文章」とは、小説だけではなく、詩・短歌・俳句なども含むものである。今後の共通テストでは小説だけでなく、詩や短歌なども「文学的文章」として出題される可能性があるが、一部の私立大学の一般入試や国公立大学の二次試験では、従来から「文学的文章」が出題されている。それらに共通する対策としての原則を身につけてほしい。

読解の基本4原則

【原則1】

「事実」をつかむことを意識して読む。

文学的文章では、登場人物の「心情」の理解が問われることが多いが、その前提として「事実」を把握する必要がある。「事実」の正確な理解があってはじめて「心情」の理解が可能になるからである。では、「事実」とは何か。

❶ **人物像**……登場人物についての情報を正確につかもう。

❷ **出来事**……特に「**時間の前後関係**」に注意しよう。書かれていることが、時間の順序の通りであるとは限らない。過去の出来事を思い出す「回想場面」が含まれていることを読み取れているか問われ

ることも多い。

この二点が「事実」である。これらを正確につかもう。

【原則2】

「場面」の転換を意識して読む。

「場面」とは、論理的文章での「意味段落」に相当するもので、❶**時（いつ）**、❷**場所（どこ）**、❸**登場人物（だれ）**の三つの要素で成り立っている。つまり、❶・❷・❸のどれか一つが変化したならば、「場面」が転換したことになる。その中で最も重要なのは❶の「**時**」である。例えば「日が暮れた」のように、時間の経過・変化を表す言葉には注意しよう。

「場面」転換が重要な理由は、

●場面が変われば、心情は断絶する

からである。**【原則3】**で述べる通り、同一場面での心情は変化しつつもつながっている。しかし、時が変化すればそのつながりが断ち切られるのである。例えば「十年たった」とあれば、その前後での心情には（特に明記されていない限り）つながりはない。ただし、すべての場面を通底している心情がある場合もある。

【原則3】

「心情」をつかむことを意識して読む。

文学的文章の出題の中では、登場人物の「心情」の理解が問われることが最も多い。「心情」は、

❶心情の直接表現（心情語）、❷台詞、❸行動、❹情景描写、の形で表現されていることを知っておこう。❹の「情景描写」とは、心情とつながりのある風景等の描写のことをいう。例えば、明るい陽光を描くことで人物の明るい心情を表現するようなものをいう。

次に、ある傍線部での心情が問われた場合は、

●人物像をもとに、同一場面内の前後の心情・行動とつなげて、合理的に推測する

ことが大切である。同一場面での心情は変化しつつもつながりがある。その変化とつながりを意識することで、傍線部における書かれていない心情を合理的に推測できるのである。

【原則４】

冷静に客観的に読む。

文学的文章を読むときは、登場人物に感情移入をするなど、つい感情的で主観的な読み方になってしまうことがある。個人の楽しみとして読む場合はそれでよいのだが、試験では本文中にある答えの根拠を冷静に客観的に探すことが大切である。

共通テストでの文学的文章の出題

共通テストでは、文学的文章についても、一つの大問で複数の文章が出題される可能性がある。

複数文章の「組み合わせ」としては、

❶小説＋文芸評論
❷小説＋随筆文
❸詩・短歌・俳句＋随筆文
❹小説＋小説
❺小説＋詩・短歌・俳句

などが考えられる。

解答する時に大切なことは、**二つの文章の関係を意識すること**である。すなわち、「**組み合わせ**」❶・❷・❸では、「文芸評論」（❶）と「随筆文」（❷・❸）が**鑑賞文**となると考えられるが、鑑賞文が文学的文章読解のヒントになるので、**鑑賞文の内容が文学的文章のどの部分に対応しているかをつかむ**ようにしよう。

「**組み合わせ**」❹・❺は文学的文章どうしの組み合わせとなるが、この場合は、二つの文章のテーマ・モチーフ（主題）に、ⓐ共通性がある、ⓑ対比的である、など、様々なパターンが考えられる。それらを意識するようにしよう。

笹岡信裕（ささおか・のぶひろ）

兵庫県生まれ。早稲田大学教育学部国語国文学科卒。現在は、早稲田予備校を中心に教鞭をとる。著書に『早稲田の国語』（教学社）があり、執筆協力に『ちくま評論選問題集』（筑摩書房）がある。

羽場善明（はば・よしあき）

東京都生まれ。東京大学法学部政治学科卒。広告代理店、外資系企業に勤務の後、現在は、四谷学院を中心に教鞭をとる。

編集協力　翔文社

ブックデザイン　宇那木孝俊

複数資料《ふくすうしりょう》×最新論点《さいしんろんてん》で学《まな》ぶ
大学入学《だいがくにゅうがく》共通《きょうつう》テスト
現代文《げんだいぶん》 対策問題集《たいさくもんだいしゅう》

2020年10月10日　初版第1刷発行

編著者　笹岡信裕（ささおか・のぶひろ）、羽場善明（はば・よしあき）

発行者　喜入冬子

発行所　株式会社 筑摩書房
東京都台東区蔵前2-5-3　〒111-8755
電話　03-5687-2601（代表）

印刷・製本　大日本法令印刷

ISBN 978-4-480-91088-2 C7081

複数資料×最新論点で学ぶ

大学入学 共通テスト 現代文 対策問題集

解答・解説編

筑摩書房

目次

例題解説

対立する意見

―憲法改正

難易度 基本

◇二つの論説文＋三つの資料

解答と配点

設問	解答番号	正解	配点	自己採点欄
1	1	①	各2点	
	2	③		
	3	⑤		
	4	③		
	5	②		
2	6・7	③・④	各3点	
3	8	⓪	8点	
4	9	①	8点	
5	10	⑤	8点	
6	11・12	②・⑤	各5点	
合計				／50点

語句解説

【文章Ⅰ】

2 □有事《ゆうじ》……戦争のようなふだんと変わった事件が起こること。

3 □力こぶが入る……熱心に取り組む。

6 □さしたる……とりたてていうほどの。さほどの。

□棚上げ……ある問題の解決や処理を保留にしておくこと。

11 □基調……根本にある基本的な考え方。

12 □普遍……すべてに通じること。時代や場所をこえても変わらないもの。【対義語】特殊。

【文章Ⅱ】

1 □岐路……分かれ道。

2 □台頭……あるものが勢いを増してくること。

要旨

【文章Ⅰ】

憲法改正によって9条に自衛隊の合憲化を付加するだけでは十分ではない。というのも、朝鮮半島有事の可能性が現実味を帯びてきたからだ。そもそも戦後憲法の基本的な立場には無理がある。なぜなら、戦後世界は9条の根拠である憲法の前文が成り立たない世界だからだ。国防は憲法の前提であるので、憲法によって制限されてはならない。そして、平和主義とは、侵略戦争の否定のことだ。よって、侵略に対する自衛の戦いは平和国家であることと矛盾しない。平和を守るためにも戦わねばならないのだ。その戦いは、普遍的な政治道徳の法則である。世界中で生じる平和への脅威に対してわれわれは積極的に働きかけるべきではなかろうか。

【文章Ⅱ】

我々は憲法9条を堅持し戦後の平和国家の歩みを不変の土台として、国際協調の担い手として生きていくべきだ。戦後日本の平和主義を支えてきた9条を、変えることなく次世代に伝えねばならない。紛争国の再建を手伝い、平和構築の役割を担う自衛隊の活動は、憲法前文の精神に沿うが、その際PKO参加5原則を守らなければならない。また日本にふさわしい非軍事の貢献策は、日本への信頼を育てる。そのようにして専守防衛の9条を「骨格」として堅持し、地域の協調に尽力して、常に冷静な判断を世界に示すことが日本の役割だ。

設問解説

問1

解答と配点

1 ①　2 ③　3 ⑤　4 ③　5 ②　（2点×5）

設問のねらい・解説

(ア)岐路。①＝分**岐**。②＝**企**図。③＝**毀**損。④＝末**期**。⑤＝常**軌**。

(イ)堅持。①＝**顕**微鏡。②＝**健**康診断。③＝**堅**実。④＝**険**悪。⑤＝実**験**室。

(ウ)抑止。①＝海水**浴**。②＝**翌**月。③＝**欲**望。④＝右**翼**。⑤＝**抑**揚。

(エ)節目。①＝**拙**悪。②＝**刹**那。〈きわめて短い時間〉の意。③＝**節**度。④＝応**接**。⑤＝屈**折**。

(オ)緩めて。①＝**閑**話。②＝**緩**衝。③＝**寛**容。④＝**肝**要。⑤＝疾**患**。

問2

解答と配点

6・7　③・④（3点×2）

設問のねらい

●すべての選択肢が本文に書かれている内容なので、単に本文に書かれているかどうかでは選択肢をしぼりこむことはできない。

着眼点

以下の手順で解く。

①「果たして、彼ら（＝野党や多くの「識者」や憲法学者）はA今日の事態についてどのようにいうのであろうか。」とあるのだから、傍線部は〈野党らが述べていない今日の事態〉のことだと分かる（推量表現「であろうか」が使われているということは、まだ起きていないことをあらわしている）。このように、**現代文の問題は、まず、傍線部を含む一文をしっかり読んで、傍線部が何の説明部分であるのかを意識してから、解答根拠を探すようにしよう。**

②次文に「野党も……朝鮮半島情勢にはまったく無関心」とあるので、選択肢のなかから「朝鮮半島情勢」について適切に述べられているものを選ぶ（なお、この朝鮮半島情勢について、野党の多くは、個別的自衛権（自国が武力攻撃を受けた場合は、自国を防衛するために武力の行使で反撃する権利）で対応できるとしていた）。

各選択肢の吟味

①＝1の1文目に書かれているが、朝鮮半島情勢の話ではないので不適切。

②＝1の2文目に書かれているが、朝鮮半島情勢の話ではないので不適切。

③＝2の3文目に書かれており、朝鮮半島情勢の話である。これが正解。

④＝2の最終文に書かれており、朝鮮半島情勢の話である。なお、2の最終文の「こうしたこと」は、2の3〜4文目の朝鮮半島有事の話を指している。**本文中の指示語には敏感に反応しよう。**これが正解である。

⑤＝3の最終文に書かれているが、政治家のスキャンダルや失言は、野党が述べていることであって、朝鮮半島情勢の話でもない。

問3

解答と配点

8 ⓪（8点）

設問のねらい

❶「複数の【文章】を関連付ける」という、共通テストを機に出題されやすくなった設問である。

❷「ゼロマークの設問（＝該当する選択肢がない場合に⓪を選ぶ設問）」という、共通テストを機に出題されやすくなった設問である。

❸ある意見に対する、【文章Ⅰ】と【文章Ⅱ】の筆者の見解の相違を読み取れたかが問われている。

着眼点

以下の手順で解く。

①傍線部の「戦争というような非常事態が生じても」に注意。傍線部は〈たとえ戦争が生じても戦わない〉という、【文章Ⅰ】の筆者が考える護憲派の人たちのなかの極端な意見である。

②傍線部の2文後ろに「しかし、……」とあることから、【文章Ⅰ】の筆者がこの意見を否定的にとらえていることは明らかである。**本文中の接続語**（ここでは「しかし」）**に敏感に反応しよう。**

③【文章Ⅱ】の13・27に着目する。13の「……多国間の対話と、粘り強い外交交渉によって軟着陸をはかるしかない」、27の「……主体的にアジア外交を展開する」「国際協調の担い手として、常に冷静な判断を世界に示す」から、【文章Ⅱ】の筆者は〈9条を堅持して、戦争を起こさないように努めよう〉と主張していると分かる。よって、【文章Ⅱ】の筆者は護憲派ではあるが、〈たとえ戦争が生じても戦わない〉という極端な意見を主張しているわけではない。護憲派にはこのように個別的自衛権（⇩P.4下段）を認める立場の人は多い。政府も長年その立場に立っている。

各選択肢の吟味

①＝後半が不適切。【文章Ⅱ】の筆者は、戦争を生じさせないように努めようと考えているわけで、戦争が生じても戦わないとまでは述べていない（個別的自衛権は認める立場）。

②＝前半が不適切。【文章Ⅰ】の筆者は、この意見を否定的にとらえている。

③＝後半が不適切。【文章Ⅱ】の筆者は、戦争を生じさせない

ように努めようと考えているわけだから、戦争に関する意見に全く関心がないわけではない。

⑤＝前半と後半ともに不適切。【文章Ⅰ】の筆者は、この意見を否定的にとらえているし、【文章Ⅱ】の筆者は、戦争を生じさせること自体を否定している。

⑤＝後半が不適切。【文章Ⅱ】の筆者は、戦争を生じさせること自体を否定している。

問4

解答と配点

[9] ①（8点）

設問のねらい

●段落の冒頭文中の指示語の役割についての理解が問われている。※ 段落の冒頭文中の指示語の役割については、本冊8ページを参照。（⇩**「論理的文章読解の基本原則」**の**【原則4】**）

着眼点

以下の手順で解く。

① 「こうした矛盾、あるいは異形」とあるのだから、「こう」の指示内容は、〈何らかの矛盾や異形〉のはず。よって、前から矛盾（＝つじつまが合わないこと）・異形《いぎょう》（＝ふつうとは違った怪しい姿）が読み取れる箇所を探す。このように、**指示語の問題は、いきなり指示内容を探すのではなく、指示語の前後をしっかり読んで、指示内容の大まかな内容をつかんでから探すようにしよう。**

② 傍線部の「こう」が段落の冒頭文中の指示語なので、前の段落全体を指しているのではないかと意識して[7]をみると、[7]の頭に添加の接続語「しかも」がある。添加は前の内容に後ろの内容を付け加えるわけだから、前の[6]をみると、[6]の頭に逆接の接続語「ところが」がある。[6]の頭で憲法前文の話がされているので、この「ところが」は[5]の後半の憲法前文の話をうけている。ということは、〈[5]の後半⇔[6]＋[7]〉なので、[5]の後半の内容と[6]・[7]の内容とがつじつまが合わない、すなわち、「こう」の指示内容だと分かる。

③ [5]の後半では、憲法前文が示され、この前文を受けて9条がある、と述べられている。そして、[6]・[7]では、戦後世界が憲法前文の想定とは大きく異なっていることが述べられている。以上から、憲法9条の根拠となる憲法前文が想

定している世界の様相と戦後世界の様相とが食い違っていることをうけて、傍線部で「こうした矛盾、あるいは異形」と述べられていると分かる。

各選択肢の吟味

①＝〈5の後半⇔6＋7〉の内容を的確にとらえている。これが正解である。

②＝「憲法9条は憲法前文を支えている」が不適切。5の最終文に反する。正しくは「憲法前文は憲法9条を支えている」である。

③・④＝7に書かれている内容だが、「こう」の指示内容としては部分的である。これらは戦後世界の様相の一部にすぎない。このように、**「内容が部分的な選択肢」は入試でよくヒッカケの選択肢として出題されるので注意しよう。**

⑤＝傍線部の後ろに書かれている内容であり論外。**指示内容は、まず前から探し、どうしても前にないときに後ろから探すようにしよう。**

問5

解答と配点

10　⑤（8点）

設問のねらい

●三つ目の意味段落〈10〜12〉の内容をつかめたかが問われている。

着眼点

以下の手順で解く。

①傍線部の「そう解さなければ、」の「そう」に着目する。**傍線部とその前後の指示語は必ずチェックすること。**この「そう」は前の「この崇高な価値を守るためには、……働きかけるべきではなかろうか。」を指している。すなわち、〈平和を守るために戦うことは普遍的な政治道徳の法則であり、平和への脅威に対して積極的に働きかけるべきだ〉ということである。

②おさえた指示内容を指示語に代入すると、傍線部は「平和を守るために戦うことは普遍的な政治道徳の法則であり、平和への脅威に対して積極的に働きかけるべきだと解さなければ、『全世界の国民』の平和を実現するために、『いず

れの国家も、自国のことのみに専念して他国を無視してはならない』という憲法前文さえも死文になってしまうであろう」となる。整理すると、筆者の主張は、

> 憲法前文には、
> 「全世界の国民の平和を実現するために、いずれの国家も、自国のことのみに専念して他国を無視してはならない」
> という趣旨の文言が書かれている。
> **そこから、**
> 筆者は、平和を守るために戦うことを普遍的な政治道徳の法則とみなし、平和への脅威に対して積極的に働きかけることをしなければ、「全世界の国民の平和を実現するために、……」という憲法前文は、死文（＝何の効力もない規則）になってしまうと、考えた。

ということだ。これをふまえて選択肢を吟味する。

各選択肢の吟味

①＝米国の話がされており論外。解答根拠と無関係な内容である。

②＝「憲法によって国防が成り立つ」が不適。これだと「憲法」が因、「国防」が果、になる。10の最終文に「国防は憲法の前提になる」とあるので、「国防」が因、「憲法」が果、である。このように、**「因果関係が書かれた選択肢」は入試でよくヒッカケの選択肢として出題されるので注意しよう。**

また、「憲法前文に示されている、全世界の国民の平和のために戦うこと」は本文に書かれていない内容である。

③＝「憲法によって成り立つ平和のための国防」が不適。②と同じく、「憲法」が因、「国防」が果、になってしまう。

④＝「国連憲章でも保障されていることであり」が論外。解答根拠とは無関係な内容である。

⑤＝解答根拠の内容を的確にまとめている。これが正解。

問6

解答と配点

11・12 ②・⑤（5点×2）

設問のねらい

●「【文章】と【資料】を関連付ける」という、共通テストを機に出題されやすくなった設問である。

着眼点

①かおりさんとまいさんの発言に出てくる【文章Ⅰ】【文章Ⅱ】

【資料Ⅱ】【資料Ⅲ】に着目して、該当する文章・資料の内容と照合する。

②「明らかな誤りのある発言」を選ぶわけだから、文章・資料から〈読み取れる・考えられる〉選択肢は選ばないように注意する。

各選択肢の吟味

①＝【資料Ⅱ】の内容を的確にとらえており、誤りがない。

②＝「【文章Ⅱ】の筆者は、前者の結果を好ましく思いそうだね」が不適切。【文章Ⅱ】の筆者は、憲法9条を堅持すべきだと一貫して主張しているわけだから、9条改正について賛成・必要の方が多い結果を好ましいとは思わない。明らかな誤りである。これが正解。

③＝「この条文の追加に賛成か反対か」は日経・テレビ東京、「9条の改正をする必要があるか、必要はないか」は朝日の質問の仕方であり、両者の結果には大きな違いがあるため、【資料Ⅱ】から〈読み取れる・考えられる〉内容といえる。

④＝【資料Ⅱ】からメディアによって結果が違うことは明らかであるので、【資料Ⅱ】から〈読み取れる・考えられる〉内容である。ちなみに、まいさんの言う「できるだけ複数のメディアから情報を得て、比較検討」する力のことをメディア・リテラシーという。入試頻出語なので覚えておこう。

> ▼メディア・リテラシー……メディアの情報を使いこなし、主体的に判断する力。

⑤＝「【文章Ⅰ】の筆者が、」以下が不適切。【文章Ⅰ】の下の「読解ポイント」でも説明しているが、筆者が憲法前文をとりあげたのは、憲法前文が憲法9条の根拠となっているからであって、憲法全体を見渡すためではない。明らかな誤りである。これが正解。

⑥＝【資料Ⅲ】の内容を的確にとらえており、誤りがない。

⑦＝「内閣支持率の低下によって、憲法改正の賛成派が減少している」は、【資料Ⅲ】の「内閣支持率急落が……憲法改正に暗い影を落としている」と合致する。後半の発言は、はっきりとは書かれていないが、「内閣支持率急落が……憲法改正に暗い影を落としている」とのつながりから考えると、明らかな誤りとまではいえない。

⑧＝【文章Ⅰ】と【文章Ⅱ】の筆者は、憲法そのものについて論じているわけだから、誤りがない。

【文章Ⅰ】

出典　佐伯啓思《さえきけいし》「異論のススメ　憲法9条の矛盾　平和守るため戦わねば」（朝日新聞　二〇一七年五月五日掲載）

著者　佐伯啓思　一九四九―。経済学者。奈良県生まれ。京都大学名誉教授。**主な著書**『さらば、資本主義』（新潮新書）、『「保守」のゆくえ』（中公新書ラクレ）など。

【文章Ⅱ】

出典　社説「憲法70年　9条の理想を使いこなす」（朝日新聞　二〇一七年五月四日掲載）

類題解説

第1問 〈論点〉ジェンダー ——社会的・文化的に構築された性

難易度 **基本**

◇二つの論説文＋八つの資料

参照論点

【文章Ⅰ】＝要点１・２／【文章Ⅱ】＝要点１

【資料Ⅰ】＝要点１・２・５／【資料Ⅱ】【資料Ⅲ】＝要点４

解答と配点

設問	解答番号	正解	配点	自己採点欄
1	1	①	各２点	
	2	④		
	3	⑤		
	4	④		
	5	③		
2	6	④	７点	
3	7	②	８点	
4	8	③	８点	
5	9	③	７点	
6	10・11	②・⑦	各５点	
合計				／50点

語句解説

【文章Ⅰ】

1 □**アイデンティティ**……自分についての考え・意識。自分らしさ。

□**所以**……理由。わけ。いわれ。

3 □**おうへい**〔**横柄**〕……おごりたかぶって無礼なこと。

4 □**本質主義**……論点解説「**要点２**」を参照。

□**ジェンダー**……論点解説「**要点１**」を参照。

6 □**構築主義**……論点解説「**要点２**」を参照。

【文章Ⅱ】

1 □**家父長制**……父系の家長がその家長権に基づいて、構成員を統率・支配する家族形態。

□**典型**……代表例となるようなもの。

□**高度成長**……高度経済成長。一九五〇年代中頃から一九七三年までの日本経済のこと。

※当時の日本は、経済成長率がきわめて高く、資本主義世界2位の経済大国となった（1位はアメリカ）。

【資料Ⅰ】

第2段落 □**ステレオタイプ**……紋切り型。型にはまった画一的なイメージ。

要約・読解のポイント

【文章Ⅰ】の要約例

これまでは、アイデンティティをその人にあらかじめ備わっている属性のようにとらえて、その属性にもとづいて言語行為を行うという「本質主義」の考え方がなされていた。しかし、状況に応じて異なる言葉づかいをするなど、この考え方では説明できないことが多く出てきたため、アイデンティティを言語行為でつくり続けるものだとみなす「構築主義」の考え方が提案された。私たちは「女／男ことば」のような言語資源や、服装、髪型、しぐさ、行動といった言語と同じように意味と結びついた資源によってアイデンティティをつくりあげている。（二五〇字）

《【文章Ⅰ】の要約・読解のポイント》

❶「本質主義」の考え方（3～4）

本質主義＝アイデンティティをあらかじめ備わっている属性のようにとらえ、その属性に基づいて言語行為を行うと考える立場。

※[1]・[2]は〈アイデンティティが言語行為によってつくられる〉という話で、[6]以降の「構築主義」の話と重複するので、要約に無理に書く必要はない。

※[3]の頭の「これまで」に着目し、かつては「本質主義」の考え方がなされていたことを読み取ろう。この「これまで」のように時代をあらわす表現は要チェックだ。

> **▼文章を読むときに、時代にあらわす表現はチェックする。**
>
> **【例】** 前近代・近代・現代・二一世紀・一九九〇年代
>
> ※自分がいま読んでいる箇所がいつの話なのかを意識しながら読もう。

❷「本質主義」の想定外の事態（[5]）

状況に応じて異なる言葉づかいをするなど、「本質主義」では説明できないことが多く出てきた。

※[5]の頭の「しかし」に着目し、この段落が「本質主義」の限界を説明している段落だとつかもう。

❸「構築主義」の考え方（[6]）

構築主義＝アイデンティティはあらかじめ備わっているものではなく、言語行為でつくり続けるものだとみなす立場。

※[6]の頭の「そこで」に着目し、[5]と[6]が**因果関係**であることをつかもう。また、「本質主義」と「構築主義」が**対比関係**であることも意識しよう。

❹アイデンティティを構築する資源（[7]〜[9]）

私たちは「女／男ことば」のような言語資源や、服装、髪型、しぐさ、行動といった言語と同じように意味と結びついた資源によってアイデンティティをつくりあげている。

※[7]の頭の「それでは」に着目し、話が先に進んだことを意識しよう。

設問解説

問1

解答と配点

[1] ①　[2] ④　[3] ⑤　[4] ④　[5] ③　（2点×5）

解説

(ア)言**及**。①＝**及**第点。〈合格点〉の意。②＝火**急**。③＝貧**窮**。④＝運**休**。⑤＝恒**久**。〈永久〉の意。

(イ)**厳**密。①＝**玄**妙。〈奥深くて微妙な味わい〉の意。②＝右**舷**。③＝**元**凶。④＝威**厳**。⑤＝霊**験**。〈利益《りやく》〉の意。

(ウ)**獲**得。①＝**革**新。②＝**格**外。③＝威**嚇**。④＝懸**隔**。〈へだたり〉の意。⑤＝乱**獲**・濫**獲**。

(エ)**修**得。①＝**囚**人。②＝**衆**寡。衆寡敵せず＝〈少人数では多人数に勝てない〉の意。③＝収**集**。④＝改**修**。⑤＝一**蹴**。〈簡単に負かすこと〉の意。

(オ)**貞**節。①＝**諦**観。②＝**底**流。③＝不**貞**。〈行いが清くないこと。貞操を守らないこと〉の意。④＝師**弟**。師弟は三世《さんぜ》＝〈師弟の縁は、前世・現世・来世の三世につながる深い因縁である〉の意。⑤＝探**偵**。

問2

解答と配点

[6] ④　（7点）

設問のねらい

❶「本質主義」と「構築主義」との対比関係をおさえ、それぞれの内容を的確につかめたかが問われている。

❷「本質主義」では説明できない事態の説明から「構築主義」の説明への因果関係をつかめたかが問われている。

着眼点

以下の手順で解く。

①傍線部の「このような考え方」に着目する。この「この」は**段落の冒頭文中の指示語**であり、[3]と[4]を指している（段落の冒頭文中の指示語の役割については、本冊8ページを参照のこと）。[3]と[4]では、「本質主義」（＝アイデンティティをあらかじめ備わっている属性のようにとらえ、その属性に基づいて言語行為を行おうと考える立場）の説明がされている。

②傍線部の「このような考え方（＝本質主義）では説明のつかないこと」の説明は、[5]の2文目から最終文にかけて述べられている。[5]の2文目から最終文にかけての構造は、

4文目「また」（並列）、6文目「さらに言えば」（添加）、8文目「それだけでない」（添加）、といった接続表現に注意しておさえよう。《2文目（中心内容）↓【「3文目（女性の言葉づかいの説明）―《並列》4・5文目（男性の言葉づかいの説明①）＋《添加》6・7文目（男性の言葉づかいの説明②）」＋《添加》8〜10文目（男性の女ことば・女性の男ことばの説明）】》という構造なので、「このような考え方（＝本質主義）では説明のつかないこと」とは、中心内容である2文目の「女性も男性もそれぞれの状況に応じてさまざまに異なる言葉づかいをしている」ことである。

③ [6]の頭の「そこで」に着目し、[5]と[6]の因果関係を意識しよう。〈「本質主義」では説明のつかないことがたくさん出てきたから、「構築主義」（＝アイデンティティはあらかじめ備わっているものではなく、言語行為でつくり続けるものだとみなす立場）が提案された〉という文脈である。「本質主義」と「構築主義」の対比関係も意識すること。

以上の三点をふまえて選択肢を吟味する。なお、もし、「傍線部はどういうこと？」という設問であれば①と②のポイントだけでよいが、「傍線部に関する説明は？」と問われているわけだから③のポイントまでおさえよう。また、マーク式の設問では、「傍線部はどういうこと？」という設問であっても、③のポイントまで選択肢に書かれていることもよくある。

各選択肢の吟味

①＝「言語行為を先天的なものだとみなす」が不適切。[4]の2文目に「アイデンティティをその人にあらかじめ備わっている属性のようにとらえて、人はそれぞれの属性にもとづいて言語行為を行なう」とあるとおり、本質主義で先天的なものとみなされるのは「アイデンティティ」だけである。

②＝「家庭と職場での言葉づかいの違いを説明できない」が不適切。「家庭と職場での言葉づかい」は、[5]の4文目に書かれているが、これは、[5]の2文目の具体的説明の一部にすぎず部分的である。このように、**「内容が部分的な選択肢」は入試でよくヒッカケの選択肢として出題されるので注意しよう。**

③＝「男と女の差による言葉づかいの違いを説明できない」が不適切。「男と女の差による言葉づかいの違い」だと〈性差による言葉づかいの違い〉という意味になるが、[5]にはそのような話は書かれていない。

④＝[3]〜[6]の内容を的確にまとめている。これが正解。

⑤＝「言語行為をアイデンティティとみなす」が不適切。これだと〈言語行為＝アイデンティティ〉という内容になって

しまい、構築主義の説明としておかしい。6の冒頭文にあるとおり、構築主義では、言語行為が原因でアイデンティティが結果である。すなわち、言語行為とアイデンティティは因果関係なのであって同内容ではない。

問3

解答と配点

7 ②（8点）

設問のねらい

●「【文章】と【資料】を関連付ける」という、共通テストを機に出題されやすくなった設問である。

着眼点

○【文章Ⅰ】から「構築主義」の内容をおさえて、【資料Ⅰ】と照合する。

構築主義の意味は、6で、

「アイデンティティを言語行為の原因ではなく結果ととらえる考え方」（6の冒頭文）

「アイデンティティを、言語行為を通して私たちがつくりつづけるものだとみなす考え方」（6の最終文）

と述べられている。

また、【文章Ⅰ】でアイデンティティの例として「ジェンダー」があげられている（6の4〜6文目）ことにも注意しよう。

各選択肢の吟味

①＝私たちが性差による社会規範から自由になれないということは、〈私たちがジェンダー規範にとらわれている〉ということなので、〈言語行為によってアイデンティティ（ここでは、その例としての「ジェンダー」）をつくりあげる〉という構築主義の例とは言い難い。

②＝教科書の例文を繰り返し口にするということが「言語行為」の例、例文の意味するところを身につけるということが「アイデンティティ（ここでは、ジェンダー）をつくりあげる」の例である。6の5文目「私たちは、繰り返し習慣的に特定のアイデンティティを表現しつづけることで、そのアイデンティティが自分の『核』であるかのような幻想を持つ」と対応している。これが正解。

③＝これは、〈私たちがジェンダー規範にとらわれている〉ことの例であって、構築主義の例とは言い難い。

④＝これは、〈私たちがジェンダー規範にとらわれている〉ことを批判している内容であって、構築主義の例ではない。

⑤＝これは、【資料Ⅰ】の筆者が望ましいと考えている例文であって、構築主義の例ではない。

問4

解答と配点

8 ③（8点）

設問のねらい

●大まかな内容だけでなく傍線部の構造まで的確につかめたかが問われている。

着眼点

○傍線部が「『セーラー服』を、その人が〈女子高生〉であることを示すために利用できるのは、すでに『セーラー服』と〈女子高生〉のアイデンティティが結びついているからである」という構造であることに着目する。「Aのは Bからである」ということは、Aが結果、Bが理由である。つまり、

結果＝「『セーラー服』を、その人が〈女子高生〉であることを示すために利用できる」

理由＝「すでに『セーラー服』と〈女子高生〉のアイデンティティが結びついている」

ということだ。この因果関係を意識しよう。

各選択肢の吟味

①＝「自身の身体的性別を他者に向かって表現する」が不適切。傍線部は身体的性別の話ではない。

②＝本文の内容とは合致するが、この書き方だと、〈自身のアイデンティティを表現しつくりあげる手段として、言語だけでなく事物もある〉という内容になるので、③と比べると、傍線部の因果関係のとらえ方が弱い。

③＝「私たちが自身のアイデンティティを表現するためにセーラー服のような事物を身につけるのは、それらも言語と同じく意味と結びついているからだ」ということは、

結果＝「自身のアイデンティティを表現するためにセーラー服のような事物を身につける」

理由＝「それら（＝セーラー服のような事物）も言語と同じく意味と結びついている」

であり、傍線部の因果関係を的確にとらえている。なお、

「言語と同じく」は、傍線部の直前の「言語と同じように」と合致する。これが正解。

④＝「私たちは言語によってアイデンティティを表現していると思いがち」が不適切。「思いがち」が本文に書かれていない内容である。

⑤＝「私たちは言語とセーラー服のような事物を異なるものと考えがち」が不適切。本文に書かれていない内容である。

問5

解答と配点

9 ③（7点）

設問のねらい

●センター試験の時代から頻出である**「表現の特徴を問う設問」**である。

着眼点

○選択肢と本文を照合していく。その際、**本文の内容にも注意すること。**

各選択肢の吟味

①＝【文章Ⅰ】の5の頭に「しかし」、6の頭に「そこで」、7の頭に「それでは」があり、それぞれが、逆接、順接、転換、と論の展開を明確に示している。

②＝ジュディス・バトラーの考えは【文章Ⅰ】の筆者と、フロイトの考えは【文章Ⅱ】の筆者と、それぞれ同じ方向である。よって、バトラーとフロイトの考えは、各文章の筆者が自身の意見の論拠の一つとして挙げていると判断できる。論拠をあげると筆者の意見の説得力が増すので、「深みが出ている」という言い回しも誤りではない。

③＝「反語表現」が不適切。【文章Ⅰ】の7の冒頭文の「それでは、私たちは、どのようにしてアイデンティティを表現するのか」は疑問文だし、2文目の「何もないところから表現することはできない」は否定文である。反語表現は用いられていない。これが正解。

④＝【文章Ⅰ】の9の1～3文目の「もちろん、……しかし、……」は**譲歩構文**である。また、この**譲歩構文**では〈私たちがアイデンティティを表現する手段には、言語だけでなく、服装・髪型・しぐさ・行動もあり、それらが言語と同様の働きをする〉という内容が述べられており、7・8の「言語」の話に、「服装・髪型・しぐさ・行動」の話を付け

加える働きもしているので、「読者の視野をひろげる」という言い回しも誤りではない。なお、譲歩構文は入試頻出なので知らない人は覚えておこう。

▼**譲歩構文**……相手の意見や一般論など（筆者が否定的にとらえている内容、重点をおいていない内容、読者にとって周知の内容、など）をいったん認めておいてから、自分が強調したい内容を述べる構文。

たしかに
もちろん
もっとも
むろん
なるほど
} ……**逆接**……。（筆者の主張・筆者が重点をおく内容）

【例】もちろん、君の言うことは正しい。しかし、私は反対だ。

⑤＝【文章Ⅱ】の五つの表は、〈四〇年間で「近代家父長制家族」のシステムが解体した〉という筆者の意見の論拠としてあげられている。論拠をあげると筆者の意見の説得力が増すので適切である。

問6

解答と配点

10・11　②・⑦（5点×2）

設問のねらい

❶「【文章】と【資料】を関連付ける」という、共通テストを機に出題されやすくなった設問である。

❷【資料】そのものを正確に読み取れたかが問われている。

着眼点

○各生徒がどの【文章】【資料】の話をしているのかをつかみ、【文章】【資料】と発言内容を照合する。

各選択肢の吟味

①＝「ジェンダーは私たちの言語行為によって構築される」は【文章Ⅰ】の6の4〜6文目と合致し、「七三年からの四〇年間で『近代家父長制家族』のシステムとそれを支えるジェンダー関係の意識が解体していっている」は【文章Ⅱ】の4と五つの表と合致する。

②＝「今は、両親がともに家庭のことを考えて協力し合う家族を理想とする人が半数をこえている」は【文章Ⅱ】の表

1の4と合致し、「夫が家事や育児に参加することを望ましいと考える人は圧倒的に多い」は【文章Ⅱ】の表2の2と合致するが、「結婚後は別姓でよいと考える人の割合も多い」は【文章Ⅱ】の表5の4に反する。別姓でよいと考えている人は13％にすぎない。これが正解。

③＝「女性が仕事と育児を両立させて生きていくことが望ましいと考える人も四〇年間で大きく増えた」は【文章Ⅱ】の表3の3と合致し、「夫婦が家庭内で協力し合う家族のあり方を望ましいと考える男女の差もそれほど大きくはない」は【文章Ⅱ】の2の後半と合致する。

④＝【資料Ⅱ】と合致する。女性の管理職が最も多い平成27年でも、部長級が6・2％、課長級が9・8％、係長級が17・0％にすぎない。

⑤＝【資料Ⅱ】と合致する。どの年でも、部長級が最も少なく、課長級、係長級と続く。また、平成元年から27年にかけてどの役職の割合も上昇傾向にある。

⑥＝「人々の価値観が変わっても」は【文章Ⅱ】の五つの表と合致し、「職場における男女差はまだ根強くあるといえる」は【資料Ⅱ】と合致する。五つの表から価値観が変化したことは明らかだし、女性の管理職が少ないということは職場における男女差が根強くあるといえる。

⑦＝「日本は女性の就業者の割合が、韓国とならんでとても低い」が【資料Ⅲ】に反する。韓国とならんでとても低いのは「就業者」ではなく、「管理的職業従事者（管理者）」の割合である。就業者の割合は43・2％であり、諸外国と比べて「とても低い」とまではいえない。なお、「娘を大学まで行かせたいと考える親の割合は大きく増えている」は【文章Ⅱ】の表4の2と合致する。これが正解。

⑧＝前半は【文章Ⅱ】と【資料Ⅱ】【資料Ⅲ】をふまえた発言としては自然な発言であるし、「学校の教科書も見直してみる必要があるかもね」は【資料Ⅰ】の第2段落の冒頭文「外国語の教科書というのは、気をつけないとステレオタイプな男女観を助長してしまう」から読み取れる内容である。

【文章Ⅰ】

出典 中村桃子《なかむらももこ》『〈性〉と日本語――ことばがつくる女と男』（NHKブックス　二〇〇七年）

著者 中村桃子　一九五五―。言語学者。東京都生まれ。**主な著書**『ことばとフェミニズム』（勁草書房）、『「女ことば」はつくられる』（ひつじ書房）など。

【文章Ⅱ】

出典　見田宗介《みたむねすけ》『現代社会はどこに向かうか――高原の見晴らしを切り開くこと』（岩波新書　二〇一八年）

著者　見田宗介　一九三七―。社会学者。東京都生まれ。東京大学名誉教授。**主な著書**『現代社会の理論――情報化・消費化社会の現在と未来』（岩波新書）、『社会学入門――人間と社会の未来』（岩波新書）など。

【資料Ⅰ】

出典　沼野《ぬまの》恭子《きょうこ》「自分らしさ、人間らしさ」（日本経済新聞二〇一六年一二月八日夕刊　プロムナード　掲載）

著者　沼野恭子　一九五七―。ロシア文学者。東京都生まれ。

主な著書　『ロシア万華鏡――社会・文学・芸術』（五柳叢書）、『アヴァンギャルドな女たち――ロシアの女性文化』（五柳叢書）、『ロシア文学の食卓』（ＮＨＫブックス）など。

※類題1の主な参考文献

- 小倉《おぐら》千加子《ちかこ》『セクシュアリティの心理学』（有斐閣選書）
- 江原由美子《えはらゆみこ》・金井淑子《かないよしこ》編『フェミニズム』（新曜社）
- 伊藤公雄《いとうきみお》・樹村《きむら》みのり・國信潤子《くにのぶじゅんこ》『女性学・男性学――ジェンダー論入門』（有斐閣アルマ）
- フィリップ・アリエス著、杉山光信《すぎやまみつのぶ》・杉山恵美子《えみこ》訳『〈子供〉の誕生――アンシァン・レジーム期の子供と家族生活』（みすず書房）

【学習コラム①】 語彙力強化のススメ

「意味は文脈で分かるから、現代文で語の知識は不要だ！」と聞いて、どう思いますか？ 胡《う》散《さん》臭いと思ったあなたは大正解です。

そもそも、時間に追われる共通テストで、多くの語の意味を文脈からつかむ余裕はありません。私大でよく出題される空欄に語を入れる設問は、語彙力がないと選択肢の意味が分からず解けません。

論理的文章では、ある語に筆者が特別な意味合いを込めて使う場合があります。その場合でも、筆者自身も一般的な意味を暗黙の前提として特別な意味合いを込めているわけです。私たち読者も一般的な意味を理解しているからこそ、その特別な意味合いを深く理解することができるのです。

現代文学習の第一歩は、語彙の学習です。論点の学習も広い意味では語彙の学習といえます。例えば、「グローバル化とはこういうことで、それが一般的にこう論じられている……」、こういったことを理解しておくことは、これから皆さんが様々な文章を読むときの強い武器になります。それに、しっかりした知識が土台にあるからこそすぐれた思考ができるわけです。

知識と思考は切り離して考えることはできません。

類題解説

第2問 〈論点〉生権力 ——権力の変容

難易度 標準

◇二つの論説文＋二つの資料＋会話文

参照論点

【文章Ⅰ】＝要点1・2／【文章Ⅱ】＝要点4

【資料】＝要点3

解答と配点

設問	解答番号	正解	配点	自己採点欄
1	1	①	各2点	
	2	⑤		
	3	③		
	4	⑤		
	5	③		
2	6	④	7点	
3	7	①	7点	
4	8	③	8点	
5(i)	9	②	4点	
5(ii)	10	③	4点	
6	11	①	10点	
合計				／50点

語句解説

【文章Ⅰ】

2 □**氷解**……氷がとけるように疑念などがすっかり消え去ること。

3 □**ゾーエー**……論点解説「要点1」を参照。

□**ビオス**……論点解説「要点1」を参照。

7 □**生権力**……論点解説「要点1」を参照。

□**生政治**……論点解説「要点1」を参照。

8 □**示唆《しさ》**……それとなく教えること。ほのめかすこと。

12 □**規律訓練型の権力**……論点解説「要点2・3」を参照。

□**規格化**……思想や行動を一定の型にはめ込むこと。

【文章Ⅱ】

1 □**謳《うた》う**……さかんに言い立てる。主張する。

□**象徴**……形のないものを具体的なものであらわすこと。

□**無辜**《むこ》……罪のないこと。

2 □**普遍**……すべてに通じること。時代や場所をこえても変わらないもの。【対義語】特殊。

□**ヴィールス**……ウイルス。ビールス。

5 □**ナチス**……ヒトラー（一八八九―一九四五）を党首としたドイツの政党。ナチ党。国家社会主義ドイツ労働者党。

6 □**ホロコースト**……大虐殺。ナチスによるユダヤ人の大虐殺を指すことが多い。

8 □**枢要**……かんじんなところ。かなめ。

要約・読解のポイント

【文章Ⅰ】の要約例

ゾーエーとは自然な生のことで、ビオスとは個人や集団に固有な生の形式のことである。そして、前近代の政治は、後者を対象とし、善き生の実現を主題としていた。だが、近代になると、ゾーエーが政治の対象へと包含された。ゾーエーを直接の対象とする権力が生権力で、生権力に基づく政治が生政治だ。死という否定的な事態への脅迫に基づく前近代の権力とは異なり、生権力は、人々の生命や健康を第一義的な配慮の対象とする、人口の管理調整に関わる権力であり、監視する規律訓練によって、個人の内省を促し、個人を主体化する権力である。（二五〇字）

《【文章Ⅰ】の要約・読解のポイント》

❶ゾーエーとビオス（1〜6）

・ゾーエー ＝ 単に生きているという事実、自然な生。動物の生を含む、生きるという事実の一般（3）。

・ビオス ＝ 個人や集団に固有な生の形式。何らかの形式をもっていたり、規範に従っていたりする生活（3）。

（ゾーエーとビオスの両者を包括するものが「life」）。

⬅

前近代の政治は、ビオスを対象とし、「善き生」の実現を主題とする。ゾーエーはオイコス（≒家族）へと排除され、政治の主題ではなかった（4〜6）。

※1〜6では、「ゾーエー」と「ビオス」の違いと、前近代の政治は「ビオス」を直接の対象としていたことを読み取ろう。要約では、「ゾーエー」と「ビオス」の意味と、前近代の政治が「ビオス」を対象としていたことを書くとよい。

❷生かす権力（7〜12）

近代になると、ゾーエーが政治の対象へと包含された。ゾーエーを直接の対象とする権力を「生権力」、生権力に基づく政治を「生政治」という（7）。

前近代の権力（殺す権力・死への権力）（8）

【直接の対象】 ビオス（4〜6）

【特徴】 死という否定的な事態への脅迫に基づく権力。

↓支配者は、従属者を殺すことができるので、従属者は、死を回避するために、支配者の命令に従わざるをえない。

↔

近代の権力（生権力）（9〜12）

【直接の対象】 ゾーエー（7・10）

【特徴】 ①人々の生命や健康を第一義的な配慮の対象とする、人口の管理調整に関わる権力。

↓今日の「福祉国家」の理念につながりうる。

②監視する規律訓練によって、個人の内省（告白）を促し、個人を主体化する権力。

↓大量の、規格化された従順な身体が生産される。

※7で「生権力」「生政治」というキーワードが示され、8で前近代の権力の説明が、9以降で近代の権力（生権力）の説明がされている。前近代の権力と近代の権力の対比関係を意識しよう。また、11の「もう一つの側面」「二つのショウテン」に着目し、生権力の二つの側面（＝人口の管理調整と規律訓練）についてもしっかりおさえよう。要約では、前近代の権力の説明と、近代の権力（生権力）の二つの側面の説明を書くとよい。

【文章Ⅱ】の要約例

生-権力が戦争や殺戮につながったのは、〈人種〉という原理による。この原理は、国民の中の生かしておく部分と、殺してしまう部分を分離するために利用される概念のことで、人間の種に、「よい種」と「悪い種」という区別を導入することで、人間という種全体を、死ぬべく定められた人間と、生きるべく定められた人間に分割することである。そして、人種差別とは、種の空間を細分化し、その一部だけを「特別待遇」することである。人種差別によって、「悪しき種」を滅ぼせば、われわれの生がさらに健全で正常で〈純粋〉になると考えるのだ。（二五〇字）

《【文章Ⅱ】の要約・読解のポイント》

❶生‐権力の自己矛盾　([1]・[2])

人間の生を重視することを原理とするはずの社会が、多くの人々を殺す社会でもある。

※[1]・[2]は、本論に入る前の導入部分。原爆の話は、生‐権力の自己矛盾の例として書かれているので、要約では無理に書く必要はない。また、[1]・[2]の主旨が[3]でも繰り返されているので、[3]の表現を用いてもよい。

❷〈人種〉という原理　([3]〜[11])

・生‐権力が戦争や殺戮につながったのは、〈人種〉という原理による（[3]・[4]）。

↓

・〈人種〉という原理とは……

国民の中の生かしておく部分と、殺してしまう部分を分離するために利用される概念のことである（[5]）。

＝

人間の種に、「よい種」と「悪い種」という区別を導入することで、人間という種全体を、死ぬべく定められた人間と、生きるべく定められた人間に分割することである（[6]）。

↓

・人種差別とは、種の空間を細分化し、その一部だけを「特別待遇」することである（[7]）。

↓

・人種差別によって、「悪しき種」を滅ぼせば、われわれの生がさらに健全で正常で〈純粋〉になると考える（[9]）。

ここには、生物学的な純粋性の観念、他者の死のもとに自己の生を確保しようとする盲目的な欲望が蠢いている（[10]）。

※[3]〜[11]では、生‐権力が戦争や殺戮につながった原因である〈人種〉という原理の説明がされている。[5]と[6]では、〈人種〉という原理の意味が表現を変えて繰り返されている。また、[9]の「人種差別によって、他者に死をもたらし、『悪しき種』を滅ぼし、『劣った種』や『異常な種』を絶滅すれば、われわれの生そのものがさらに健全で、正常で、〈純粋〉になると考える」、[10]の「好ましくない人種、生物学的に危険な人種を、われわれという人種のために破壊する」、[11]の「好ましくない人種を破壊することは、われわれとい

う好ましい人種を再生させるための一つの方法である」「われわれの人種の中から排除され、摘出される『汚れた部分』の数が多いほど、われわれはさらに純粋になる」も同内容が表現を変えて繰り返されている。繰り返しを意識して読み進めよう。要約では、①〈人種〉という原理の意味、②人種差別の意味、③〈人種差別によって悪しき種とみなした他者を殺すことで自らの生を良きものにしていくと考える〉という内容、の三点を中心に書くとよい。

設問解説

問1

解答と配点

1 ①　2 ⑤　3 ③　4 ⑤　5 ③　（2点×5）

解説

(ア)氷解。①＝氷菓。②＝評議。③＝標語。④＝投票。⑤＝土俵。

(イ)示唆。①＝査察。②＝詐称。③＝沙汰。〈行い。しわざ〉の意。④＝連鎖。⑤＝教唆。〈そそのかすこと〉の意。

(ウ)焦点。①＝掌握。②＝抄訳。〈原文の一部を翻訳すること〉の意。③＝焦慮。④＝結晶。⑤＝座礁。

(エ)縮図。①＝粛正。②＝祝賀会。③＝宿悪。〈前世で犯した悪事〉の意。④＝私淑。〈直接の教えは受けないが、ひそかに尊敬し、手本として学ぶこと〉の意。⑤＝濃縮。

(オ)浄化。①＝冗長。〈文章や話などが長たらしいこと〉の意。②＝錠剤。③＝不浄。④＝便乗。⑤＝移譲。

問2

解答と配点

6 ④（7点）

設問のねらい

●2～6の内容をつかめたかが問われている。

着眼点

以下の手順で解く。

①2～6の内容をおさえる。

＊2～6の内容は次の通り（→《【文章Ⅰ】の要約・読解のポイント》❶）。

・2＝前近代の政治の説明への導入としての、アリストテレスの言葉の紹介。

・3＝ゾーエーとビオスの意味の説明。

・4～6＝前近代の政治の説明。

（＝前近代の政治は、ビオスを対象とし、「善き生」の実現を主題とする。ゾーエーはオイコス〔≠家族〕へと排除され、政治の主題ではなかった。）

②おさえた2～6の内容と傍線部を照合する。

・傍線部の「自然の身体」とは、〈ゾーエーの側面〉のことである。

・ということは、傍線部の「自然の身体を締め出す」とは、〈ゾーエーを主題としなかった〉という意味だと分かる。

・よって、傍線部は〈前近代の政治は、ゾーエーを主題としないことで機能していた〉ということであり、具体化すると、〈前近代の政治は、ビオスが対象で「善き生」の実現を主題とし、ゾーエーはオイコス（≠家族）へと排除され、政治の主題ではなかった〉ということになる。

なお、全ての選択肢の前半は共通しているので、後半だけを吟味すればよい。

各選択肢の吟味

①＝「自然的な生と何らかの形式をもつ生を併せた概念は政治の主題とはならなかった」が不適切。「自然的な生と何らかの形式をもつ生を併せた概念」（＝ゾーエーとビオスを併せた概念）とは、3の最終文にあるとおり「life」のことだが、傍線部の「自然の身体」は、「ゾーエー」の側面のことであり「life」のことではない。

②＝「個人や集団に固有の生の形式を主題とはしなかった」が不適切。「個人や集団に固有の生の形式」とは、3の冒頭文にあるとおり「ビオス」のことであり、前近代の政治

の直接の対象である。

③＝「食事などの私的な側面は悪しきものとされ」が不適切。「食事などの私的な側面」とは、5の3文目にあり、「ゾーエー」の側面のことだが、それが「悪しきものとされ」たとまでは述べられていない。

④＝「政治は我々の生を善きものへと軌道修正する力だとされ」は、5の最終文「ポリスの主題は、そうしたことを超えた『善き生』をいかにして実現するかにある」を、「すべての生物に共通する側面は家が扱うものとされた」は、5の1～3文目「それは、どこへと排除されているのか。オイコス（＝家族）である。食事などの生存に関わる問題は、オイコスの私的な関心事であって、政治の主題ではない」を、ふまえた言い回しである。これが正解である。

⑤＝「剝き出しの生や身体に関する側面は政治的には禁忌とされた」が不適切。「剝き出しの生や身体に関する側面」とは、3から「ゾーエー」の側面のことだと読み取れるが、それが「政治的には禁忌とされた」とまでは述べられていない。「禁忌」とは、「タブー」のことで、「慣習上、してはならないこととして忌み嫌われていること」の意である。

問3

解答と配点

7 ①（7点）

設問のねらい

● 7～12で述べられている前近代と近代の権力の違いをつかめたかが問われている。

着眼点

以下の手順で解く。

①傍線部の直前の指示語「それ」に着目する。この「それ」は前の「近代の権力」を指しているので、傍線部の「生への権力、生かしめる権力」とは、近代の権力、すなわち、生権力のことだと意識する。

②生権力の説明は、主に9～12で述べられている。11の「もう一つの側面」「二つのショウテン」に着目し、生権力には二つの側面（＝人口の管理調整と規律訓練）があることをしっかり意識する。

また、8では前近代の権力の説明がされており、8（＝前近代の権力の説明）と9～12（＝近代の権力の説明）が対比関係にあることを意識して内容を整理する（→《【文章Ⅰ】の要約・読解のポイント》❷）。

以上の内容をふまえて選択肢を吟味する。

各選択肢の吟味

①＝「権力者が死刑の恐怖を与えることによって民衆を支配することを典型とする前近代の権力」は[8]の内容をふまえている。「死刑の恐怖」は、「支配者が（従属者を）殺すとき、あるいは殺す可能性をシサしているとき」「死への脅し」「死という否定的な事態への脅迫」などから読み取れる内容である。「民衆を生かす方向に行使され人口を調整する」は、[9]と[10]で述べられている生権力の一つ目の側面の話で、「規律訓練によって規格化された従順な身体を生産する」は、[11]と[12]で述べられている生権力の二つ目の側面の話である。生権力の二つの側面をともに説明しており、これが正解である。

②＝「権力者が自身の死という否定的な事態を回避しようとすることを典型とする前近代の権力」が不適切。[8]の4文目「私は、死を回避するために、他者の命令に従わざるをえない」、最終文「支配者が（従属者を）殺すとき、あるいは殺す可能性をシサしているとき」とあるように、死を回避しようとするのは「従属者」、すなわち、民衆の側である。

③＝内容は間違ってはいないが、「近代の権力は、民衆の生命や健康を第一に考えるものであり、今日の福祉国家の理念にも結びつく国家の人口調整に関わる権力である」だけだと、生権力の一つ目の側面しかふまえていないことになり、①と比べると、説明不十分である。

④＝「民衆が自身を規律訓練によって主体化しようとし」が不適切。これだと、民衆が自らの意志で規律訓練による主体化をしようとしたことになる。[12]に「個人の身体への持続的な監視を媒介にして、個人の内省（告白）を促し、結果として、個人を主体化する」とあるように、民衆は権力による監視を媒介にして、内省を促され、結果的に主体化されるのである。また、生権力の一つ目の側面の説明が抜けている。

⑤＝「健康的な心身をそなえた自己を確立させる」が不適切。[12]の「規律訓練する権力によって、大量の、規格化された従順な身体が生産される」に反する。規律訓練は、規格化された従順な身体を生産するものであり、健康的な心身をそなえた自己を確立させるわけではない。また、④と同じく、生権力の一つ目の側面の説明が抜けている。

問4

解答と配点

8 ③（8点）

設問のねらい

●「複数の【文章】を関連付ける」という、共通テストを機に出題されやすくなった設問である。

着眼点

○【文章Ⅰ】と【文章Ⅱ】の主旨をふまえて、本文と選択肢を照合する。

各選択肢の吟味

①＝「人口が過剰になり社会の維持が困難になると」が不適切。人口過剰の話は【文章Ⅰ】【文章Ⅱ】のどちらにも書かれていないし、生権力の人口調整は、【文章Ⅰ】の9の最終文に「今日の『福祉国家』の理念につながりうる、人口の管理調整に関わる権力」とあるとおり、国民の生命や健康に配慮した調整であり、人口が増えすぎたから減らすという話ではない。

②＝まず、「心身ともに健全な個人をつくりだそうとする」が不適切。【文章Ⅰ】の12に「大量の、規格化された従順な身体が生産される」とあるとおり、生権力による規律訓練は規格化された従順な身体を生産するためのものである。また、「心身が不健全な人々を『悪い種』とみなし」も不適切。【文章Ⅱ】の6の2文目「ただユダヤ人に属するということだけで、それまでの普通の暮らしを捨てて、死への道を歩み始めることを強制される理不尽さ」、7の冒頭文「故のない身体的かつ生物学的な理由で殺戮される」、9の冒頭文「第二次世界大戦におけるナチズムのユダヤ人差別、明治以来の日本での朝鮮人差別、米国における日系移民の差別に示されるように、人種差別とは身体的で生物学的な根拠に基づいて、他者を殺戮し、貶め、屈辱を味わわせる」、とあるとおり、心身が不健全な人々を「悪い種」とみなしたわけではない。

③＝「われわれの生命や健康を重んじる」は、【文章Ⅰ】の9の4文目「臣民の生命や健康をこそ第一義的な配慮の対象とする」に合致、「人種差別によってわれわれにとって好ましくないとみなした種を絶滅させ、われわれにとって理想的な生が営める共同体を築こうとする」は、【文章Ⅱ】の9の2文目「人種差別によって、他者に死をもたらし、『悪しき種』を滅ぼし、『劣った種』や『異常な種』を絶滅すれ

ば、われわれの生そのものがさらに健全で、正常で、〈純粋〉になると考える」から読み取れる内容である。われわれにとって好ましくないとみなした種を滅ぼすことで、われわれが生きやすい共同体を築こうとするのである。これが正解である。

④＝「『善き生』を目指すことを共同体の目的とする」が不適切。「善き生」は【文章Ⅰ】の2〜6で述べられているとおり、前近代の政治が共同体の目的としたものであり、生権力の話ではない。

⑤＝「ゾーエーを直接の対象とする権力であるため、〈人種〉という原理との親和性が高く」が不適切。「ゾーエーを直接の対象とする」ことと「〈人種〉という原理との親和性」との因果関係は【文章Ⅰ】【文章Ⅱ】のどちらにも書かれていない。このように、**「因果関係が書かれた選択肢」は入試でよくヒッカケの選択肢として出題されるので注意しよう。**

問5

解答と配点

9 ②・10 ③（4点×2）

設問のねらい

●センター試験の時代から頻出である**「表現の特徴と構成を問う設問」**である。

着眼点

○選択肢と本文を照合していく。その際、**本文の内容にも注意すること。**

各選択肢の吟味

(i)

①＝「自然の剝き出しの身体が権力の対象となることに近代への転換がある。」でも文意は通るのに、あえて、「ここ」という指示語を用いているのは、その指示内容である「自然の剝き出しの身体が権力の対象となること」を読者に印象付けたいからだと考えられる。

②＝「『life』がゾーエーとビオスを包括する概念であることを強調するため」が不適切。【文章Ⅰ】の前半（1〜6）の主旨は、ビオスとゾーエーの違いと、前近代の政治がビオ

スを対象としていたということなので、「life」を強調したいわけではない。「life」にだけ丸カッコで読みが示されていないのは、多くの読者にとって周知の語だからである。これが正解である。

③＝筆者が読者に問いかければ、当然、読者はその答えに関心をもつので、後に続く筆者の見解に読者をひきつける効果があるといえる。

④＝【文章Ⅱ】の9には、人種差別に基づく考え（＝われわれが「悪い種」とみなしたものを滅ぼすことで、われわれを生きやすくする）ということが述べられているし、類似した語を連続して用いることは強調にもなるので、問題ない。

(ii)

①＝「前半（1〜6段落）と……後半（7〜12段落）が、大きく対比関係となっている」が不適切。【文章Ⅰ】は、前半でビオスとゾーエーの違いと前近代の政治がビオスを対象としていたということを述べて、後半の権力の話につなげているのであって、前半と後半が対比関係になっているわけではない。

②＝「後半（7〜12段落）で前近代と近代の権力の話を引き合いにして」が不適切。「引き合い」とは、「証拠や比較などのために例に引くこと」の意。前近代と近代の権力の話は【文章Ⅰ】の主題であって例ではない。

③＝【文章Ⅱ】の構成と合致する。「例を交えて」の「例」は、広島の原爆の話のことである。これが正解である。

④＝「続く部分（3〜8段落）で抽象化によって主題を展開し」が不適切。3〜8にも、ナチスの話（5）やホロコーストを描いた映画の話（6）など、具体的な描写があるので「抽象化」とは言い切れない。

問6

解答と配点

11 ①（10点）

設問のねらい

❶「【文章】【会話文】【資料】【図表】を関連付ける」という、共通テストを機に出題されやすくなった設問である。

❷【図表】そのものを解釈して思考する力が問われている。

着眼点

以下の手順で解く。

①【文章Ⅰ】と【文章Ⅱ】の内容をふまえて【会話文】と【資料】を読み、生権力が規律訓練から環境管理へと変容して

きていることをつかむ。

②【会話文】のお母さんの発言から、【図表】が環境管理の権力の一例として挙げられていることをつかむ。

③【図表】において、防犯カメラの設置数の増加に伴って犯罪件数が減少しているということは、〈防犯カメラを設置して環境を作りかえることは、犯罪抑止に一定の効果があるといえる〉ことをつかむ。

各選択肢の吟味

①＝「人々の自然の剝き出しの身体を対象にし」は、【文章Ⅰ】の1などと合致、「健康に介入したり、規律訓練で主体を形成したりする」は、【文章Ⅰ】の9・12や【会話文】のひとみさんの発言と合致、「防犯カメラを設置することで犯罪を事前に抑止する」は【図表】と合致、「環境を作りかえることで人々の生をコントロールしていく」は【会話文】のお母さんとひとみさんの発言と合致する。生権力が規律訓練から環境管理へと変容していくことを的確にとらえている。これが正解である。

②＝「防犯カメラによって、事前に犯罪者を発見して逮捕する」が不適切。【図表】からは読み取れない内容である。犯罪の件数が減っているのであって、事前に犯罪者を逮捕しているわけではない。

③＝「〈人種〉という原理によって「悪い種」を滅ぼすために戦争や殺戮につながる側面があった」は、【文章Ⅱ】に書かれている内容だが、これだと、規律訓練にふれておらず、規律訓練から環境管理へと変容していくことの説明にはならない。また、「人々の安全な暮らしを構築する」も不適切。防犯カメラの設置はあくまで環境管理の一例である。【会話文】のお母さんの飲食店の椅子の話からも分かるように、環境管理の生権力は必ずしも人々の安全な暮らしを構築するものではない。

④＝「その効果は薄く結果につながっていない」が不適切。【図表】からは、防犯カメラの設置が犯罪抑止に一定の効果があることが認められる。

⑤＝「その効果はまだ明確には判明していない」が不適切。【図表】からは、防犯カメラの設置が犯罪抑止に一定の効果があることが認められる。

【文章Ⅰ】
出典　大澤真幸《おおさわまさち》『生権力の思想——事件から読み解く現代社会の転換』（ちくま新書　二〇一三年）
著者　大澤真幸　一九五八—。社会学者。長野県生まれ。**主な著書**　『身体の比較社会学』Ⅰ・Ⅱ（勁草書房《けいそうしょぼう》）、『ナショナリズムの由来』（講談社）、『不可能性の時代』（岩波新書）など。

【文章Ⅱ】
出典　中山元《なかやまげん》『フーコー入門』（ちくま新書　一九九六年）
著者　中山元　一九四九—。哲学者。翻訳家。東京都生まれ。
主な著書　『思考の用語辞典』（ちくま学芸文庫）、『アレント入門』（ちくま新書）など。

【資料】
出典　東浩紀《あずまひろき》・大澤真幸『自由を考える——９・１１以降の現代思想』（ＮＨＫブックス　二〇〇三年）

※**類題２**の主な参考文献
・重田園江《おもだそのえ》『ミシェル・フーコー——近代を裏から読む』（ちくま新書）

【学習コラム②】要約のススメ

記述力を向上させるために、文章を要約している人は多いと思います。実は、この要約、読解力の向上にも役立つのです。

本文を要約するときに、「本文の構造を要約に反映させよう」と意識して取り組んでみてください。あらすじを書くイメージです。

現代文が苦手な人は、最初は字数を気にせずに本文の言葉を使ってまとめてみましょう。仮に四〇〇字になったとしても、本文の構造が反映できていれば、それは立派な要約です。こうすることで、自然と本文の構造を意識して読めるようになってきます。

また、慣れてくれば、本文の言葉を、自分の言葉で言い換えたりまとめたりできるようになり、制限字数内にまとめられるようになってきますよ。

第3問 〈論点〉グローバリゼーション
――つながる世界と分断される社会

難易度 標準
◇論説文＋対談＋三つの資料

参照論点
【文章】＝要点1・4／【対談】＝要点1・3

解答と配点

設問	解答番号	正解	配点	点数
1	1	①	各2点	
	2	⑤		
	3	②		
	4	⑤		
	5	②		
2	6	⑤	7点	
3	7	②	7点	
4	8	⓪	8点	
5	9	②	8点	
6	10・11	③・⑥	各5点	
合計				／50点

語句解説

【文章】

2 □**冷戦**……論点解説「**要点1**」を参照。

□**左右**……左派と右派。▽**左派**＝革新的な考えをもつ人たちの一派。**右派**＝保守的な考えをもつ人たちの一派。

□**社会主義**……物を作るための資材を社会全体の共有とし、平等な社会を作ろうとする考え方。

※ドイツの**マルクス**（一八一八―一八八三）によれば、社会主義の高次の段階が、**共産主義**である。【対義語】**資本主義**……資本家が労働者を雇って商品を生産し、資本を拡大することで成立する経済の考え方。

□**アイデンティティ**……自分についての考え・意識。自分らしさ。

□**求心力**……物事を中心に引きつけようとする力。

3 □**イデオロギー**……思想・主義。

□**ポピュリスト**……論点解説「**要点4**」を参照。
□**反グローバル化**……論点解説「**要点4**」を参照。
4 □**グローバル化**……論点解説「**要点1**」を参照。
□**ポピュリズム**……論点解説「**要点4**」を参照。
9 □**デモクラシー**……民主主義。
□**労使**……労働者と使用者。
10 □**世俗化**……宗教や聖なるものの影響力が弱まること。
12 □**無辜**《むこ》……罪のないこと。

【対談】

2行目 □**ナチズム**……ナチ党の政治思想・政治運動・政治体制の総称。
※**ナチ党**……（⇩p.24）
□**ファシズム**……第一次世界大戦後に生まれた国家主義的な独裁政治形態と思想。
□**台頭**……あるものが勢いを増してくること。
13行目 □**ケインズ主義**……論点解説「**要点3**」を参照。
14行目 □**新自由主義**……論点解説「**要点3**」を参照。
19行目 □**エスタブリッシュメント**……既得権層。既成勢力。既成の権力機構・支配者の体制。
34行目 □**グローバリズム**……論点解説「**要点1**」を参照。

要約・読解のポイント

【文章】の要約例

既成政党が近年、弱体化している理由は、冷戦構造の崩壊による左右対立の変容、グローバル化やヨーロッパ統合といった政治経済的変化、既成政党を支えてきた中間団体の弱体化である。二〇世紀の先進諸国の有力な既成政党は、一定規模の党組織と支持団体をもっていたが、二一世紀になると支持基盤が弱体化し、無組織・無党派層が増え、しかも、既成政党は既得権益を守る政治エリートの集合体と認識されてしまう。この傾向は、特にヨーロッパの多極共存型デモクラシーの国々で顕著であり、ポピュリスト政党が支持を集める要因となっている。（二五〇字）

《【文章】の要約・読解のポイント》

❶ 既成政党が弱体化した三つの理由（1～5）
＝①冷戦構造の崩壊による左右対立の変容（2・3）。②グローバル化やヨーロッパ統合といった政治経済的変化（4）。③既成政党を支えてきた中間団体の弱体化（5）。

※2・4・5の頭の「まず」「次に」「しかし以上に加え」に着目し、既成政党が弱体化した三つの理由をおさえよう。

❷先進諸国の有力な既成政党の状況（6〜8）

・二〇世紀 ＝ 一定規模の党組織と支持団体をもっていた（6）。

・二一世紀以降 ＝ 党組織と支持団体が弱体化し、無組織・無党派層が増える（7）。

・既成政党は既得権益を守るものだと認識されてしまう（8）。

※二〇世紀と二一世紀以降との対比関係をつかむ。6が二〇世紀の話で、7・8が二一世紀以降の話である（6の頭の「もともと二〇世紀の」、7の頭の「しかし二一世紀に入ると」に着目しよう。時代をあらわす表現は要チェックだ）。また、8の頭の「しかも」（添加）に注意しよう。前の内容に後ろの内容を付け加えているわけだから、二一世紀以降の説明として8の内容を書き忘れないように。

❸多極共存型デモクラシーの国の状況（9〜12）

・❷の状況は、特にヨーロッパの多極共存型デモクラシーの国々で顕著である。

・ポピュリスト政党が支持を集めている。

※9〜12のヨーロッパの多極共存型デモクラシーの国々の話は、6〜8の内容が顕著にあらわれた例として書かれている。9がそれらの国の二〇世紀あたりの話で、10以降が二一世紀以降あたりの話である（10の頭の「しかし」（対比）にも着目しよう）。11・12で述べられているポピュリスト政党の躍進について書き忘れないようにしよう。

設問解説

問1

解答と配点

[1] ① [2] ⑤ [3] ② [4] ⑤ [5] ② (2点×5)

解説

(ア)**試**練。①＝**試**金石。〈価値や力量などを判定する材料となる物事〉の意。②＝**諮**問機関。〈行政官庁の求めに応じて意見する機関〉の意。③＝**雌**雄。雌雄を決する＝〈勝ちと負けを決める、決着をつける〉の意。④＝**恣**意。〈思いつくままの考え〉の意。⑤＝真**摯**。〈真面目でひたむきなこと〉の意。

(イ)**擁**護。①＝中**庸**。〈かたよらず中正であること〉の意。②＝舞**踊**。③＝腫**瘍**。④＝動**揺**。⑤＝抱**擁**。

(ウ)**陰**惨。①＝**隠**逸。〈世俗をのがれかくれ住むこと〉の意。②＝**陰**鬱。③＝**咽**頭炎。④＝**韻**。⑤＝暴**飲**暴食。

(エ)熱**狂**。①＝**供**給。②＝**享**受。③＝**峡**谷。④＝**驚**天動地。⑤＝酔**狂**・粋**狂**。〈物好きなこと〉の意。

(オ)**懸**命。①＝**兼**用。②＝**懸**案。〈問題とされていながらまだ解決されていない問題〉の意。③＝**検**索。④＝**嫌**疑。⑤＝双**肩**。

問2

解答と配点

[6] ⑤ (7点)

設問のねらい

❶ [1]〜[5]の構造と内容をつかめたかが問われている。

❷ すべての選択肢が本文に書かれている内容なので、単に本文に書かれているかどうかでは選択肢をしぼりこむことはできない。

着眼点

以下の手順で解く。

① [2]の頭の「まず」、[4]の頭の「次に」、[5]の頭の「しかし以上に加え」に着目し、「既成政党が近年、弱体化している理由」が三つあることを意識する。

② 一つ目の理由＝[2]・[3]の内容、二つ目の理由＝[4]の内容、三つ目の理由＝[5]の内容、なので、**この三つを全て満たす選択肢が最適な選択肢であると考え**、選択肢を吟味する。

各選択肢の吟味

①＝[2]と[3]の前半に書かれている内容だが、これだと一つ目

の理由にしかふれていないことになる。

②＝[3]の後半に書かれている内容だが、これだと一つ目の理由の一部にしかふれていないことになる。

③＝[4]に書かれている内容だが、これだと二つ目の理由にしかふれていないことになる。

④＝[5]の内容を[6]・[7]の表現・内容で具体化しているが、これだと二つ目の理由にしかふれていないことになる。

⑤＝「思想的な拠り所が失われる」が[2]と[3]、「支持母体の中間団体が弱体化し」が[5]、「政治経済の大きな変化により人々の所得格差が拡大した」が[4]、に書かれている内容であり、三つの理由すべてにふれている。これが正解である。

問3

解答と配点

[7] ②（7点）

設問のねらい

● [6]〜[12]の構造と内容をつかめたかが問われている。

着眼点

以下の手順で解く。

① [9]の冒頭文の「特に『多極共存型デモクラシー』として知られたヨーロッパの国々で、その変化は顕著だった」に着目する。「その変化」の「その」は、**段落の冒頭文中の指示語**であり、[6]〜[8]を指している（段落の冒頭文中の指示語の役割については、本冊8ページを参照。⇩「**論理的文章読解の基本原則**」の【**原則4**】）。そして、「特に……で、その変化は顕著だった」とあるのだから、多極共存型デモクラシーの国の話は、[6]〜[8]の内容が顕著にあらわれた国の例として書かれていると分かる。

② [6]〜[8]は、二〇世紀と二一世紀以降の先進諸国の有力な既成政党の説明が対比関係で述べられている。[6]が二〇世紀の話で、[7]・[8]が二一世紀以降の話である（[6]の頭の「も

ともと二〇世紀の」、[7]の頭の「しかし二一世紀に入ると」に着目しよう）。整理すると、次のようになる。

【先進諸国の有力政党の状況】

二〇世紀 ＝ 一定規模の党組織と支持団体をもっていた（[6]）。

↕

二一世紀以降 ＝ 党組織と支持団体が弱体化し、無組織・無党派層が増える（[7]）。

＋（[8]の頭の「しかも」に着目しよう）

既得権益を守るエリートの集合体と認識されてしまう（[8]）。

③多極共存型デモクラシーの国の話は、[6]〜[8]の内容が顕著にあらわれた国の例なので、②でおさえた内容をふまえて読むと、[9]の2文目以降が[6]と対応し、[10]の冒頭文が[7]に、最終文が[8]に、それぞれ対応していることに気付くだろう。そして、[11]・[12]でポピュリスト政党が台頭したことが述べられている。整理すると、次のようになる。

【多極共存型デモクラシーの国の状況】

・人々は集団に属し、各集団を代表するエリートが利害を調整していた（[9]の2文目以降）。

↕

・宗教や階級に沿った中間団体が先細り、人々はエリートに臣従しなくなる（[10]の冒頭文）。

＋

・既存の枠組みは既得権益を守る牙城とみなされる（[10]の最終文）。

⇐ ポピュリスト政党が台頭する（[11]・[12]）。

こうしてみると、[6]〜[8]と[9]・[10]がきれいに対応していることが分かるだろう。以上の内容をふまえて選択肢を吟味する。

各選択肢の吟味

①＝「労働者階級の人々も、……カトリック系の政党を支持していた」が不適切。この書き方だと、労働者階級の全員がカトリック系の政党を支持していたことになるが、[9]の最終文に「カトリック信徒に生まれた者は、……選挙では

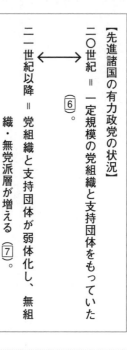

カトリック系の政党（キリスト教民主主義政党）に投票することが自明視されていた」とあるように、カトリック系の政党を支持していたのは、カトリックの信徒である。労働者階級であってもカトリックの信徒でなければ、別の有力政党を支持していたと考えられる（[9]の2文目の「国内に宗教・階級による社会的亀裂が存在していた」にも着目しよう）。また、「カトリックの権威が失墜し」も言い過ぎである。

②＝[6]～[8]の内容をまとめている。多極共存型デモクラシーの国の話は[6]～[8]の顕著な例なので、誤りではない。これが正解である。

③＝「エリートが身内の利益を守ることばかりしはじめ」が不適切。[10]の冒頭文と最終文に反する。既存の有力政党が弱体化した原因は、〈社会の流動化によって宗教・階級の持つ凝集力が低下したことで、中間団体が先細りしたこと〉と〈既存の枠組みが既得権益の牙城とみなされるようになったこと〉である。

④＝「汚職や政治腐敗が顕在化し」が不適切。[10]の冒頭文に反する。中間団体が弱体化した原因は、〈社会の流動化によって宗教・階級の持つ凝集力が低下したこと〉である。

⑤＝「ポピュリスト政党によって汚職や政治腐敗をあばかれたことで」が不適切。③と同じく、[10]の冒頭文と最終文に反する。

問4

解答と配点

[8] ⓪（8点）

設問のねらい

❶対談形式の文章から必要な情報をつかめたかが問われている。

❷**「ゼロマークの設問（＝該当する選択肢がない場合に⓪を選ぶ設問）」**という、共通テストを機に出題されやすくなった設問である。

着眼点

○時代をあらわす表現に注意して、本文と選択肢を照合する。

各選択肢の吟味

①＝「一九三〇年代」が不適切。3～5行目に反する。サラリーマンが新中間層となったのは、一九七〇年代以降である。

②＝「デモを行った」が不適切。デモの話は本文に書かれていない。

③＝「戦前からの貴族的な雰囲気を引き継ぐようなエリート」が不適切。13〜14行目にあるとおり、「戦前から貴族的な雰囲気を引き継ぐようなエリート」とは、「ケインズ主義的、福祉国家論的なエリート」だが、17〜20行目にあるとおり、一九八〇年代以降に大衆の支持を集めたのは、「新自由主義的なエリート」である。

④＝36行目に反する。日本のポピュリズムは新自由主義の方向を向いている。

⑤＝「反グローバリズムを掲げて」が不適切。36〜37行目に反する。反グローバリズムを掲げているのは欧米のポピュリズムである。

問5

解答と配点

9 ②（8点）

設問のねらい

❶「【文章】と【対談】を関連付ける」という、共通テストを機に出題されやすくなった設問である。

❷【文章】のヨーロッパのポピュリズムと【対談】のアメリカのポピュリズムの類似関係をつかめたかが問われている。

着眼点

○【文章】からヨーロッパの、【対談】からアメリカの、ポピュリズムについて述べられている箇所をおさえ、選択肢を照合する。

各選択肢の吟味

①＝前半の「宗教や階級からの脱却を掲げることで」が不適切。ヨーロッパのポピュリズムが宗教や階級からの脱却を掲げたことは、本文に書かれていない。

②＝前半の「既成政党の弱体化」は1など、「反EUや反グローバル化などの新たな争点を提示し」は3、「反エリートの無党派層の支持を集めて台頭し」は11・12など、と合致する。後半の「マスコミを含めた新自由主義的な既得権益層のグローバリストに反発する」は46〜47行目と28〜30行目、「生活困窮者を支持母体として台頭し」は28〜29行目と合致する。これが正解である。

③＝後半の「グローバリズムを条件とし」が不適切。34行目

の「反グローバリズムが条件となっている」に反する。また、「ケインズ主義的な既得権益層のグローバリスト」も不適切。12〜15行目で「ケインズ主義的、福祉国家論的なエリート」と「新自由主義的なエリート」が対比関係で述べられている点に注意しよう。グローバリストはケインズ主義者ではなく、新自由主義者である。

④＝後半の「ケインズ主義的、福祉国家論的なエリートを批判する」が不適切。アメリカのポピュリストが、ケインズ主義的、福祉国家論的なエリートを批判したとは書かれていない。ケインズ主義的、福祉国家論的なエリートを批判したのは、12〜15行目にあるとおり日本の新自由主義的なエリートである。

⑤＝前半の「左右対立を離れた中道的立場を掲げることで」が不適切。左右対立の変容の話は[2]・[3]にあるが、これは既成政党が弱体化した理由の一つであり、ポピュリストが掲げたものではない。

問6

解答と配点

[10]・[11] ③・⑥（5点×2）

設問のねらい

❶「【文章】【対談】と【資料】を関連付ける」という、共通テストを機に出題されやすくなった設問である。

❷【資料】そのものを解釈して思考する力が問われている。

着眼点

①かおるさんとゆうたさんの発言に出てくる【文章】【対談】【資料】に着目して、該当する文章・対談・資料の内容と照合する。

②「明らかな誤りのあるもの」を選ぶわけだから、文章・対談・資料から〈読み取れる・考えられる〉選択肢は選ばないように注意する。

各選択肢の吟味

①＝【対談】の31行目をふまえた発言であり、誤りがない。

②＝【文章】の[4]の最終文をふまえた発言であり、誤りがない。

③＝「【文章】の筆者や【対談】の先生方のおっしゃっている

こととは逆に」「論者によって見解が違うんだね」が明らかな誤り。【文章】ではヨーロッパの、【対談】では日本とアメリカの、つまり、先進国の話がされている。【資料Ⅱ】からは、グローバル化が技術進歩と並んで格差の主要因であることが分かり、【文章】【対談】の内容と矛盾しない。これが正解である。

④＝【資料Ⅱ】と【資料Ⅲ】から読み取れる。ジニ係数をみると、先進国が0・57、新興国・途上国が0・32なので、先進国の方が格差が拡大している。「日本でも社会の分断が起きるのかもしれないね」の部分は、「かもしれない」と推量しているだけなので誤りではない。

⑤＝1文目は【資料Ⅱ】と合致する。2文目は「かもしれない」と推量しているだけなので誤りではないし、ヨーロッパで「負け組の人たちを支持基盤とするポピュリスト政党が台頭する」は【文章】の④と合致する。

⑥＝2〜3文目は、【文章】【対談】【資料】のいずれにも書かれていない内容だが、ゆうたさんが【資料】をもとに仮定して発言している内容なので、明らかな誤りとまではいえない。ただ、最終文の「このように考えると、新興国や途上国でもグローバル化が格差拡大の主因になると考えられる」が明らかな誤り。

まず、【資料Ⅱ】と【資料Ⅲ】の「技術進歩」をみてみよう。どちらも右にのびている。つまり、先進国でも新興国・途上国でも技術進歩は格差拡大の要因になっているわけだ。次に、【資料Ⅱ】と【資料Ⅲ】の「グローバル化」をみてみよう。先進国は右にのびているが、新興国・途上国では左にのびている。つまり、グローバル化は、先進国では格差拡大の主要因になるが、新興国・途上国では逆に格差縮小に寄与する、ということである。

先進国と新興国・途上国において、技術進歩によって同じく格差が拡大しているのにもかかわらず、グローバル化によっては格差拡大の有無が逆になっているということは、貿易や直接投資などのグローバル化が国内に与える影響が、先進国と新興国・途上国では違うということである。よって、技術進歩がグローバル化の一因であったとしても、新興国や途上国でグローバル化が格差拡大の主因になるわけではない。むしろ、技術進歩がグローバル化の一因であれば、新興国や途上国では、技術進歩がすすめばすすむほどグローバル化もすすむので、グローバル化によって格差が縮小することになる。これが正解である。

⑦＝【資料Ⅱ】と【資料Ⅲ】から考えられる内容である。⑥の解説でも説明したが、先進国と新興国・途上国において、

グローバル化による格差拡大の有無が逆になっているということは、貿易や直接投資などのグローバル化が国内に与える影響が、先進国と新興国・途上国では違うということである。かおるさんは、新興国・途上国の主要産業と貿易に着目し、グローバル化が国内に与える影響を考察している。ちなみに、**第一次産業**とは、産業のなかで、農業・林業・水産業など、直接自然に働きかけるもののことをいう。**第二次産業**は、鉱業と工業のことで、**第三次産業**は、商業・運輸通信業・サービス業など、第一次・第二次産業以外のすべての産業のことをいう。

⑧＝**【資料Ⅰ】**〜**【資料Ⅲ】**から考えられない内容である。すべての**【資料】**で、その他（＝労働市場の制度・政策、教育、等）は左にのびている。つまり、格差縮小に寄与しているということである。ということは、ゆうたさんの言うように、各国の政策や教育がうまく行われれば、格差が縮小することになる。

【文章】

出典　水島《みずしま》治郎《じろう》編『ポピュリズムという挑戦――岐路に立つ現代デモクラシー』「第2章　中間団体の衰退とメディアの変容」（岩波書店　二〇二〇年）

著者　水島治郎　一九六七―。政治学者。東京都生まれ。千葉大学大学院社会科学研究院教授。**主な著書**『ポピュリズムとは何か――民主主義の敵か、改革の希望か』（中公新書）など。

【対談】

出典　中野《なかの》剛志《たけし》・柴山桂太《しばやまけいた》『グローバリズム その先の悲劇に備えよ』（集英社新書　二〇一七年）

著者　中野剛志　一九七一―。評論家。神奈川県生まれ。元・京都大学大学院工学研究科准教授。柴山桂太　一九七四―。古典文献学者、思想家。東京都生まれ。京都大学大学院人間・環境学研究科准教授。**主な著書**　中野剛志『ＴＰＰ亡国論』（集英社新書）、『日本思想史新論――プラグマティズムからナショナリズムへ』（ちくま新書）など。柴山桂太『静かなる大恐慌』（集英社新書）など。

※**類題3**の主な参考文献

・マンフレッド・B・スティーガー著、櫻井《さくらい》公人《きみひと》・櫻井純理《じゅんり》・高嶋《たかしま》正晴《まさはる》訳　『新版　グローバリゼーション』（岩波書店）

・ベネディクト・アンダーソン著、白石《しらいし》さや・白石隆《たかし》訳『増補　想像の共同体――ナショナリズムの起源と流行』（NTT出版）

【学習コラム③】読書のススメ

読解力を向上させるために、読書をすることはとても有意義なことです。本書でも、各論点に興味をもった受験生に「オススメ本」を紹介しています。良書をじっくり読むことは、根気がいりますが、それに比例して力もつきます。

ただし、読書をするためには、前提となる学習を一通りしておく必要があります。四則演算が分からない人は、数学の教科書を理解できません。それと同じで、文章の基本的な読み方や最低限の語彙は身につけておく必要があります。

現代文がとても苦手な人は、まず、先生や参考書のアドバイスに基づいて、焦らずじっくりと前提事項の学習をすすめましょう。そして、ある程度、自分で読めるようになってきたら、興味のある論点の本を読んでみてください。言葉・文章と向き合う経験を積んでいきましょう。

類題解説

第4問 〈論点〉人工知能（AI）――人類の脅威となるのか？

難易度 標準

◇二つの論説文＋五つの資料

参照論点 【文章Ⅰ】＝要点２／【文章Ⅱ】＝要点２・４

解答と配点

設問	解答番号	正解	配点	自己採点欄
1	1	③	各2点	
	2	②		
	3	③		
	4	①		
	5	⑤		
2	6	③	6点	
3	7・8	②・⑤	各4点	
4	9	⓪	8点	
5	10・11	③・⑤	各4点	
6（i）	12・13	③・④	各3点	
6（ii）	14	①	4点	
合計				／50点

語句解説

【文章Ⅰ】

2 □**システム**……仕組み。体系。秩序をもったまとまり。

7 □**概念**……物事の意味内容を、言葉にまとめたもの。

8 □**自我**……自意識。意識や行為の中心としての自分。エゴ。

□**デジタル**……不連続な。連続した情報を、不連続な数値で表現すること。（この技術により、コンピュータによる情報処理が可能になった。）【対義語】アナログ……連続的な。連続した情報を、類似物で表現すること。

【文章Ⅱ】

1 □**凌駕**《りょうが》……他のものをしのいで、その上に出ること。

要約・読解のポイント

【文章Ⅰ】の要約例

世間を賑わせている人工知能だが、人間の知能の原理を解明しそれを工学的に実現するという本当の意味での人工知能は、まだどこにも存在しない。ところで、人間の脳は電気回路と同じであり、コンピュータも電気回路により計算を行う機械である。だから、人間の思考が何らかの計算であるならばそれをコンピュータで実現できないわけがない。人間のすべての脳の活動、つまり思考・認識・記憶・感情はすべてコンピュータで実現できる。（二〇〇字）

《【文章Ⅰ】の要約・読解のポイント》

❶本当の意味での人工知能はまだ存在していない（1～3）。

人工知能（という言葉）が世間を賑わしていることとの対比で、本当の意味での人工知能はまだ実現していないことが述べられている。「本当の意味での人工知能」は3で定義されている。

❷人間の脳活動はコンピュータで実現できる（4～8）。

4で筆者の主張とその理由を簡潔に提示した後で、5・6でその理由について、7・8でその主張内容について、それぞれ詳細に説明している。1～3とは話題が変わっているので、冒頭に「ところで」などの話題転換の接続語を使用するとよいだろう。

【文章Ⅱ】の要約例

シンギュラリティとは、汎用AIの単位時間あたりに処理できる情報量が人間のそれを超えていく時点のことだが、ここでいう情報量とは記号の量であって記号が表す意味の量ではない。コンピュータは高速論理操作機械だから、もし人間の思考が単なる記号の論理操作ならばAIは人間の能力を凌駕するだろう。しかし、人間は身体的情動とむすびついた意味によって思考していることが大半であり、論理的推論は思考のごく一部でしかない。（二〇〇字）

《【文章Ⅱ】の要約・読解のポイント》

❶シンギュラリティ概念の問題点（1～4）。

シンギュラリティの一般的定義（1）→その基礎となる

知能爆発と情報処理能力の説明（2・3）→そこで使用されている情報量という概念の説明と、シンギュラリティ仮説（トランス・ヒューマニズム）の問題点の指摘（4）、と進んでいる。「情報量」という概念が重要なので、シンギュラリティの説明の中にこの語を使用すると書き易くなるだろう。

❷ 人間の思考について（5〜7）。

6の冒頭の「しかし」に着目しよう。思考が単なる記号の論理操作であるという考え（5）との対比で、6で筆者の主張が述べられている。この対比関係を本文の表現を生かしてまとめよう。

設問解説

問1

解答と配点

1 ③　2 ②　3 ③　4 ①　5 ⑤　（2点×5）

解説

(ア) 搭**載**。①＝体**裁**。②＝相**殺**。③＝掲**載**。④＝負**債**。⑤＝**催**促。

(イ) 内**蔵**。①＝偶**像**。②＝地**蔵**。③＝**増**殖。④＝**臓**器。⑤＝**象**牙。

(ウ) **典**型。①＝**展**覧。②＝**点**呼。③＝恩**典**。〈情けのあるはからいのこと〉の意。④＝機**転**。⑤＝**天**衣。

(エ) 指**標**。①＝**標**的。②＝**拍**子。③＝伝**票**。④＝薄**氷**。薄氷を踏む＝〈危険な状況に臨むこと〉の意。⑤＝**漂**泊。

(オ) **依**拠。①＝**以**心伝心。②＝**委**任。③＝**畏**怖。④＝包**囲**。⑤＝**依**然。旧態依然＝〈昔のままで進歩がないさま〉の意。

問2 （⇩要点1）

解答と配点

6 ③　（6点）

設問のねらい

❶【文章Ⅰ】で二つの意味で使用されている「人工知能」という語の意味の識別をする力が求められている。

❷「人工知能」には「汎用人工知能」と「特化型人工知能」の二種類があることを確認する。

❸「【文章Ⅰ】と【表1】を関連付けて理解する」という、共通テストを機に出題されやすくなった設問である。

着眼点

以下の手順で解く。

①【表1】から、「汎用人工知能」と「特化型人工知能」の違いを捉える。

②【文章Ⅰ】の1~3と【表1】の内容から、「まだどこにも存在しない」人工知能とは「汎用人工知能」であることをつかむ。

③二重傍線部(a)~(e)それぞれがいずれに該当するのかを、文脈から判断する。

各選択肢の吟味

○まだ存在していない人工知能は「汎用人工知能」であり、二重傍線部(b)・(d)・(e)がそれに該当する。

○現在存在している人工知能は「特化型人工知能」であり、二重傍線部(a)・(c)がそれに該当する。

○以上より、前半・後半ともに正しい選択肢は、③である。

問3 （⇩要点4）

解答と配点

7・8 ②・⑤ （4点×2）

設問のねらい

●【文章Ⅱ】の1~5の内容の正確な理解が問われている。

着眼点

○【文章Ⅱ】の1~5から、シンギュラリティの概念と、その基礎となった概念とを精密に読み取り、選択肢を吟味する。

各選択肢の吟味

①＝前半は5の冒頭文にあるが、後半はその因果関係の示す結果とは異なっているので、不適切である。

②＝2の最終文の「情報処理能力」を、3の1文の「単位時間あたりに処理できる情報の量」と言い換え、さらに、「情報

の量」を、[4]の3文の「記号の量」と言い換えているものであり、適切である。一つ目の正解である。

③＝後半は本文にない内容であり、不適切である。

④＝「意味の量」が誤りである。[4]の3文に、「記号（デジタル信号）の量であって、それが表す意味の量（そんなものが計量できるとして）とは本来まったく無関係なことに注意」すべきだとある。

⑤＝[1]の1文と合致している。「典型」を「代表的」と適切に言い換えている。二つ目の正解である。

問4（⇩要点2）

解答と配点

[9] ⓪（8点）

設問のねらい

❶「複数の【文章】を関連付ける」という、共通テストを機に出題されやすくなった設問である。

❷「ゼロマークの設問（＝該当する選択肢がない場合に⓪を選ぶ設問）」という、共通テストを機に出題されやすくなった設問である。

着眼点

①【文章Ⅰ】の[4]〜[8]と、【文章Ⅱ】を対比的に捉え、各選択肢を吟味する。

②「適当でないものを……選べ」という設問条件に注意すること。

各選択肢の吟味

①＝前半は【文章Ⅰ】[8]の3文から読み取れると言える。後半は【文章Ⅱ】[6]から読み取れる。適切である。

②＝【文章Ⅰ】[4]〜[7]に合致している。適切である。

③＝チューリングについて、【文章Ⅰ】は[7]で自説の補強のために援用している。「肯定的に評価している」と言える。【文章Ⅱ】は[5]で「もし『思考』が単に記号の論理操作である」という仮定のもとで一定の評価を与えながらも、[6]でその仮定自体が誤りであるという自説を展開している。適切である。

④＝前半は【文章Ⅰ】[5]・[6]に合致している。後半は【文章Ⅱ】[6]に合致している。適切である。

⑤＝【文章Ⅱ】[5]・[6]に合致している。適切である。

以上より、該当する選択肢はなく、正解は⓪である。

問5 （⇩ 要点3・4）

解答と配点

10・11 ③・⑤（4点×2）

設問のねらい

●「**複数の【文章】や【資料】等を関連付けて理解する**」という、共通テストを機に出題されやすくなった設問である。

着眼点

①**【文章】**、**【表】**、**【資料】**を関連付けながら読み取り、各選択肢の内容を吟味する。

②「**適当でないものを……二つ選べ**」という設問条件に注意すること。

各選択肢の吟味

①＝前半は**【表2】**から読み取れ、後半は**【資料】**の第1・2段落から読み取れる。適切である。

②＝前半は**【資料】**の第1・2段落から読み取れ、後半は**【資料】**と**【表3】**とから読み取れる。適切である。

③＝**【文章Ⅰ】**と**【文章Ⅱ】**が逆である。**【文章Ⅰ】**8には「人間のすべての脳の活動……は、すべてコンピュータで実現できる」とあるので、人間にだけできる仕事は「いずれなくなるとも考えられる」と言えるが、**【文章Ⅱ】**は、人間の思考は機械で行える論理的推論だけではないとする立場なので、「ある」と言える。不適切であり、これが一つ目の正解である。

④＝前半は、**【表2】**で人工知能が既に導入されている職場があること、及び、**【文章Ⅰ】**と**【表1】**から汎用人工知能はまだ実現していないとあることから読み取れる。後半は**【資料】**の通りである。適切である。

⑤＝前半の「日本でもアメリカでも……非常に多い」としていることが**【表3】**に反している。アメリカでの割合は19・2％であり、他の項目と比べても「非常に多い」とは言えないだろう。不適切であり、これが二つ目の正解である。

なお、後半の「絶対にありえない」にも注意してほしい。

▼**極端表現**……「絶対に」、「必ず」、「常に」、「まったく……ない」等の0％や100％を表す表現のこと。

※本文に同種類の表現がない場合は、誤りの選択肢ではないかと、強く疑おう。ただし、一つの極端表現だけで誤りと決めつけるのは危険だということも知

っておこう。他の小さなキズと合わせて誤りと決定できることが多い。

⑥＝【文章Ⅱ】の6・7から読み取れる。適切である。なお、グラフの「n＝」は、サンプル（標本）の数を表す。

問6(i)

解答と配点

12・13 ③・④（3点×2）

設問のねらい

●センター試験の時代から頻出である**「表現の特徴を問う設問」**である。

着眼点

○各選択肢で指摘されている表現が、各選択肢で説明されている通りの働き等をしているかを、具体的に考える。

各選択肢の吟味

①＝「議論を新たな話題に転換するための婉曲的（＝遠まわしな）な表現である」とする点が誤り。「しかし」は前文の多くの読者の反応と後の筆者の主張を対比し後を強調するための表現であり、「のだ」は強調の表現である。なお、一文の末尾が「……のだ。」等で終わる「のだ文」の働きを知っておこう。

▼のだ文……一文の末尾が通常の「……だ。」「……である。」「……です。」とは異なり、「……のだ。」「のである。」「……のです。」となっている文を「のだ文」と呼ぶ。働きは「強調」、「前の内容と同義」、「前の内容の理由説明」などがある。

【例】私は毎日のようにラーメンや餃子《ぎょうざ》を食べる。中華料理が好きなのだ。（後文は前文と同義）
昨日は遠足が中止になりました。雨が降ったのです。（後文は前文の理由説明）

②＝「一般常識に照らしても妥当であることを示す」とする点が誤り。アラン・チューリングという有名な科学者もすでに提唱していることを予告する表現である。

③・④＝適切な説明で正解である。

問6(ii)

解答と配点

14 ①（4点）

設問のねらい

❶ センター試験の時代から頻出である「**文章の構成を問う設問**」である。

❷ **【文章Ⅰ】**と**【文章Ⅱ】**の論理展開をつかめているかが問われている。

❸「**ゼロマークの設問**（**＝該当する選択肢がない場合に⓪を選ぶ設問**）」という、共通テストを機に出題されやすくなった設問である。

着眼点

①**【文章Ⅰ】**と**【文章Ⅱ】**の論理展開については、**【要約・読解のポイント】**を参照のこと。

②「**適当でないものを……選べ**」という設問条件に注意すること。

各選択肢の吟味

①＝「第3段落ではじめて結論を提示している」とする点が誤り。結論は1・2ですでに繰り返し提示されている。これが正解である。

②・③・④＝いずれも適切な説明である。

【文章Ⅰ】

出典 松尾《まつお》豊《ゆたか》『人工知能は人間を超えるか――ディープラーニングの先にあるもの』（角川ＥＰＵＢ選書　二〇一五年）

著者 松尾豊　一九七五―。工学者。香川県生まれ。**主な著書**『人工知能はなぜ未来を変えるのか』（塩野《しおの》誠《まこと》との共著、中経の文庫）など。

【文章Ⅱ】

出典 西垣《にしがき》通《とおる》・河島《かわしま》茂生《しげお》『ＡＩ倫理――人工知能は「責任」をとれるのか』（中公新書ラクレ　二〇一九年）

著者 西垣通　一九四八―。工学者。東京都生まれ。**主な著書**『ネットとリアルのあいだ』（ちくまプリマー新書）、『ＡＩ原論』（講談社選書メチエ）など。

【資料】

出典 井上《いのうえ》智洋《ともひろ》『人工知能と経済の未来――２０３０年雇

用大崩壊』（文春新書　二〇一六年）
著者　井上智洋　一九七五―。経済学者。東京都生まれ。**主な著書**　『ヘリコプターマネー』（日本経済新聞出版社）など。

※類題4の主な参考文献
・新井《あらい》紀子《のりこ》『ＡＩ vs.教科書が読めない子どもたち』（東洋経済新報社）

【学習コラム④】共通テストの論理的文章では選択肢に依存しない方がよい

皆さんのなかには、論理的文章のマーク式の設問を解くときに、いきなり選択肢を読んでしまう人はいませんか？

そのやり方は時間がかかってしまうのであまりおすすめできません。では、どうしたらよいのでしょうか？

まず、すべての設問を記述問題のように考えて、本文中の解答根拠をふまえて、頭の中で設問に対する答えをつくってみてください（実際に答えを書く必要はありません）。そして、それに一番近い選択肢を選ぶようにしましょう。解答根拠をふまえた選択肢が一つしかなければ、それが正解です。

実は、共通テストレベルだと、これだけでほとんどの設問が解けます。共通テストレベルの論理的文章の設問では消去法で選択肢をしぼることはほとんどないのです。

もちろん、難関私大の設問になると、解答根拠をふまえた選択肢が複数残り、選択肢の違いを精査して「最適なもの」を選ぶものも多くあります。その際は、消去法が有効になってきます。

類題解説

第5問 〈論点〉ゲーム理論――経済学の領野を超えて

難易度 標準

◇一つの説明文＋九つの資料

参照論点

【文章】＝要点1～5

解答と配点

設問	解答番号	正解	配点	自己採点欄
1	1	⑤	各2点	
	2	④		
	3	⑤		
	4	③		
	5	②		
2	6	③	8点	
3	7	②	8点	
4	8	④	8点	
5	9・10	③・⑤	各5点	
6	11	⓪	6点	
合計				／50点

語句解説

【文章】

3 □**利得**……利益を得ること。利益。もうけ。論点解説「要点3」を参照。

6 □**均衡**……つりあいがとれていること。バランス。論点解説「要点3」を参照。

9 □**東西冷戦**……第二次世界大戦後の、アメリカを中心とした資本主義陣営とソビエト連邦（現、ロシア）を中心とする社会主義陣営との、直接戦火を交えない厳しい対立。一九八九年に終結宣言が出された。

□**疑心暗鬼**……疑う心があると、何でもないことまで、恐ろしく感じたり疑ったりすること。

10 □**寡占**……少数の供給者が市場を支配し互いに競争している状態。

11 □**司法取引**……刑事事件で、検察官と被告が、被告の協力を条件として刑を軽減する取引。

【資料1】

□**温室効果**……大気中の二酸化炭素などの気体が、地表から放射される赤外線（熱エネルギー）を吸収して、地球の気温を上昇させること。論点解説「**要点5**」を参照。

要約・読解のポイント

【文章】の要約例

ゲーム理論は、人間関係を科学的に分析するために作られた学問である。まず、参加者の利得の合計がゼロになるものを「ゼロサム・ゲーム」と言う。次に、弱虫はどちらかを決めるゲームを「チキン・ゲーム」と言う。この場合、自分が戦略を変えると損をするという意味で安定的な点が存在しそれを「ナッシュ均衡」と呼ぶ。さらに、互いが最大の利得を得ようとする結果、逆に利得が低くなってしまうゲームを「囚人のジレンマ」と言う。（二〇〇字）

《【文章】の要約・読解のポイント》

【文章】は、多くの読者にとって未知であろう「ゲーム理論」をわかりやすく解説した**説明的文章**である。そこに紹介されているゲームの各モデルの内容や概念を正確に捉えていこう。このような**説明的文章の読解**は、共通テストを機に出題されやすくなった「**実用的文章**」の読解に役立つものである。

❶ゲーム理論の意義と「ゼロサム・ゲーム」（1～3）

ゲーム理論の意義（1～2）と、ゲームの一つ目のモデルである「ゼロサム・ゲーム」（3）の内容をつかむ。

❷「チキン・ゲーム」と「ナッシュ均衡」（4〜8）

ゲームの二つ目のモデルである「チキン・ゲーム」（4〜5）の内容と、「ナッシュ均衡」（6）という概念をつかむ。7・8は「チキン・ゲーム」の具体例なので、要約からは外す。

❸「囚人のジレンマ」（9〜14）

ゲームの三つ目のモデルである「囚人のジレンマ」（9・11・12）の内容をつかむ。10・14は「囚人のジレンマ」の具体例なので、要約からは外す。

設問解説

問1

解答と配点

1 ⑤ 2 ④ 3 ⑤ 4 ③ 5 ②（各2点×5）

解説

(ア) 同**僚**。①＝一目**瞭**然。〈一目見てはっきりとわかる〉の意。②＝**療**養。③＝学生**寮**。④＝納**涼**。⑤＝官**僚**。

(イ) **決**裂。①＝**傑**出。〈抜きん出てすぐれている〉の意。②＝**欠**陥。③＝墓**穴**。④＝議**決**。⑤＝氷**結**。

(ウ) **提**唱。〈新しい考えを示し呼びかける〉の意。①＝音**程**。②＝**堤**防。③＝**定**説。〈一般に正しいと認められている説〉の意。④＝露**呈**。〈隠れているものが外にあらわれる〉の意。⑤＝**提**携。

(エ) 過**当**。①＝未**踏**（**到**）。②＝徒**党**。③＝**当**惑。④＝絶**倒**。抱腹絶倒＝〈腹をかかえてひっくり返るほど大笑いする〉の意。⑤＝**投**合。

(オ) **勘**案。〈あれこれ考え合わせる〉の意。①＝衣**冠**。衣冠束帯＝〈公家の正装〉の意。②＝**勘**当。〈不行跡などを理由に親が子との縁を切る〉の意。③＝**歓**心。④＝**感**慨。⑤＝**観**賞。〈見て楽しむ〉の意。

問2（⇩要点1・2）

解答と配点

6 ③（8点）

設問のねらい

●ゲーム理論の基本モデルである「**ゼロサム・ゲーム**」の内容とその具体例の適否の理解と、**【表1】**の表（ゲーム理論では「**利得表**」という）の読み方の理解を問う設問である。

着眼点

①3と**【表1】**から、「**ゼロサム・ゲーム**」の内容を理解し、**利得表**の読み方をつかむ。

②「**適当でないものを……選べ**」という設問条件に注意すること。

各選択肢の吟味

○「**ゼロサム・ゲーム**」とは、じゃんけんや綱引きのように自分が勝てば相手が負けるゲームである。つまり、ゲームの参加者（「**プレイヤー**」という）の利得の合計が常にプラスマイナスゼロになるようなゲームのことである。

①＝前半のゼロサム・ゲームの説明は適切である。後半の具体例は、市場規模が変わらない場合、ある企業の市場占有率が上昇すればその分他の企業が下落するのでゼロサム・ゲームと言える。適切である。

②＝**【表1】**で、ケンちゃんがチョキを出した場合とは、下から二段目の行を横に見ればよい。各欄の左側がケンちゃんの利得なので、順にマイナス1、0、1となる。またそれぞれの場合の二人の利得の合計はいずれもゼロとなるので、適切である。

③＝前半のゼロサム・ゲームの説明は適切である。後半の具体例は、サッカーのあるチームの得点と失点の総和はゼロにはならないので、ゼロサム・ゲームの具体例としては不適切である。これが正解である。

④＝**【表1】**で、エイコさんがパーを出した場合とは、右端の列を縦に見ればよい。各欄の右側がエイコさんの利得なので、順に1、マイナス1、0となる。またそれぞれの場合の二人の利得の合計はいずれもゼロとなるので、適切である。

⑤＝前半のゼロサム・ゲームの説明は適切である。後半の具体例は、五人の生徒が参加して行われる総当たり戦の剣道の試合では、誰かが勝てばその分相手の者が負けるのでゼロサム・ゲームと言える。適切である。

問3（⇩要点2・3）

解答と配点

7 ②（8点）

設問のねらい

●「**チキン・ゲーム**」というゲームモデルを通して、「**ナッシュ均衡**」というゲーム理論における最重要概念の理解を問う設問である。

着眼点

○4～8から「**チキン・ゲーム**」の内容を読み取り、「**ナッシュ均衡**」の意味をつかむ。特に6で二度書かれている「安定的な点」という語句に注意する必要がある。

各選択肢の吟味

○「**チキン・ゲーム**」とは、取引における交渉問題の分析に利用されるゲームモデルである。【**表2**】では、一つの巻物を手に入れようと虎と龍とが争っている。自分が強引に出て相手が妥協すれば自分が巻物を独占できて利得は最高になる。その場合、妥協した相手は**チキン**（臆病者）と呼ばれ屈辱を味わうため、「**チキン・ゲーム**」と呼ばれる。しかし両者がともに強引に出て譲歩しない場合には巻物は破れて読めなくなり最悪の結果となる。

○「チキン・ゲーム」における「安定的な点」である「**ナッシュ均衡**」は、A・Bが（強引、妥協）の場合と（妥協、強引）の二つ存在すると6にある。では、どういう意味で「安定的な点」なのか。例えばA・Bが（強引、妥協）の場合、それぞれの利得は（3，1）だが、Aが自分の手を強引から妥協に変えれば利得は3から2に下がってしまうし、Bも自分の手を妥協から強引に変えれば利得は1から0に下がってしまう。AもBも、「**自分が戦略を変えれば損をする**」あるいは「**自分一人で自分の利得をこれ以上高めることはできない**」という意味で「安定的な点」なのである。

なお、各選択肢の第三文は共通なので、第一文と第二文を検討する。

①＝第一文の説明が不適切。第二文の具体例も「（強引、強引）……」としている点で不適切である。

②＝第一文の説明、第二文の具体例ともに適切で、これが正解である。

③＝第一文の説明が不適切。第二文の具体例も「（妥協、妥協）……」としている点で不適切である。

④＝第一文の説明で「相手の利得は変わらない」という点が

不適切であり、第二文の具体例も「Bの利得は1のまま変わらない」としている点が不適切である。

⑤＝第一文の説明は適切だが、第二文の具体例のBの利得が「3から0に下がってしまう」が不適切である。正しくは「3から2に下がってしまう」である。

問4 （⇩要点4）

解答と配点

8 ④ （8点）

設問のねらい

●現代文での重要単語の一つである「ジレンマ」の意味、及び、ゲーム理論において最も有名である「囚人のジレンマ」というゲームモデルの理解が求められている。

着眼点

○9～14から「囚人のジレンマ」の内容を読み取り、「ジレンマ」の意味の適否と合わせて各選択肢を吟味する。

各選択肢の吟味

X「ジレンマ」とは、相反する二つの事柄の板ばさみになってどちらにも決めかねる状態、あるいは、二つの選択肢のいずれの場合も望ましくない結果が生まれる状態を言う。

Y「囚人のジレンマ」とは、囚人たちはともに黙秘（協力）するほうがともに自白する（裏切）より高い利得が得られるにもかかわらず、相手が黙秘でも自白でも、自分は自白を選んだほうが黙秘よりも高い利得が得られるため、両者ともに自白を選んでしまい、結果として低い利得しか得られないことを言う。

①＝Xが不適切。これは「アンビヴァレンス（対立感情並存）」の説明である。

②＝Xが不適切。これは「自家《じか》撞着《どうちゃく》」もしくは「矛盾」の説明である。

③＝Xは適切だが、Yは「相手が『自白』すれば自分は『黙秘』したほうが高い利得が得られる」が不適切。

④＝X・Yともに適切であり、これが正解である。

⑤＝Xは適切だが、Yが不適切。

問5（⇩要点5）

解答と配点

9・10 ③・⑤（5点×2）

設問のねらい

❶地球環境問題が「囚人のジレンマ」のモデルで分析できることの具体的な理解力が求められている。

❷「複数の【資料】を関連付ける」という、共通テストを機に出題されやすくなった設問である。

着眼点

①【資料1】～【資料5】と【文章】の内容を関連付けながら読み取り、各選択肢の内容を詳細に吟味する。

②「適当でないものを……二つ選べ」という設問条件に注意すること。

各選択肢の吟味

①＝【資料1】から読み取ることができる。適切である。

②＝【資料2】、【資料3】から読み取ることができる。適切である。

③＝「自国の経済発展を優先するほうが利得が低い……」としている点が不適切。【資料3】から、アメリカが地球温暖化対策に協力した場合でも自国の経済発展を優先した場合でも、他の国々は自国の経済発展を優先したほうが利得が高いことがわかる。これが一つ目の正解である。

④＝【資料4】から読み取ることができる。適切である。

⑤＝「温室効果ガスの排出について消極的」としている点が不適切。「排出削減（抑制）について消極的」が正しい。生徒Sの発言「削減に消極的で」、および生徒Uの発言「排出量の抑制に消極的」がヒントになるだろう。これが二つ目の正解である。

⑥＝【資料2】、【資料4】、【資料5】から読み取ることができる。適切である。

問6

解答と配点

11 ⓪（6点）

設問のねらい

❶【文章】の様々な表現がどのような意味・働きを持っているかの理解が問われている。

❷「**ゼロマークの設問**（**＝該当する選択肢がない場合に⓪を選ぶ設問**）」という、共通テストを機に出題されやすくなった設問である。

着眼点

①各選択肢で指摘されている表現が、各選択肢で説明されている通りの働き等をしているかを、具体的に考える。

②「**適当でないものを……選べ**」、及び、「**該当する選択肢がない場合は⓪を選べ**」という二つの設問条件に注意すること。

各選択肢の吟味

①〜⑤のいずれも適切な説明であると言える。正解は⓪である。

【文章】

出典　松井《まつい》彰彦《あきひこ》『高校生からのゲーム理論』（ちくまプリマー新書　二〇一〇年）

著者　松井彰彦　一九六二―。経済学者。東京都生まれ。**主な著書**『市場って何だろう――自立と依存の経済学』（ちくまプリマー新書）、『ミクロ経済学――戦略的アプローチ』（梶井《かじい》厚志《あつし》との共著、日本評論社）など。

※**類題5**の主な参考文献

・J・フォン・ノイマン、O・モルゲンシュテルン著、銀林《ぎんばやし》浩《こう》、橋本《はしもと》和美《かずみ》、宮本《みやもと》敏雄《としお》監訳、阿部《あべ》修一《しゅういち》翻訳『ゲームの理論と経済行動』（ちくま学芸文庫）

・橘《たちばな》玲《あきら》『「読まなくてもいい本」の読書案内――知の最前線を5日間で探検する』（ちくま文庫）

・鎌田《かまだ》雄一郎《ゆういちろう》『ゲーム理論入門の入門』（岩波新書）

・天谷《あまや》研一《けんいち》『図解で学ぶ　ゲーム理論入門』（日本能率協会マネジメントセンター）

・友野《ともの》典男《のりお》『行動経済学――経済は「感情」で動いている』（光文社新書）

【学習コラム⑤】漢字の成り立ちを知ろう

漢字の学習を苦手にしている受験生はたくさんいると思います。実は漢字の成り立ちを知ると、漢字が覚えやすくなるのです。漢字の成り立ちには四種類あります。

①「象形文字《しょうけい》」…物の形を線で表した漢字です。(例)山が連なるようす→「山」。

②「指事文字《しじ》」…形として描きにくい事柄を点や線で表した漢字です。(例)木の根元に一を加える→「本《もと》」。

③「会意文字《かいい》」…二つ以上の漢字の意味を組み合わせて作られた漢字です。(例)「山」+「石」→「岩」。

④「形声文字《けいせい》」…意味を表す漢字と発音（音読み）を表す漢字を組み合わせた漢字です。

注目してほしいのは、全体の80%以上を占める④の「形声文字」です。例えば、「晴」は「日がみえる」の意味を表す「日」と、「セイ」の発音を表す「青」が組み合わされています。そして、「清・精・請・静」も「青」が共通しているので、音読みは「セイ」だと分かります。また、「裏」は、衣服を意味する「衣」(「裏」の漢字は上と下の部分に分かれています)と、「リ」の発音を表す「里」が組み合わされています。このように、意味を表す部分と音読みを表す部分を意識すれば、漢字は楽に覚えられるようになりますよ。

類題解説

第6問 〈論点〉法哲学——悪法に従う義務はあるか？

難易度 発展

◇一つの論説文＋三つの資料

参照論点
【文章】＝要点1～4

解答と配点

設問	解答番号	正解	配点	自己採点欄
1	1	③	各2点	
	2	①		
	3	②		
	4	⑤		
	5	①		
2	6	②	7点	
3	7	④	7点	
4	8	①	9点	
5	9	④	9点	
6	10	⑤	8点	
合計				／50点

語句解説

【資料Ⅱ】

□控訴《こうそ》……第一審の判決を不服として、上級裁判所に再審査を求めること。

□上告《じょうこく》……控訴審の判決に不服があるとき、さらに上級の裁判所に対して再度の審査を求めること。

【文章】

1 □遵法《じゅんぽう》（順法）……法を守り、それに従うこと。

要約・読解のポイント

【文章】の要約例

悪法に従う道徳的義務（「遵法義務」）はあるか。①悪法は法ではないから従うべきではない、②悪法も法だが遵法義務はない、③悪法も法である以上従うべきでありそれに反する行為は許されない、という三つの答え方では、法の内容の善し悪しについて争いがある事態への対応が十分でない。そこで、遵法義務とは悪法を尊重しつつ是正する義務であると定義し直せば、市民的不服従は遵法義務に反しないという第四の考え方が可能となる。

（二〇〇字）

《【文章】の要約・読解のポイント》

❶悪法に従う道徳的義務（「遵法義務」）はあるか。（[1]～[3]）

　[1]で話題が提示されている。「遵法義務」、「悪法問題」というカギカッコ付きの語句の意味をおさえよう。「どぶろく裁判」については具体例なので、文章理解には重要だが、要約の際には省略する。

❷四つの答えの候補と①・②の問題点。（[4]～[6]）

　①・②の答えと、両者が理論的不同意への対応として不十分であること、及び、「理論的不同意」とは「法の内容の善し悪しについて争いがある事態」であることをおさえる。

❸③の答えとしてのドゥオーキンの議論とその問題点。（[7]～[10]）

　ドゥオーキンの議論は③の答えであることを、まずおさえる。内容は難解だが、[10]冒頭の「しかし」に着目し、ドゥオーキンの議論と対比関係にある筆者による批判をつかむ。

❹市民的不服従は遵法義務に反しない。（[11]～[16]）

　遵法義務の再定義と市民的不服従の定義の内容をおさえる。⇩④の答え（＝筆者の立場）が導かれる、という結論にいたる因果関係を正確につかむ。

※要約では、①・②・③の答えの問題点を共通のものとしてまとめると、短くまとめることが可能になる。

設問解説

問1

解答と配点

1 ③ 2 ① 3 ② 4 ⑤ 5 ①（2点×5）

解説

(ア)**承**知。①＝**奨**励。②＝**紹**介。③＝継**承**。④＝干**渉**。⑤＝**肖**像。

(イ)候**補**。①＝**補**償。〈損失をつぐなう〉の意。②＝**火**（**帆**）影。③＝**保**障。〈保護して守る〉の意。④＝逮**捕**。⑤＝店**舗**。

(ウ)**侵**害。①＝**心**中。②＝**侵**犯。③＝**審**判。④＝**浸**透。⑤＝**振**興。

(エ)糾**弾**。〈罪を問いただし非難する〉の意。①＝**談**論。②＝**断**腸。③＝集**団**。④＝手**段**。⑤＝**弾**劾。〈不正を明らかにして責任を追及する〉の意。

(オ)異**議**。〈異なった意見〉の意。①＝発**議**。②＝**疑**心。③＝**偽**造。④＝意**義**。〈意味や価値〉の意。⑤＝**戯**曲。

問2

解答と配点

6 ②（7点）

設問のねらい

❶「『**実用的文章**』である**【資料】**を読み取る」という、共通テストを機に出題されやすくなった設問である。

❷**【資料Ⅰ】**、**【資料Ⅱ】**そのものを正確に読み取れたかが問われている。

着眼点

○「どぶろく裁判」についての**【資料Ⅰ】**と**【資料Ⅱ】**に基づいて、各選択肢を吟味する。

各選択肢の吟味

①＝「酒を販売を目的として」とする点が不適切。**【資料Ⅱ】**の本文第1段落6文には「酒を販売を目的としない形で」とある。

②＝**【資料Ⅱ】**の本文第1段落8文の内容に合致している。これが正解である。

③＝「Xは、自己の信念に基づいて……酒造を行い、……違

憲性をアピールする運動を行った行為が、酒税法に反する」とする点が不適切。【資料Ⅰ】、【資料Ⅱ】のいずれからも「免許を受けずに酒類を製造した者を罰する」ということが読み取れる。

④＝「最高裁は、Xの主張は著しく不合理であるとは言い難いとして」とする点が不適切。【資料Ⅱ】の本文第3段落2文から、最高裁が「著しく不合理であるとは言い難い」としているのは、「Xの主張」ではなく、「酒税法の内容」だとわかる。

⑤＝「行政官庁に広く裁量が認められる」とする点が不適切。【資料Ⅱ】の本文第3段落2文には「広範な立法裁量が認められる」とある。「立法裁量」とは「国会が自由に判断する」ことであり、「行政官庁」ではない。

問3 （⇩要点1・2・3）

解答と配点

7 ④ （7点）

設問のねらい

●【文章】の4に、悪法問題についての答え方の四つの候補が挙げられているが、「理論的不同意」とはその可否を論じるための重要概念として提示されている。その内容理解を問う設問である。

着眼点

① 「理論的不同意」は、【文章】の6の2文に「理論的不同意とは、……法の内容の善し悪しをめぐる争いにより、何が法かについて見解が異なる事態であった」と定義されていることに着目した上で、5、6の内容に基づいて、各選択肢を吟味する。

② 「適当でないものを……選べ」という設問条件に注意すること。

各選択肢の吟味

①＝6の2文にある「理論的不同意」の定義文を、言葉を少し補いながら説明したものであり、適切である。

②＝傍線部Bを含む5の1文の「理論的不同意」という語句の部分を、「理論的不同意」の定義文に置き換えたものであり、適切である。

③＝6の3文（「そして、『遵法義務があるか』の問いは、理論的不同意の下でより深刻なものとなる。」）の「遵法義

務」と「理論的不同意」を適切に言い換えたものである。

④＝「多くの人が法と認めるか否かを争うことを躊躇する」とする点が不適切。6の4文には「ニュルンベルク法やアパルトヘイトに従うことに……躊躇する」とある。これが正解である。

⑤＝6の3・4文の内容に合致し、適切である。

問4 （⇩要点1・2・3）

解答と配点

8 ①（9点）

設問のねらい

●悪法問題についての③の答え方に関連して、7から9でドゥオーキンの議論が紹介されている。傍線部Cは、筆者がドゥオーキンの議論に対してその問題点を指摘したものであり、傍線部の精密な理解が求められている。

着眼点

○7〜9のドゥオーキンの議論について、何が問題となると筆者が主張しているのかを、傍線部Cとそれに続く同段落の内容から読み取る。

各選択肢の吟味

○7〜9のドゥオーキンの議論を整理すると次のようになる。

7・8＝ある法が「整合性」条件と「道徳性」条件を満たす。
⇩その法は「純一性」を有している。
⇩その法が不正であっても（悪法であっても）われわれは遵法義務を負う。

9＝「酒税法は法であるか」。Xの立場からは、酒税法の純一性は疑われるのに対して、最高裁の立場からは酒税法の純一性が認められるとする。そして、いずれの考え方が純一性に照らして優れているかによって、酒税法が法であるか否かが決するとしている。

○**傍線部Cを三つの要素に分けて検討する。**

ⓐ＝「**ここで考えなくてはならないのは**」。「ここ」という指示語は直前9の「ドゥオーキンに沿って酒税法が法であるか考えた場合」と解される。

ⓑ＝「**理論的不同意の下では**」。9の5文に「このような理論的不同意の下で」とあるので、この部分を指示しているとも考えられるが、そうするとⓑ・ⓒは「被告人Xの立場からは、酒税法の純一性は疑われるのに対して、最高裁の立場からは酒税法の純一性が認められるような場合には（ここまでがⓑ）、酒税法が純一性を有するか否かも争われる（ⓒ）」という同語反復となって無意味な内容となってしまう。そこでⓑはより広く（問3で検討したように）「**酒税法が法であるか否かについて見解が分かれている状況では**」と解するのが妥当である。

ⓒ＝「**ある法が純一性に照らして最善の正当化に服しているかどうかも争われることである**」。8に照らして、「（ⓑの条件の下では）、ある法が純一性を有するか否かも争われる」ことを述べていると解される。

①＝ⓐ・ⓑ・ⓒ3つの要素すべての説明が含まれており、適切である。これが正解である。

②＝ⓐは適切だが、「酒税法が既存の法全体と……」以下がⓑ・ⓒの説明として不適切である。

③＝ⓐは適切だが、「最高裁が」が不適切。10の2文には「国会が」とある。また、「最高裁が……」以下がⓒの説明だけであり、**ⓑが不足している**。

④＝ⓐは適切だが、「Xの主張に従えば……」以下がⓑの説明だけであり、**ⓒが不足している**。不適切である。

⑤＝ⓐは適切だが、「酒税法が純一性に照らして……」以下がⓑ・ⓒの説明として不適切である。

▼傍線部を分ける……傍線部説明の設問では「**傍線部を分けて、選択肢にすべての要素**（今回で言えば、ⓐ・ⓑ・ⓒの3つの要素）**の説明があるか否かを検討すること**」が重要であることを知っておこう。この解法を使えば、ⓑについての詳細な検討をしなくても正解に達しただろう。

問5（⇩ 要点4）

解答と配点

9 ④（9点）

設問のねらい

●悪法問題についての筆者の主張内容の理解と、それに基づくソクラテスの態度への評価の理解が問われている。

着眼点

以下の手順で解く。

① 11 ～ 16 で筆者の主張する「**遵法義務**」と「**市民的不服従**」という概念を捉える。

② それに基づいて、ソクラテスが選択した態度を【**資料Ⅲ**】から読み取ることで、選択肢を吟味する。

各選択肢の吟味

○筆者の主張する「**遵法義務**」と「**市民的不服従**」の概念を整理すると次のようになる。

「**遵法義務**」とは……

ⓐ一般に理解されているような「悪法に従う道徳的義務」ではなく（11）、

ⓑ「法の内容を裏づける道徳的理由を尊重し」、

ⓒ「各自の信念や良心のみに従って行動することを止め」、

ⓓ「法に大きく優越する道徳的理由がある場合には、法を是正するために尽力する」ことである（12）。

「**市民的不服従**」とは……

ⓔ「特定の法を是正するために、あえて違法行為を行って、人々に不正な法の存在とその改革の必要を訴える異議申し立てである」。

ⓕそれはまた、「**革命的抵抗**」とも、「**良心的拒否**」とも異なる。

ⓖさらにそれゆえに、「法一般を尊重し、違法行為に対する法的制裁を甘受せねばならない」。

ⓗその結果、「市民的不服従は遵法義務に反するものではない」（15）。

①＝「すべての法を」とある点が、ⓔの「特定の法を」に反しており、不適切。

②＝遵法義務を「悪法でもそれを尊重し従う義務である」とする点がⓐに反しており、不適切。

③＝市民的不服従について「自らの良心に反する行動を拒絶しつつ」とする点がⓕに反しており、不適切。

④＝「遵法義務」の説明は12と合致しているといえる。また、ソクラテスの「自らの無実を訴え弁明しつつも判決を受け入れている」という態度は、「遵法義務」についての12の内容を満たしていると判断できる。ゆえに適切であり、これが正解である。

⑤＝「ソクラテスは法的制裁を甘受しているとはいえない」としているが、これは【資料Ⅲ】の、ソクラテスが「誤った判決でも従わなければならない」と言い判決通り自ら毒杯をあおり死んだ、という内容に反し、不適切。

問6

解答と配点

10 ⑤ （8点）

設問のねらい

●【文章】の様々な表現がどのような意味・働きを持っているかの理解が問われている。

着眼点

① 各選択肢で指摘されている表現が、各選択肢で説明されている通りの働き等をしているかを、具体的に考える。

② 「適当でないものを……選べ」という設問条件に注意すること。

各選択肢の吟味

①＝指摘されている表現は「必要なんてないはずだ」、「きいているんだ」、「法は法なんだから」と、それぞれ「口語的な表現」（＝話し言葉であり、書き言葉ではない）となっている。そして、その口語的表現によって「悪法に従う道徳的義務はあるか？」という問いに対して読者が自らの答えとして実感しやすくすることによって、自分がこの「議論に参加している気持ちにさせる」働きがあると言える。適切である。

②＝「いわゆる」という語の意味は「世間一般に言われている」、「俗に言われている」であり、かつ、「『どぶろく裁判』」という語句に付けられているカギカッコの働きは「特別な意味を示す」ものであると判断できることから、

適切である。

③＝8から始まるドゥオーキンの「議論の趣旨を予め示」していると言え、それによって「議論の内容の理解を促」していると言える。適切である。

④＝「一定の」という語句の意味は「十分ではないがそれなりの」であり、「最高裁の考え方にも説得力が（十分ではないかもしれないが）それなりにある」と筆者が評価していると言える。適切である。

⑤＝「キング牧師の公民権運動」は、「市民的不服従」の具体例として筆者が挙げているものであり、「歴史的事実に置き換えて」とは言えない。また「より広い視点から」という説明も不適切である。これが正解である。

【文章】【資料Ⅰ】【資料Ⅱ】

出典 横濱竜也《よこはまたつや》「悪法に従う義務はあるか？」（瀧川裕英《たきかわひろひで》編『問いかける法哲学』法律文化社 二〇一六年）

著者 横濱竜也 一九七〇―。法哲学者。大阪府生まれ。**主な著書** 『遵法責務論』（弘文堂）など。

【資料Ⅲ】

出典 瀧川裕英「遵法義務」（瀧川裕英・宇佐美誠《うさみまこと》・大屋《おおや》雄《たけ》裕《ひろ》『法哲学』有斐閣 二〇一四年）

著者 瀧川裕英 一九七〇―。法哲学者。愛知県生まれ。**主な著書** 『国家の哲学――政治的責務から地球共和国へ』（東京大学出版会）など。

※**類題6の主な参考文献**

・荻上《おぎうえ》チキ・内田《うちだ》良《りょう》『ブラック校則――理不尽な苦しみの現実』（東洋館出版社）

・西垣《にしがき》通《とおる》・河島《かわしま》茂生《しげお》『ＡＩ倫理――人工知能は「責任」をとれるのか』（中公新書ラクレ）

・岩田《いわた》靖夫《やすお》『増補　ソクラテス』（ちくま学芸文庫）

・加来《かく》彰俊《あきとし》『ソクラテスはなぜ死んだのか』（岩波書店）

・プラトン著、久保《くぼ》勉《まさる》訳『ソクラテスの弁明・クリトン』（岩波文庫）

【学習コラム⑥】論理的文章の選択肢の着眼点

【学習コラム④】で触れた通り、共通テストレベルの論理的文章の設問では消去法で選択肢をしぼる必要性はほとんどないのですが、それでも、難関私大を含めて、各選択肢が長い場合に、よくある「ひっかけ」の選択肢のパターンを知っておくことは役に立つことがあるでしょう。

代表的な「ひっかけ」のパターンとして、次の三つを知っておきましょう。

①因果関係の誤り。選択肢に示されている因果関係が本文と逆であったり、ずらされていたりして本文と異なるパターンです。

②比較・優劣の誤り。本文では比較されていない二つの事項が選択肢で比較されていたり、優劣が論じられたりしているパターンです。

③要素不足。傍線部説明の設問で、例えば傍線部にはA・B・Cの三つの要素が含まれているのに、選択肢にはA・Bの二つの要素しか含まれていないパターンです。「選択肢のどこが本文と異なるのか？」と考えていてはひっかかるおそれがあります。選択肢を吟味する時の着眼点として、以上の三つを意識しましょう。

参考問題

文学的文章

難易度 **標準**

◇二つの文章

解答と配点

設問	解答番号	正解	配点	自己採点欄
1	1	⑤	各3点	
	2	④		
	3	③		
2	4	③	8点	
3	5	②	8点	
4	6	④	7点	
5	7・8	①・④	各4点	
6 (i)	9	⓪	5点	
6 (ii)	10	④	5点	
合計				／50点

語句解説

【文章Ⅱ】

1 □**糺《ただ》す**……厳しく取り調べて、物事の理非を明らかにする。

□**バロック**……一六世紀末から一八世紀半ばにかけてヨーロッパで流行した芸術様式。ルネサンス様式が調和と均整を理想としたのに対し、技巧・装飾を重視した。

□**マニエリスム**……ルネサンスからバロックへの移行期に興った、極度に技巧的・作為的な芸術様式。

2 □**大《おお》風《ぶ》呂《ろ》敷《しき》（を広げる）**……誇大なことを言う。実現するはずもない計画を立てる。

□**ロマン主義**……一八世紀から一九世紀にかけてヨーロッパを中心に流行した文芸・芸術運動。普遍的・理性的なものを理想とした古典主義に対立するものとして、個性や自我の自由な表現、情緒や想像力を重視した。

設問解説

問1

解答と配点

1 ⑤　2 ④　3 ③　（3点×3）

解説

(ア)「瓜実顔」とは、瓜の種に似た、色白でやや面長の顔のことで、昔は美人の条件だった。⑤が正解である。

(イ)「ねんごろに」とは、心をこめて、あるいは、異性との仲が親密なさま。④が正解である。

(ウ)「憫笑する」とは、あわれみ笑うこと。③が正解である。なお、①は「嬌笑《きょうしょう》」、②は「失笑《しっしょう》」、④は「朗笑《ろうしょう》」、⑤は「嘲笑《ちょうしょう》」、である。

> ▼「**語句の意味**」を問う設問では、比喩表現を除いて原則として、辞書の意味を外れた選択肢は正解にならないことを知っておこう。文学的文章でも語彙力は大切である。

問2

解答と配点

4 ③　（8点）

設問のねらい

● 時間の経過に沿った、男の心情の移り変わりの理解が求められている。文学的文章では頻出の設問類型である。

着眼点

○【文章Ⅰ】の5から13までに書かれている**事実**と男の**心情**をつかみ、各選択肢と照合する。

各選択肢の吟味

ⓐ 9・10で、男は女の願い（＝5）通りに女を埋葬した。「月の光」とあるので時間帯は夜である。埋葬が終わる時、「自分の胸と手が少し暖くなった」（10の末尾）とある。これは、女の願い通りに埋葬が終わり安心したと考えられる。

ⓑ 11で、男は「これから百年の間こうして待っているんだな」と長く続くであろう今後の時間を思っている。その後、朝になり夜が来て、「女の云った通り」だと納得している。

ⓒ しかし、13では、傍線部Aの通り、女の言葉に疑いを抱き

始めているのである。なお、疑いを抱き始める前に長い時間が経過している（太陽が数え切れないほど頭の上を通り越し、墓標である丸い石にも苔が生えている）ことも確認しておこう。

①＝「日が沈む前に女を埋葬することができて」がⓐに反しており、不適切。

②＝「短い月日しか経たないうちに」がⓒに反しており、不適切。

③＝ⓐ・ⓑ・ⓒのすべてを満たしている。これが正解である。

④＝「星の破片……を墓標にできて」がⓐに反し、「短い月日しか経たないうちに」がⓒに反しており、不適切。

⑤＝「女の死の直後よりいっそう強い喪失感」がⓐに反しており、不適切。

問3

解答と配点

5 ②（8点）

設問のねらい

❶男が気づいた理由という、文学的文章における**因果関係**の理解が求められている。文学的文章では頻出の設問類型である。

❷**「ゼロマークの設問（＝該当する選択肢がない場合に⓪を選ぶ設問）」**という、共通テストを機に出題されやすくなった設問である。

着眼点

以下の手順で解く。

①**【文章Ⅰ】**の14より、男が「百年はもう来ていたんだな」と気づいたということは、女が逢いに来たと感じたからであり、眼の前に咲いた百合が女の化身であると思ったからだ、ということをつかむ（**【文章Ⅰ】**だけからではこの内容がつかめなかった場合でも、選択肢を読んで気づくことができれば大丈夫だ）。

②各選択肢の前半は同様の内容なので、後半の内容と本文を

照合して、適否を判断する。

③「**適当でないものを……選べ**」という設問条件に注意すること。

各選択肢の吟味

○各選択肢の後半の、百合を女の化身と感じた理由が**【文章Ⅰ】**から読み取れるかを吟味する。

①＝[13]の最終文と、[14]の1・2文から読み取れる。適切である。

②＝花の匂いが「女の匂いと同じであった」という内容は、**【文章Ⅰ】**からは読み取れず、不適切。これが正解である。

③＝[2]の3文と、[14]の4文から読み取れる。適切である。

④＝「露」は[8]の女の涙を、「暁の星」は「自分」を見つめる女の眸を思い出させる。適切である。

⑤＝着眼点の①に合致する。適切である。

なお、次に「文学的文章の**因果関係**」のつかみ方の基本を記しておくので、ぜひ知っておいてほしい。

▼文学的文章の因果関係

ある「**できごと**」が起こり、それが原因となってある「**心情**」が生まれ、それが原因となってある「**行動**」がとられる。

その行動が、他者にとっては「**できごと**」になり、「**心情**」が生まれ、「**行動**」がとられ……、と無限に繰り返される。つまり、

できごと ⇩ **心情** ⇩ **行動**

の順序で原因と結果が繰り返されるのである。

そこで、理由・原因を問われる設問では、この時間の流れを逆にたどることが必要になる。すなわち、

❶**「心情」の理由を問われたら、「直前のできごと」を、**

❷**「行動」の理由を問われたら、「直前の心情」を、**

つかむことが必要となる。

ただし、必ずしも時間的順序で書かれていないこともあること、「直前のできごと」や「直前の心情」が傍線部の後ろに書かれていることもあることには留意しておこう。

問4

解答と配点

6 ④（7点）

設問のねらい

❶【文章Ⅰ】についての文芸評論である【文章Ⅱ】の内容を、【文章Ⅰ】と関連付けながら理解する力が求められている。

❷「**複数の【文章】を関連付けて理解する**」という、共通テストを機に出題されやすくなった設問である。

着眼点

以下の手順で解く。

① 傍線部Cの「女を死なせるこの物語の『欲望』」とは、「この物語が女を死なせることを『欲望』している」という意味であることをつかむ。

② 傍線部Cの直後の一文が傍線部Cの繰り返し（同義関係）であることに着目した上で、【文章Ⅰ】1～8と合わせて、各選択肢を吟味する。

各選択肢の吟味

①＝「女がなぜ死ぬことを欲望したのか」が、傍線部Cの解釈として不適切である。

②＝「女がなぜ強く再会を欲望したのか」が、傍線部Cの解釈として不適切である。

③＝「女は……覚悟の自殺を遂げている」、「女が自殺した」が、【文章Ⅰ】からは読み取れず、不適切である。

④＝傍線部Cの解釈、【文章Ⅰ】の説明ともに適切である。これが正解である。

⑤＝「『自分』から見ればまったく死にそうにない」が、【文章Ⅰ】2の6文「自分も確にこれは死ぬなと思った」に反しており不適切である。

問5

解答と配点

[7]・[8] ①・④（4点×2）

設問のねらい

●【文章Ⅰ】での女の不思議な台詞である二重傍線部Xについて、【文章Ⅱ】でどのように解されているかを正確に理解する力が求められている。

着眼点

① 各生徒の発言内容を、【文章Ⅰ】、【文章Ⅱ】の該当箇所と照合する。

② 「**適当でないものを……二つ選べ**」という設問条件に注意すること。

各選択肢の吟味

①＝「『そこ』というのは、相手の男の眼を指している」が、【文章Ⅱ】の[3]の最終文「それが自分の眼に写っている」、および[5]の1文「見ている男を女の目も見ていることを示している」に反しており、不適切。これが一つ目の正解である。

②＝【文章Ⅱ】の[3]の内容に合致しており、適切である。

③＝【文章Ⅱ】の[5]の1～2文の内容に合致しており、適切である。

④＝「女が……星の破片と化している」が、【文章Ⅱ】の[5]の2文に反しており、また【文章Ⅰ】からも読み取ることはできず、不適切。これが二つ目の正解である。

⑤＝【文章Ⅰ】の[1]、および【文章Ⅱ】の[1]の内容に合致しており、適切である。

問6（i）

解答と配点

[9] ⓪（5点）

設問のねらい

❶センター試験の時代から頻出である「**表現の特徴を問う設問**」である。

❷「**ゼロマークの設問（＝該当する選択肢がない場合に⓪を選ぶ設問）**」という、共通テストを機に出題されやすくなった設問である。

着眼点

○各選択肢で指摘されている内容の正否を【文章Ⅰ】と照合する。

各選択肢の吟味

①＝「嗅覚に訴える表現はない」が不適切。9の4文に「湿った土の匂もした」、14の4文に「真白な百合が……匂った」とある。

②＝たしかに台詞にはカギカッコのあるものとないものがあるが、カギカッコのないものでも実際の発言がある。例えば2の1文「仰向に寝た女が、静かな声でもう死にますと云う」の「もう死にます」がそれに該当する。ゆえに、不適切。

③＝「『にこりと』のように擬声語は多用されている」が不適切。「にこりと」は擬態語である。

④＝「部分的に女の視点も取り入れられている」が不適切。地の文はすべて男の視点から描かれている。

以上より、正解は⓪である。

なお、次に「文学的文章における表現の特徴」の設問についての注意点を記しておくので、ぜひ知っておいてほしい。

▼「文学的文章における表現の特徴」の設問の注意点

ⓐ文学的文章では、読者の五感のいずれかに訴える表現が重要な役割を果たすことが多い。視覚・嗅覚・味覚・聴覚・触覚という**五感に関わる表現**には注意しよう。

ⓑ**台詞**には、カギカッコのあるものとないものがある。そして、台詞には、実際の発言と心の中の言葉（「**心内語**《しんないご》」という）がある。カギカッコの有無によって、両者が区別されている場合もあるが、混在しているものもある。

ⓒ**修辞法**《しゅうじほう》（表現技法）の知識が問われることがあるので、基本的な修辞法の名称と意味は知っておこう。

「**比喩**《ひゆ》」……たとえ。ある物事を、共通点のある別な物事にたとえること。

「**直喩**《ちょくゆ》」＝「**明喩**《めいゆ》」……「〜ような」等のたとえを表す表現を用いる比喩。「山のような宿題」。

「**隠喩**《いんゆ》」＝「**暗喩**《あんゆ》」＝「**メタファー**」……「〜ような」等のたとえを表す表現を用いない比喩。「僕は孤独な狼だ」。

「**擬人法**《ぎじんほう》」＝「**活喩**《かつゆ》」……人間でないものを人間のよ

うに表現する比喩。「風で木の葉がささやいている」。

「**擬《ぎ》態語《たいご》**」……事物の状態や身ぶりの感じ（音がしていないもの）を表した語。「にっこり」、「すべすべ」等。

「**擬《ぎ》声語《せいご》**」＝「**擬《ぎ》音語《おんご》**」……物の音や動物の声の感じ（音がしているもの）を表した語。「ザアザア」、「ワンワン」等。


ⓓ「**地《じ》の文**」（台詞以外の部分）が誰の視点で描かれているかは、しばしば問われているので、文章を読む時留意しよう。

○「表現の特徴」の設問は、**文章を読む前に各選択肢を読んでおく必要がある場合がある**。特に、**段落番号や引用部分が示されていない選択肢**（本設問では①・②・④）は、最初に読んでおかないと後で文章をチェックし直さなければならなくなるおそれがあるからである。時間との闘いである試験では重要である。

問6(ii)

解答と配点

[10] ④ （5点）

設問のねらい

❶センター試験の時代から頻出である「**表現の特徴を問う設問**」である。

❷「**ゼロマークの設問（＝該当する選択肢がない場合に⓪を選ぶ設問）**」という、共通テストを機に出題されやすくなった設問である。

着眼点

①各選択肢で指摘されている表現が、各選択肢で説明されている通りの働き等をしているかを、具体的に考える。

②「**適当でないものを……選べ**」という設問条件に注意すること。

各選択肢の吟味

①＝「夢」について「夢中で考え詰めてくれると有難い」というのは言葉遊びと言える。また、言葉遊びが文学にとって重要であるということは[2]から読み取れる。以上から、適

切である。

②・③＝いずれも適切な説明である。

④＝たしかに、学生が文学解釈について未熟であることは【文章Ⅱ】から読み取れる。しかし、学生のレポートを「批判的に取り上げている」は不適切である。例えば2では、「百合」についてのK嬢のレポートを肯定的に捉えている。これが正解である。

【文章Ⅰ】

出典　夏目《なつめ》漱石《そうせき》『夢十夜』（『夏目漱石全集 10』ちくま文庫　一九八八年）

作者　夏目漱石　一八六七―一九一六。小説家。東京都生まれ。

【文章Ⅱ】

出典　高山宏《たかやまひろし》『夢十夜を十夜で』（はとり文庫　二〇一一年）

著者　高山宏　一九四七―。英文学者、翻訳家。岩手県生まれ。**主な著書**『新人文感覚Ⅰ　風神の袋』（羽鳥書店）など。

【学習コラム⑦】熟語の構造を知ろう

二字熟語の意味や書きを覚えようとする時に役に立つのが、熟語の構造の知識です。代表的な熟語の構造を以下に示しますので、知っておいてください。

①上の語が下の語を修飾する。「日光（日の光）」、「最高（最も高い）」など。

②上の語が主語、下の語が述語。「地震（地が震える）」、「日没（日が没する）」など。

③下の語から上の語に読み上げる。「読書（書を読む）」、「帰国（国に帰る）」など。

④上の語と下の語が対義語。「遠近（遠と近）」、「勝負（勝と負）」など。

⑤上の語と下の語が類義語。「飲食（飲むと食べる）」、「巨大（巨と大）」など。

⑥上の語が「不・無・非・未」という否定語。「不安（安からず）」、「非礼（礼に非ず）」、「未熟（いまだ熟さず）」など。

新しい熟語を覚えようとする時、これらのどれにあてはまるか考えてみましょう。きっと理解しやすくなりますよ。

例題

	解答欄									
	1	2	3	4	5	6	7	8	9	0
1	①	②	③	④	⑤	⑥	⑦	⑧	⑨	⓪
2	①	②	③	④	⑤	⑥	⑦	⑧	⑨	⓪
3	①	②	③	④	⑤	⑥	⑦	⑧	⑨	⓪
4	①	②	③	④	⑤	⑥	⑦	⑧	⑨	⓪
5	①	②	③	④	⑤	⑥	⑦	⑧	⑨	⓪
6	①	②	③	④	⑤	⑥	⑦	⑧	⑨	⓪
7	①	②	③	④	⑤	⑥	⑦	⑧	⑨	⓪
8	①	②	③	④	⑤	⑥	⑦	⑧	⑨	⓪
9	①	②	③	④	⑤	⑥	⑦	⑧	⑨	⓪
10	①	②	③	④	⑤	⑥	⑦	⑧	⑨	⓪
11	①	②	③	④	⑤	⑥	⑦	⑧	⑨	⓪
12	①	②	③	④	⑤	⑥	⑦	⑧	⑨	⓪
13	①	②	③	④	⑤	⑥	⑦	⑧	⑨	⓪
14	①	②	③	④	⑤	⑥	⑦	⑧	⑨	⓪
15	①	②	③	④	⑤	⑥	⑦	⑧	⑨	⓪

類題1

	解答欄									
	1	2	3	4	5	6	7	8	9	0
1	①	②	③	④	⑤	⑥	⑦	⑧	⑨	⓪
2	①	②	③	④	⑤	⑥	⑦	⑧	⑨	⓪
3	①	②	③	④	⑤	⑥	⑦	⑧	⑨	⓪
4	①	②	③	④	⑤	⑥	⑦	⑧	⑨	⓪
5	①	②	③	④	⑤	⑥	⑦	⑧	⑨	⓪
6	①	②	③	④	⑤	⑥	⑦	⑧	⑨	⓪
7	①	②	③	④	⑤	⑥	⑦	⑧	⑨	⓪
8	①	②	③	④	⑤	⑥	⑦	⑧	⑨	⓪
9	①	②	③	④	⑤	⑥	⑦	⑧	⑨	⓪
10	①	②	③	④	⑤	⑥	⑦	⑧	⑨	⓪
11	①	②	③	④	⑤	⑥	⑦	⑧	⑨	⓪
12	①	②	③	④	⑤	⑥	⑦	⑧	⑨	⓪
13	①	②	③	④	⑤	⑥	⑦	⑧	⑨	⓪
14	①	②	③	④	⑤	⑥	⑦	⑧	⑨	⓪
15	①	②	③	④	⑤	⑥	⑦	⑧	⑨	⓪

類題2

	解答欄									
	1	2	3	4	5	6	7	8	9	0
1	①	②	③	④	⑤	⑥	⑦	⑧	⑨	⓪
2	①	②	③	④	⑤	⑥	⑦	⑧	⑨	⓪
3	①	②	③	④	⑤	⑥	⑦	⑧	⑨	⓪
4	①	②	③	④	⑤	⑥	⑦	⑧	⑨	⓪
5	①	②	③	④	⑤	⑥	⑦	⑧	⑨	⓪
6	①	②	③	④	⑤	⑥	⑦	⑧	⑨	⓪
7	①	②	③	④	⑤	⑥	⑦	⑧	⑨	⓪
8	①	②	③	④	⑤	⑥	⑦	⑧	⑨	⓪
9	①	②	③	④	⑤	⑥	⑦	⑧	⑨	⓪
10	①	②	③	④	⑤	⑥	⑦	⑧	⑨	⓪
11	①	②	③	④	⑤	⑥	⑦	⑧	⑨	⓪
12	①	②	③	④	⑤	⑥	⑦	⑧	⑨	⓪
13	①	②	③	④	⑤	⑥	⑦	⑧	⑨	⓪
14	①	②	③	④	⑤	⑥	⑦	⑧	⑨	⓪
15	①	②	③	④	⑤	⑥	⑦	⑧	⑨	⓪

類題3

	解答欄									
	1	2	3	4	5	6	7	8	9	0
1	①	②	③	④	⑤	⑥	⑦	⑧	⑨	⓪
2	①	②	③	④	⑤	⑥	⑦	⑧	⑨	⓪
3	①	②	③	④	⑤	⑥	⑦	⑧	⑨	⓪
4	①	②	③	④	⑤	⑥	⑦	⑧	⑨	⓪
5	①	②	③	④	⑤	⑥	⑦	⑧	⑨	⓪
6	①	②	③	④	⑤	⑥	⑦	⑧	⑨	⓪
7	①	②	③	④	⑤	⑥	⑦	⑧	⑨	⓪
8	①	②	③	④	⑤	⑥	⑦	⑧	⑨	⓪
9	①	②	③	④	⑤	⑥	⑦	⑧	⑨	⓪
10	①	②	③	④	⑤	⑥	⑦	⑧	⑨	⓪
11	①	②	③	④	⑤	⑥	⑦	⑧	⑨	⓪
12	①	②	③	④	⑤	⑥	⑦	⑧	⑨	⓪
13	①	②	③	④	⑤	⑥	⑦	⑧	⑨	⓪
14	①	②	③	④	⑤	⑥	⑦	⑧	⑨	⓪
15	①	②	③	④	⑤	⑥	⑦	⑧	⑨	⓪

類題4

	解答欄									
	1	2	3	4	5	6	7	8	9	0
1	①	②	③	④	⑤	⑥	⑦	⑧	⑨	⓪
2	①	②	③	④	⑤	⑥	⑦	⑧	⑨	⓪
3	①	②	③	④	⑤	⑥	⑦	⑧	⑨	⓪
4	①	②	③	④	⑤	⑥	⑦	⑧	⑨	⓪
5	①	②	③	④	⑤	⑥	⑦	⑧	⑨	⓪
6	①	②	③	④	⑤	⑥	⑦	⑧	⑨	⓪
7	①	②	③	④	⑤	⑥	⑦	⑧	⑨	⓪
8	①	②	③	④	⑤	⑥	⑦	⑧	⑨	⓪
9	①	②	③	④	⑤	⑥	⑦	⑧	⑨	⓪
10	①	②	③	④	⑤	⑥	⑦	⑧	⑨	⓪
11	①	②	③	④	⑤	⑥	⑦	⑧	⑨	⓪
12	①	②	③	④	⑤	⑥	⑦	⑧	⑨	⓪
13	①	②	③	④	⑤	⑥	⑦	⑧	⑨	⓪
14	①	②	③	④	⑤	⑥	⑦	⑧	⑨	⓪
15	①	②	③	④	⑤	⑥	⑦	⑧	⑨	⓪

類題5

	解答欄									
	1	2	3	4	5	6	7	8	9	0
1	①	②	③	④	⑤	⑥	⑦	⑧	⑨	⓪
2	①	②	③	④	⑤	⑥	⑦	⑧	⑨	⓪
3	①	②	③	④	⑤	⑥	⑦	⑧	⑨	⓪
4	①	②	③	④	⑤	⑥	⑦	⑧	⑨	⓪
5	①	②	③	④	⑤	⑥	⑦	⑧	⑨	⓪
6	①	②	③	④	⑤	⑥	⑦	⑧	⑨	⓪
7	①	②	③	④	⑤	⑥	⑦	⑧	⑨	⓪
8	①	②	③	④	⑤	⑥	⑦	⑧	⑨	⓪
9	①	②	③	④	⑤	⑥	⑦	⑧	⑨	⓪
10	①	②	③	④	⑤	⑥	⑦	⑧	⑨	⓪
11	①	②	③	④	⑤	⑥	⑦	⑧	⑨	⓪
12	①	②	③	④	⑤	⑥	⑦	⑧	⑨	⓪
13	①	②	③	④	⑤	⑥	⑦	⑧	⑨	⓪
14	①	②	③	④	⑤	⑥	⑦	⑧	⑨	⓪
15	①	②	③	④	⑤	⑥	⑦	⑧	⑨	⓪

参考問題

	解答欄									
	1	2	3	4	5	6	7	8	9	0
1	①	②	③	④	⑤	⑥	⑦	⑧	⑨	⓪
2	①	②	③	④	⑤	⑥	⑦	⑧	⑨	⓪
3	①	②	③	④	⑤	⑥	⑦	⑧	⑨	⓪
4	①	②	③	④	⑤	⑥	⑦	⑧	⑨	⓪
5	①	②	③	④	⑤	⑥	⑦	⑧	⑨	⓪
6	①	②	③	④	⑤	⑥	⑦	⑧	⑨	⓪
7	①	②	③	④	⑤	⑥	⑦	⑧	⑨	⓪
8	①	②	③	④	⑤	⑥	⑦	⑧	⑨	⓪
9	①	②	③	④	⑤	⑥	⑦	⑧	⑨	⓪
10	①	②	③	④	⑤	⑥	⑦	⑧	⑨	⓪
11	①	②	③	④	⑤	⑥	⑦	⑧	⑨	⓪
12	①	②	③	④	⑤	⑥	⑦	⑧	⑨	⓪
13	①	②	③	④	⑤	⑥	⑦	⑧	⑨	⓪
14	①	②	③	④	⑤	⑥	⑦	⑧	⑨	⓪
15	①	②	③	④	⑤	⑥	⑦	⑧	⑨	⓪

類題6

	解答欄									
	1	2	3	4	5	6	7	8	9	0
1	①	②	③	④	⑤	⑥	⑦	⑧	⑨	⓪
2	①	②	③	④	⑤	⑥	⑦	⑧	⑨	⓪
3	①	②	③	④	⑤	⑥	⑦	⑧	⑨	⓪
4	①	②	③	④	⑤	⑥	⑦	⑧	⑨	⓪
5	①	②	③	④	⑤	⑥	⑦	⑧	⑨	⓪
6	①	②	③	④	⑤	⑥	⑦	⑧	⑨	⓪
7	①	②	③	④	⑤	⑥	⑦	⑧	⑨	⓪
8	①	②	③	④	⑤	⑥	⑦	⑧	⑨	⓪
9	①	②	③	④	⑤	⑥	⑦	⑧	⑨	⓪
10	①	②	③	④	⑤	⑥	⑦	⑧	⑨	⓪
11	①	②	③	④	⑤	⑥	⑦	⑧	⑨	⓪
12	①	②	③	④	⑤	⑥	⑦	⑧	⑨	⓪
13	①	②	③	④	⑤	⑥	⑦	⑧	⑨	⓪
14	①	②	③	④	⑤	⑥	⑦	⑧	⑨	⓪
15	①	②	③	④	⑤	⑥	⑦	⑧	⑨	⓪

要約問題用原稿用紙（二五〇字用）

要約問題用原稿用紙

（二五〇字用）

要約問題用原稿用紙
（二〇〇字用）

200
150
100
50